Discursos de Ódio

Coleção Debates
Dirigida por J. Guinsburg
(*in memoriam*)

EQUIPE DE REALIZAÇÃO
Coordenação textual: LUIZ HENRIQUE SOARES E ELEN DURANDO
Edição de texto: ADRIANO C.A. E SOUSA
Revisão: LUIZ HENRIQUE SOARES
Imagem da Capa: Edvard Munch, *O Grito* (detalhe), gravura, 1893.
Produção: RICARDO W. NEVES E SERGIO KON.

maria luiza tucci carneiro
(organização)

DISCURSOS DE ÓDIO

O RACISMO RECICLADO NOS SÉCULOS XX E XXI

PERSPECTIVA

Copyright © Editora Perspectiva Ltda

CIP-Brasil. Catalogação na Publicação
Sindicato Nacional dos Editores de Livros, RJ

D639
    Discursos de ódio : o racismo reciclado nos séculos XX e XXI / organização Maria Luiza Tucci Carneiro. - 1. ed. - São Paulo : Perspectiva, 2024.
    384 p. ; 21 cm. (Debates ; 354)

    Inclui bibliografia
    ISBN 978-65-5505-209-1

    1. Discurso de ódio. 2. Discurso de ódio na Internet. 3. Antissemitismo. I. Carneiro, Maria Luiza Tucci. II. Série.

24-93925   CDD: 320.56
                CDU: 316.647.8

Gabriela Faray Ferreira Lopes - Bibliotecária - CRB-7/6643
13/09/2024   18/09/2024

1ª edição

Direitos reservados à

EDITORA PERSPECTIVA LTDA.

Praça Dom José Gaspar, 134, cj. 111
01047-912 São Paulo SP Brasil
Tel.: (11) 3885-8388
www.editoraperspectiva.com.br

2024

SUMÁRIO

Apresentação –
Maria Luiza Tucci Carneiro   9

Parte I
A RETÓRICA DO ÓDIO
NOS SÉCULOS XX E XXI   15

1. A Politização do Discurso dos Direitos
   Humanos no Início do Século XXI:
   Observações Comparativas –
   Luis Roniger   17
2. O Antissemitismo Nazista Como Elo
   Entre a Supremacia Branca Estadunidense
   e a Geração de Identidade do Século XXI –
   Christiane Stallaert   44

3. O Poder da Mentira e a Guerra Contra a Verdade: A Estratégia Narrativa da Alemanha Nazista – *Marcos Guterman* . 69

4. Palavras de Ódio: Análise Por Meio dos Diários de Victor Klemperer – *Juliana Lavezo* 94

5. Jogos de Ódio e Jogos Contra o Ódio – *Robson Scarassati Bello* 118

Parte II
HUMOR COM GOSTO DE ÓDIO 143

6. Humor e Ódio na Esfera Pública Digital – *Elias Thomé Saliba* 145

7. O Antissemitismo em Mutação: Narrativa e Representação nas Caricaturas e Charges – *Maria Luiza Tucci Carneiro* 169

8. Humor e Culturas Políticas: Uma Reflexão Acerca da Obra de Sérgio Bonson (1949-2005) – *Emerson César de Campos* 192

Parte III
HERANÇAS DO PASSADO: OS DISCURSOS "ANTI" 211

9. A Persistência do Anticiganismo – *Marcos Toyansk* 213

10. Visões Ocidentais da África e o Estigma do Negro – *Marina de Mello e Souza* 229

11. As "Raças Degeneradas" na Literatura: O Romance "Palmares" (1885), de Joaquim de Paula Souza – *Jaqueline Martinho dos Santos* 245

12. Sobre Desnudamentos Humanos, Xenofobia, Apagamento de Narrativas e Saberes e Desconstruções Discursivas – *Paulo Daniel Farah* 268

Parte IV
AÇÕES INTERVENCIONISTAS:
SINAIS DE ALERTA 303

13. Discursos de Ódio: Entre o Passado, o Presente e o Agora...– *Leslie Marko* 305
14. A Genealogia do Trauma da Schoá e Seus Desdobramentos no Contexto Educacional Brasileiro – *Carolina Sieja Bertin* 331

Bibliografia 359
Colaboradores 379

APRESENTAÇÃO

Maria Luiza Tucci Carneiro

Esta coletânea reúne a maior parte das comunicações apresentadas durante o I Colóquio Internacional Discursos de Ódio: Racismo Reciclado no Século XXI, realizado entre 4 e 5 de novembro de 2019, sob a coordenação do Laboratório de Estudos Sobre Etnicidade, Racismo e Discriminação (Leer) da Universidade de São Paulo. Acrescentamos também textos inéditos de autoria de pós-graduandos em História Social do Departamento de História e do curso de Linguística, ambos da Faculdade de Filosofia, Letras e Ciências Humanas da Universidade de São Paulo (FFLCH-USP), deixando em aberto o espaço para pesquisas complementares e a continuidade do debate.

A realização desse colóquio tornou-se possível graças à parceria com a Confederação Israelita do Brasil (Conib), a B'nai B'rith do Brasil, a Federação Israelita de São Paulo (Fisesp), o Programa de Pós-Graduação de História Social e o Centro de Estudos Judaicos, esses dois últimos da FFLCH-USP. A comissão organizadora esteve representada por Abraham Goldstein, Gabriel Zitune, Maria Luiza Tucci Carneiro, Ricardo Berkienstat e Sergio Napchan, responsáveis pela indicação de palestrantes especializados no tema, oriundos de várias instituições universitárias.

O conteúdo desta coletânea reafirma algumas certezas, tais como:

- a consolidação e ascensão dos novos movimentos neonazistas e neofascistas na Europa e América Latina (principalmente no Brasil e na Argentina) têm atraído a geração mais jovem;
- o crescimento expressivo do antissemitismo no mundo deve-se a três fontes produtoras do ódio aos judeus: a extrema direita, a extrema esquerda e o islamismo radical;
- nos atuais discursos da extrema direita persistem as estratégias de comunicação empregadas pelos nazistas nas décadas de 1930 e 1940, como, por exemplo, truques de linguagem, usados para abolir as diferenças entre verdade e mentira;
- a caricatura tem sido utilizada como instrumento propulsor dos mitos antissemitas, favorecendo as versões daqueles que negam o Holocausto e o direito do Estado de Israel de continuar existindo;
- os ciganos continuam sendo tratados como "estranhos indesejáveis" e apresentados como uma ameaça às sociedades mais amplas;
- os processos de construção de estereótipos contra os afrodescendentes são perpetuados de forma sub-reptícia, alimentando os mecanismos de exclusão.

Novos argumentos políticos foram acrescentados ao discurso antissemita a partir de 7 de outubro de 2023, com os assassinatos contra civis israelenses perpetrados pelo grupo terrorista Hamas. Na atualidade, esse evento deve ser interpretado como o estopim de uma nova onda de discursos de ódio que têm ameaçado o povo judeu em diversas partes do mundo e colocado em risco os direitos do Estado de Israel de continuar existindo enquanto nação e o direito dos palestinos de construírem seu próprio Estado reconhecido por todos. A ignorância, a construção de narrativas e a manipulação de imagens distorcidas sobre os ataques de Israel a Gaza têm servido para alimentar o antissemitismo recente, disfarçado de antissionismo, que provoca o aumento de forças destrutivas que colocam em risco a estabilidade das comunidades judaicas radicadas nas Américas, na Europa e no Oriente Médio.

As consequências da intensificação do ódio antissemita – que extrapola as reações à guerra entre Israel e Hamas – devem ser percebidas como prenúncios das fragilidades das democracias, intensificadas pela violência e pelo extremismo sem limites sustentados tanto por grupos políticos da esquerda como da direita, assim como pelo islamismo. Tais discursos adentram nas fissuras provocadas pela ignorância, pelos conteúdos racistas e pelo negacionismo propagados pelas redes sociais e maquiados pelo apelo à liberdade de expressão.

O alcance e a disseminação do ódio antissemita antecedem o conflito na faixa de Gaza, podendo ser identificados pelas matérias constantemente publicadas pela mídia brasileira. Segundo a Unesco – que em 2023 catalogou as mensagens racistas no Telegram – 49% negam ou distorcem a história do Holocausto. Simultaneamente, um novo relatório do Observatório Judaico dos Direitos Humanos no Brasil (ODJHB) mostrou que os episódios de neonazismo e antissemitismo em ambientes escolares cresceram 760% no Brasil entre os anos de 2019 e 2022[1]. Tais estatísticas, que funcionam como um termômetro sociopolítico,

---

1 Atos Neonazistas em Escolas Sobem 760% no Brasil em Três Anos, *Folha de S.Paulo*, 28 abr. 2023.

não devem ser ignoradas, pois trazem evidências da violação dos direitos humanos, permitindo reflexões sobre subtração de direitos, perseguições em razão de raça, religião e/ou gênero, cujos impactos são amplificados pelas novas tecnologias de comunicação.

Está comprovado que os discursos de ódio têm sido produzidos tanto por grupos da extrema direita como da extrema esquerda no mundo globalizado, incluindo o Brasil. Alimentados por "celeiros de ódio" e favorecidos pelas fragilidades das nossas democracias, esses criminosos aproveitam-se para negar a história do Holocausto, manipular o conceito de genocídio e instigar o ódio aos judeus, negros, LGBTQIA+ e aos povos originários do Brasil. Não temos dúvidas de que a ausência de uma legislação específica aplicada às redes sociais, a existência de fóruns anônimos na internet e a desinformação sobre os procedimentos cabíveis nos casos de "crimes da palavra" praticados *on-line* favoreçam ações racistas, xenofóbicas, homofóbicas, misóginas e transfóbicas.

Diante dessa situação de insegurança gerada pelos conteúdos criminosos propagados nas plataformas digitais, o Leer/USP optou por investir em algumas frentes produtoras de conhecimento sobre o tema. Entendemos que o momento atual requer, em caráter emergencial, a reafirmação do papel das universidades que, em parceria com a sociedade civil, deveriam investir contra o racismo plurifacetado, que diariamente tenta cooptar adeptos para as suas propostas de negação das diferenças identitárias e para atos de violência. Foi com esse intuito que organizamos um programa acadêmico permanente para informar e alertar os jovens sobre os perigos dessas narrativas destrutivas.

Resumindo as propostas de intervenção sugeridas pelos autores e autoras que colaboram nesta coletânea, consideramos que, além dos grupos aqui analisados como alvos dos discursos de ódio, não devemos perder de vista a constante discriminação contra os imigrantes e refugiados em elevado grau de vulnerabilidade. No combate à intolerância, a educação em direitos humanos deve ser adotada como uma forma de estabelecer caminhos futuros para a transmissão da memória da Schoá e de tantos outros genocídios, contribuindo para a coexistência e a justiça social. Diante da fragilidade dos laços humanos e da ausência efetiva de políticas públicas de combate à xenofobia, ao racismo e a todas as formas de intolerância, incluindo as religiosas, investir contra os discursos de ódio é responsabilidade de todos, é uma questão de direitos.

**A RETÓRICA DO ÓDIO
NOS SÉCULOS XX E XXI**

1.
A POLITIZAÇÃO DO DISCURSO DOS DIREITOS HUMANOS NO INÍCIO DO SÉCULO XXI: OBSERVAÇÕES COMPARATIVAS[1]

Introdução

Não há dúvida de que todo discurso coletivo se enquadra em equações de ordem política, social e intelectuais que o contextualiza e o utiliza para as suas diferentes agendas. Nesse sentido, a história dos direitos humanos não é uma exceção. Trata-se de uma longa história de mudança nas relações de força que possibilitaram uma expansão progressiva, embora incompleta, em busca de uma linguagem

1. Uma primeira versão deste trabalho foi apresentado no I Fórum Internacional de Combate ao Racismo, Xenofobia e Discriminação organizado na Universidade de São Paulo (USP), de 25 a 26 de maio de 2011. O autor, que revisou este artigo, agradece os comentários e discussões desse importante fórum de reflexão e análise da USP, que tem servido de incentivo para continuar desenvolvendo esse tema em fóruns e artigos subsequentes.

e regulamentação mais ampla, e possivelmente universal, para a proteção de indivíduos na sua qualidade de seres humanos. Porém, ao mesmo tempo, em cada fase diferente, as forças sociais e políticas expressaram os seus interesses de uma forma que, politizando esse discurso, criaram ambiguidades e tensões em torno do seu reconhecimento. Assim, a situação no início do século XXI não é excepcional, embora as tensões se agudizem nesta fase de crescente globalização e de redes transnacionais.

Durante a atual fase de progresso, quando supostamente já se havia alcançado um reconhecimento global da importância do discurso universal dos direitos humanos, se aprofunda a dissonância entre o apoio retórico a esse discurso e sua implementação parcial e enviesada. O respeito efetivo pelos direitos humanos deixa ainda muito a desejar, gerando tensões e novas e velhas formas de politização. Este trabalho se propõe a analisar em especial a situação das minorias étnicas e religiosas na periferia da ordem global, em torno da politização que emerge entre as regulamentações universais e os fatores que impedem a sua implementação efetiva nas primeiras décadas do século XXI.

Perspectivas e Resistências

A década de 1990 e em particular o ano de 1998 pareceram abrir um novo capítulo na história da responsabilização pelas violações dos direitos humanos em nível global. Por um lado, em outubro de 1998, o General (R.) Augusto Pinochet foi colocado em prisão domiciliar em Londres. A disputa legal em torno de sua possível extradição para a Espanha repercutiria em todo o mundo como um sinal claro de que a impunidade não seria tolerada como no passado. Ao retornar ao Chile, e até sua morte, em 2006, Pinochet já não teria mais o mesmo peso na esfera pública, dado o compromisso internacional do governo chileno de – para alcançar a nulidade da extradição – que as acusações seriam ouvidas pelo sistema de justiça chileno e, assim, uma vez no Chile, o ex-ditador teve que usar uma série de truques, como a deterioração de sua saúde física e mental, para evitar a sanção da justiça[2]. Paralelamente, em meados de 1998 foi definido o Estatuto de Roma, que permitiria estabelecer, a partir de julho de 2002, um Tribunal Penal Internacional permanente (não apenas *ad hoc*, como no caso dos tribunais internacionais para Ruanda e antes para a Iugoslávia). Isso permitiria a partir de então julgar em um fórum global os indivíduos acusados de violações massivas dos direitos humanos sob as figuras jurídicas de crimes contra humanidade, genocídio, crimes de guerra e, possivelmente, também, mais tarde, crimes de agressão internacional[3].

Parecia, assim, abrir-se uma nova etapa no reconhecimento dos direitos humanos e na globalização da justiça. No espaço de duas gerações após o fim da Segunda Guerra Mundial e o Holocausto, se havia ampliado muito a rede de organizações internacionais e de organizações não governamentais dedicadas à proteção dos direitos humanos, o ativismo das redes internacionais se expandira e a agenda temática se abrira substancialmente para incluir direitos antes ignorados, como os direitos dos povos originários ou direitos econômicos e culturais. E, sobretudo, a retórica dos direitos humanos se expandira consideravelmente e parecia se entronizar como uma visão ética de suposto alcance universal.

Contudo, à medida que o discurso era colocado em termos legais e a retórica dos direitos humanos se disseminava, ficaram evidentes novas rupturas e debates que mostraram a vulnerabilidade do novo discurso quanto à

---

2. Ver L. Roniger; M. Sznajder, *O Legado das Violações dos Direitos Humanos no Cone Sul*; e idem, Human Rights Violations and Human Rights in the Southern Cone, em T. Cushman (ed.), *Handbook of Human Rights*, p. 702-718.
3. Ver R. Gutman; D. Rieff (eds.), *Crimes of War*, especialmente p. 107-108, 374-376 e 386-387.

sua aceitação pelos governos e pelo público em diferentes sociedades do mundo, bem como a persistente e até crescente politização em torno dele.

O cenário mundial que se seguiu ao enfraquecimento e queda da União Soviética e que deu origem às primeiras previsões do "fim da história" (nas palavras de Francis Fukuyama) foi substituído na década de 2000 por um mundo multipolar. Muito em breve, se regenerariam em novas formas a competição global, o confronto entre novos blocos transnacionais, a corrida armamentista e inúmeras situações de guerras civis e intervenções militares, o que também se traduziria no âmbito dos direitos humanos.

Uma das consequências da nova multipolaridade foi o surgimento de numerosas tensões em torno do suposto universalismo dos direitos humanos, que tem encontrado resistência de vários ângulos. Na verdade, o discurso dos direitos humanos tem sido criticado de várias perspectivas. Uma perspectiva que mostra a desconfiança existente é a daqueles que veem nele um projeto ocidental neoliberal e individualista arrogante que ignora os direitos coletivos, seja de povos, grupos ou minorias[4].

Da mesma forma, os cientistas sociais do Sul Global têm sido radicais nas suas críticas. Por exemplo, o sociólogo brasileiro Boaventura de Sousa Santos, o pesquisador português Bruno Sena Martins e outros colegas lançaram uma crítica radical ao conceito hegemônico e ocidental de direitos humanos. Sousa Santos e Sena Martins argumentaram que a noção predominante de direitos humanos como linguagem hegemônica da dignidade humana, fazendo parte do imaginário modernista ocidental, tem sido incapaz de confrontar as injustiças sistêmicas e a opressão causada pelo capitalismo, pelo colonialismo e pelo patriarcado. No seu apelo ao reconhecimento de gramáticas alternativas da dignidade humana e à adoção de uma dinâmica de

---

4. Ver M. wa Mutua, Savages, Victims and Saviors: The Metaphor of Human Rights, *Harvard International Law Journal*, v. 42, n. 1, p. 201-245.

tradução intercultural, rejeitam tanto as reivindicações universalistas do direito ocidental como o "relativismo neutro e absoluto que não permite perspectivas ancoradas numa realidade situada"[5].

Em segundo lugar, o discurso dos direitos humanos foi desafiado por aqueles que, de uma perspectiva de relativismo cultural extremo, consideram que a suposta universalidade do discurso dos direitos humanos ignora diferenças culturais e normativas que não podem ser ignoradas. De acordo com essa crítica, é ilusório tentar projetar uma homogeneização de princípios e valores normativos. Assim como durante a Guerra Fria, de cada lado da Cortina de Ferro, circulavam diferentes conceitos de direitos humanos (com um campo enfatizando os direitos políticos e civis e o outro campo dando prioridade aos direitos sociais e económicos), persistem, de acordo com os críticos, diferentes normatividades que o discurso universal dos direitos humanos pretende superar artificialmente[6].

Em terceiro lugar, o discurso universal é criticado por alguns governos e sociedades que, em defesa do princípio da soberania nacional, temem que ele legitime intervenção internacional em situações de conflito interno e de sociedades fragmentadas, devido à pretensão dos países ocidentais de salvar as vítimas de políticas repressivas, conforme refletido nos casos de Iraque, Líbia e Afeganistão, com resultados muitas vezes desastrosos[7]. O historiador dos direitos humanos Paul Gordon Lauren já o havia indicado anos atrás: "Intervenção internacional em nome dos valores humanitários [...] sempre carrega potencialmente o perigo de fornecer um conveniente pretexto para a

---

5. Ver B. de Sousa Santos; B. Sena Martins, *The Pluriverse of Human Rights*, p. 1-18.

6. Ver A. Pollis; P. Schwab, Human Rights: A Western Construct with Limited Applicability, em A. Pollis; P. Schwab (eds.), *Human Rights*, p. 1-19; M. wa Mutua, *Human Rights: New Perspectives, New Realities*.

7. Ver A.J. Kuperman, Humanitarian Intervention, em M. Goodhart (ed.), *Human Rights: Politics and Practice*, p. 334-351.

coerção ou de mascarar motivações suspeitas de mascarar interesses nacionais ou de controle [geopolítico]."[8]

Minha posição é que muitas vezes tais críticas, embora corretas contra um universalismo que supostamente ignora diferenças produzidas por situações socioeconômicas e culturais distintos, são por sua vez usadas para reificar uma interpretação cultural estática. Vale dizer, é uma interpretação que amiúde reforça posições autoritárias, uma interpretação que dá àqueles que governam ou dominam uma sociedade a primazia de pretenderem ser os únicos porta-vozes normativos de suas sociedades. Tal posição pode levar a ignorar abusos, a ser intolerante com as vozes minoritárias que são então marginalizadas com base da visão coletiva promulgada pelos líderes ou maiorias de sua sociedade e, em muitos casos, permite "em nome da cultura" que aqueles que discordam sejam reprimidos, objeto de tirania e intolerância das maiorias e dos governos autoritários. Essa resistência à primazia dos direitos humanos permite ocultar situações de opressão destinadas a silenciar as oposições internas e as minorias sujeitas a humilhações em diferentes partes do mundo.

A antropóloga Elizabeth Zechenter formulou incisivamente: se queremos dar prioridade aos valores, por que dar prioridade ao valor do relativismo cultural extremo que nos leva a ignorar padrões universais de comportamento? Em vez disso, poderia ser dada prioridade a valores como o respeito pela dignidade humana ou a tolerância pela diversidade de opiniões que existem dentro cada sociedade[9], valores que poderiam promover o respeito pelos direitos humanos mesmo em sociedades não liberais, pelo menos desde que se busque um mínimo denominador comum, como John Rawls indicou décadas

---

8. P.G. Lauren, *The Evolution of International Human Rights*, p. 69.
9. In the Name of Culture: Cultural Relativism and the Abuse of the Individual, *Journal of Anthropological Research*, v. 53, n. 3, p. 319-347, esp. p. 334-347; ver também T. Asad, What do Human Rights Do? An Anthropological Inquiry, *Theory and Event*, v. 4, n. 4.

atrás[10]. Quando a partir de diferentes campos se ataca a universalidade dos direitos humanos em nome da cultura, diz Zechenter, devemos nos perguntar quais interesses estão a ser promovidos e quem se beneficia dessa situação de resistência à defesa dos direitos humanos…

Mesmo contemplando uma aproximação entre ambas as posições analíticas sobre direitos humanos, o problema da implementação persiste para além da retórica; permanecem os problemas da aplicação de declarações e convenções internacionais; persiste o problema moral da aplicação tendenciosa de critérios de acordo com considerações pragmáticas da *realpolitik* e, portanto, acima de tudo, permanece em aberto a questão das condições em que diferentes sociedades podem aceitar e proteger os direitos humanos em uma implementação global.

O meu argumento é que, nas últimas décadas, o debate se exacerbou, aprofundando a politização dos direitos humanos. Esse processo é, de certa forma, prova de que ainda existem fatores poderosos que rejeitam a interpretação dos direitos humanos em sua vertente de direitos políticos e civis, e a relação que o seu reconhecimento deveria supostamente estabelecer em nível universal entre direitos individuais, liberdade de associação e democracia política.

Batalhas Pela Legitimidade e Neutralidade do Discurso dos Direitos Humanos

Um caso paradigmático de batalhas pelos direitos humanos, que refletiu a politização dos direitos humanos no marco geopolítico multipolar, foi o do prêmio Nobel da

---

10. Ver J. Rawls, Justice as Fairness: Political, not Metaphysical, *Philosophy and Public Affairs*, v. 14, p. 225-230 e idem, The Law of Peoples, em S. Shute; S. Hurley (eds.), *On Human Rights*, p. 41-82. Ver ainda R. Rorty, *Objectivity, Relativism, and Truth*; e idem, Human Rights, Rationality and Sentimentality, em S. Shute; S. Hurley (eds.), op. cit., p. 111-134.

Paz concedido ao ativista chinês Liu Xiaobo, no final de 2010. Liu Xiaobo foi preso em dezembro de 2008 depois de ter organizado a assinatura de um acordo manifesto pela democracia na China, a Carta 08, que foi assinado por cerca de trezentos intelectuais e dissidentes chineses aos quais milhares de outros cidadãos acrescentaram posteriormente as suas assinaturas *on-line*. O manifesto indicava que a China tinha de decidir entre manter o seu sistema autoritário ou escolher [cito] "reconhecer os valores universais, estabelecendo uma democracia, juntando-se assim ao *mainstream* da civilização". Em dezembro de 2009, Liu Xiaobo foi condenado a onze anos de prisão ao ser considerado culpado da acusação de sedição. A sentença indicava claramente que os conservadores, representados na China pelo vice-presidente Xi Jinping e pela mídia de Pequim, controlada pelo departamento de publicidade do PCC, sobrepujou atualmente os liberais no topo do poder chinês no que concerne ao debate em torno dos valores universais[11].

As autoridades chinesas puderam proceder dessa forma contra uma voz dissidente por duas razões. Em nível internacional, aqueles que defendem os direitos humanos globalmente não conseguiram sobrepujar os interesses econômicos dos governos e das sociedades, interessados em manter boas relações comerciais com a China, um polo de poder econômico em ascensão. Depois, a própria massa da sociedade chinesa apoiava as decisões do seu governo, que – numa clara chave neoconfuciana – declarava promover o bem comum e a retidão moral como princípios universais que deveriam ter precedência sobre o individualismo e os princípios da pluralidade de opiniões que sustentavam as democracias ocidentais.

O fato de o comitê do prêmio Nobel da Paz ter escolhido Liu Xiaobo como vencedor em 2010 gerou tensões

---

11. Ver China: The Debate over Universal Values, *The Economist*, September 30.

entre a China e os países ocidentais. Vale ressaltar que das Américas houve vozes que se juntaram às autoridades chinesas. Não apoiar o dissidente que ousou pregar a democracia e justificar as ações das autoridades chinesas parece reforçar a orientação política daqueles que, se pudessem, imitariam em seus países essa forma de tratar a oposição interna.

Contrariamente à censura à repressão no contexto de Estados criticados, há uma tendência de ignorar as violações dos direitos humanos nos países aliados. Esse é um dos claros exemplos de politização da questão dos direitos humanos, produto da reformulação de alianças transnacionais no mundo contemporâneo.

A ambiguidade das agências das Nações Unidas no âmbito dos direitos humanos é igualmente conhecida. Por um lado, as agências da ONU constituem o principal fórum multilateral do mundo, o que lhes confere um papel central na formulação de tratados e convenções internacionais, concedendo ou negando legitimidade a parâmetros de conduta dos Estados-membros signatários dos referidos tratados e convenções. Por outro lado, dado que é formada pelos Estados-membros, é uma organização cujas agências estão completamente sujeitas aos interesses políticos e às equações de poder. Uma contradição essencial surge daí: embora a ONU (e especialmente os seus órgãos que monitorizam as violações dos direitos humanos, a Comissão dos Direitos Humanos e, a partir de 2006, o seu sucessor, o Conselho dos Direitos Humanos) afirme que suas decisões são baseadas em termos morais, de defesa dos interesses da humanidade, elas são na verdade resultado das correlações de forças e de interesses dos Estados-membros. Isso resultou, especialmente até a dissolução da Comissão, num histórico de atenção excessiva a algumas poucas áreas de conflito (principalmente o conflito árabe-israelense e a causa palestina) e na ausência de críticas a outros flagrantes violadores dos direitos humanos, como é o caso da Síria e do Estado Islâmico. Alguns desses infratores, como o Sudão, o Zimbabué, a Líbia ou a Arábia Saudita, ainda ocuparam um lugar na Comissão de Direitos Humanos, com o que conseguiram bloquear toda a atenção internacional em relação às suas políticas internas de discriminação e de violações dos direitos humanos. Da mesma forma, Estados como a China, apesar da sua flagrante repressão às minorias, da ocupação e da repressão no Tibete, não foram objeto de monitoração, devido a considerações de peso econômico e de interesses internacionais. De maneira similar, a política de bloco dos estados árabes e muçulmanos determinou que questões como o assassinato em massa de trinta mil cidadãos sírios em Hama pelas mãos de Hafez el-Assad ou a expulsão de quatrocentos mil palestinos do Kuwait, ficaram fora dos holofotes da organização internacional. O professor Don Habibi analisou os motivos pelos quais os organismos não governamentais internacionais, como a Anistia Internacional e a Human Rights Watch, não conseguiram articular uma política independente, sendo vítimas de tal politização dos direitos direitos humanos, ao replicar a situação nas Nações Unidas, atendendo de forma desequilibrada algumas situações de crise e não outras. Como resultado, o princípio da universalidade da justiça (*fairness*, proporcionalidade e não discriminação) foi afetado, com consequências terríveis para a proliferação do cinismo internacional em relação à linguagem universal dos direitos humanos[12].

No que se segue, quero chamar a atenção para o perigo de tal politização do direitos humanos no que se refere à proteção das minorias em sociedades multiculturais. Por questão de tempo, e como outros trabalhos deste volume se referem ao Brasil e à Europa, irei me concentrar no caso dos judeus na Venezuela e dos coptas no Egito e concluirei com algumas observações gerais.

---

12. Ver D. Habibi, Human Rights and Politicized Human Rights, *Journal of Human Rights*, v. 6, n. 1, p. 3-35; e também D. Kennedy, The International Human Rights Movement: Part of the Problem?, *Harvard Human Rights Journal*, v. 15, p. 101-125.

Retórica do Ódio e Vulnerabilidade das Minorias

O alinhamento internacional da Venezuela sob Hugo Chávez levou a que, no âmbito interno, uma minoria como a judaica fosse demonizada em círculos próximos ao governo como um reflexo dos conflitos e das tensões internacionais, sem que os responsáveis por demonizar cidadãos judeus venezuelanos tenham sido abertamente punidos por isso. Ainda que, no nível das representações, a liderança chavista pretendesse aprofundar a democracia e fora percebida pelos seus apoiantes como profundamente democrática, por sua retórica e prática mobilizadora, em seus anos no poder tem gerado uma série de dinâmicas de alto custo para quem buscou preservar sua autonomia e posições críticas diante do governo, e para aqueles que sofreram a projeção do relacionamento com os países aos quais o governo venezuelano criticava severamente[13].

A tendência do chavismo de promover seu projeto político assumindo o controle de espaços públicos, tentando controlar tanto as instituições governamentais quanto a sociedade civil, reduziu sem dúvida os espaços de crítica e de diálogo pluralista. No nível retórico, o chavismo polarizou a nação em termos antagônicos entre os seus apoiantes e os inimigos do povo. Já é bem conhecido, embora continue a gerar debate, o fenômeno do chavismo tentando desviar todas as críticas a sua performance por meio de acusações a seus opositores.

Tal polarização é replicada com relação aos observadores internacionais do chavismo, que tinham dificuldade em avaliar a situação na Venezuela sem se envolver nos debates polarizados dos políticos. Exemplificando, ocorreu

---

13. Ver L. Roniger, Latin American Jews and Processes of Transnational Legitimization and De-legitimization, *Journal of Modern Jewish Studies*, v. 9, n. 2, p. 185-208; e idem, Globalización, Transnacionalización y las Comunidades Judías: El Impacto del Chavismo en Venezuela, em H. Avni et al., *Pertenencia y Alteridade Judíos en/de América Latina – 40 Años de Cambios*, p. 271-302.

uma forte controvérsia entre a Human Rights Watch (HRW) e professores estadunidenses que apoiaram Chávez e denunciaram um extenso relatório da HRW que destacou as graves falhas no respeito pelos direitos humanos na Venezuela contemporânea. Na sua defesa do relatório contra as críticas ao partidarismo antichavista, Kenneth Roth, diretor executivo dessa organização de direitos humanos, indicou a recorrência da tática chavista de atacar aqueles que mostram as falhas no sistema:

> Por exemplo, os defensores dos direitos humanos que pediram que as prisões notoriamente desumanas do país fossem reformadas têm sido repetidamente denunciados pelos principais responsáveis chavistas, que os acusam de conspirar para "desestabilizar o país". Quando os reclusos iniciaram uma greve de fome em março [de 2008], o então ministro do Interior e da Justiça sugeriu publicamente que os defensores desses direitos teriam incitado a greve sob ordens de Washington. Mais recentemente, quando a respeitada organização não governamental venezuelana Provea (Programa Venezolano de Educación-Acción en Derechos Humanos) levantou a questão das condições prisionais no seu relatório anual, o ministro do Interior e da Justiça declarou em rede nacional que eram mentirosos "pagos em dólares", a quem deveriam ter sido atirados sapatos quando apresentaram suas conclusões. O ministro da Saúde questionou a data de publicação do relatório Provea, alegando que o seu objetivo era minar os esforços do governo para reformar a Constituição, o que permitiria a reeleição indefinida de Chávez (a Provea vem publicando há mais de uma década o seu relatório anual por volta da mesma data, no Dia Internacional dos Direitos Humanos).[14]

Nos termos de Steve Ellner, a linha "dura" que defendia a transformação revolucionária da Venezuela predominou sobre os partidários da linha "suave" do chavismo, que procurou promover uma transformação progressiva do país por meio de uma política participativa de massa[15]. A própria

---

14. Ver K. Roth, Head of Human Rights Watch Responds to Scholars' Criticism of Venezuela Report, *Coha.org*, 29 Dec. 2008.

15. Ver S. Ellner, Revolutionary and Non-Revolutionary Paths of Radical Populism: Directions of the Chavista Movement in Venezuela, *Science and Society*, v. 69, n. 2, p. 160-190.

dinâmica do chavismo de promoção de uma estratégia de aumento do controle político no nível nacional e de alianças internacionais de confronto com os Estados Unidos tem favorecido o aprofundamento desse processo.

Os membros da comunidade judaica não conseguiram escapar a essa dinâmica. Creio que o governo venezuelano não pretendia gerar políticas de ódio xenófobas, como aquelas que o populismo tem gerado em alguns contextos europeus[16]. É assim que, em agosto de 2008, após a intermediação do governo da presidente argentina Cristina Fernández de Kirchner, o presidente venezuelano, Hugo Chávez, recebeu líderes do Congresso Judaico Mundial e do Congresso Judaico Latino-Americano em Caracas e a lutar, alinhado com Argentina e Brasil, contra o antissemitismo. Da mesma forma, em dezembro de 2008, durante a Cúpula da América Latina e do Caribe (CALC) na Bahia, os governos de Argentina, Brasil e Venezuela assinaram uma declaração conjunta condenando veementemente qualquer forma de racismo, discriminação e intolerância religiosa. No entanto, devido à sua dinâmica e retórica polarizadora, o chavismo muitas vezes reforçou atitudes chauvinistas, especialmente entre 2006 e início de 2009, que vitimavam os judeus, por caracterizá-los como inimigos internos e aliados do "antipovo" ou de países "inimigos".

É de se perguntar se os judeus foram os únicos objetos de diatribes totalizantes e discursos excludentes. Obviamente não. Existem outros grupos e instituições que foram objeto de censura, desde as camadas economicamente mais poderosas, passando pelos partidos políticos opositores que tentavam recompor suas forças; pelos sindicatos dos trabalhadores, por meio da formação de movimentos de simpatizantes oficiais paralelos; pela Igreja Católica; pelos meios de comunicação não governamentais, cujo processo de desmantelamento já está avançado; pelo movimento estudantil antigovernamental; pelas universidades

---

16. M. Canovan, *Populism*, p. 225-259.

públicas e, especialmente, as privadas para as quais também se criou um sistema paralelo; pelos estudantes que em 2011 entraram em greve, exigindo direitos; pelas instituições culturais e artísticas, incluindo museus e ateneus.

Por exemplo, no caso da Igreja Católica, quando, em 2005 e 2006, altos dignitários criticaram o governo chavista, a hierarquia da Igreja e até o papa foram duramente criticados pelo presidente Chávez e o chavismo ameaçou afetar a Igreja por uma série de regulamentos, indo desde a nomeação de bispos e da abolição do ensino religioso à educação sexual e à retirada da autonomia dos meios de comunicação da Igreja[17]. Contudo, nesse caso, Chávez foi ao Vaticano para conferenciar com o papa e repetidamente enfatizou novamente sua fé cristã e adesão ao exemplo revolucionário de Jesus, que serve de modelo para o programa de justiça social empreendido pela Revolução Bolivariana[18]. Em 2009, a Conferência dos Bispos da Venezuela criticou o governo por ter levado a cabo a promulgação de leis cujo objetivo tem sido assumir o controle de novos centros nervosos da economia, como portos e aeroportos, até então geridos por forças identificadas com a oposição. As críticas, por sua vez, geraram contracríticas ferozes por parte de Chávez[19]. Em um país onde mais de 90% da população é cristã e a grande maioria é católica apostólica romana, teria sido obviamente pouco lógico atacar os católicos como parte do "antipovo", mas as tensões continuaram, com porta-vozes do governo tentando deslegitimar as autoridades da Igreja Católica que mantiveram uma voz crítica das políticas chavistas[20].

Um caso comparativo específico para avaliar se o caso de ataques e diatribes contra judeus venezuelanos foi mais

---

17. N. Kozloff, Venezuela's War of Religion, *Venezuela Analysis*, 25 Oct. 2005.
18. Pope to Hugo Chavez: "Preserve Catholic Identity", 10 May 2006.
19. Chavez, Venezuela's Catholic Leaders Clash, *The Huffington Post*, 7 Apr. 2009.
20. R. Rodrigues, Católicos e Judeus São Perseguidos em Caracas, *Extra-Globo*, 20 jan. 2011.

severo do que outros seria o da comunidade ítalo-venezuelana, estimada em cerca de cinquenta mil almas[21]. Em muitos aspectos, há grande similitude entre o posicionamento de classe de ítalo-venezuelanos e judeus venezuelanos.

Na segunda metade do século XX, os ítalo-venezuelanos situaram-se economicamente nos ramos do comércio, construção e serviços, passando a ocupar um lugar importante na economia do país, com empresários de porte, como o engenheiro Carlos Delfino da construtora Delpre. Além disso, e ao contrário dos judeus, membros da comunidade passaram a ocupar posições centrais na política venezuelana, contando por exemplo com dois políticos de ascendência italiana que chegaram à presidência da Venezuela: Jaime Lusinchi e Raúl Leone. Vale ressaltar, portanto, que com relação aos ítalo-venezuelanos, não houve uma campanha de deslegitimação e demonização na mídia chavista, que poderia ter recorrido a tal hostilidade com base na conhecida participação da Itália nas ofensivas bélicas lideradas pelos EUA no Iraque e no Afeganistão[22].

Devemos, portanto, reconhecer que, no caso dos judeus venezuelanos e de Israel, gerou-se uma situação de demonização quase única realizada em fóruns pró-chavistas, como *Aporrea.org*, que têm sido sintomáticos dos níveis de ódio e antissemitismo aberto que permearam várias camadas de apoiadores de Chávez.

Definido como espaço e fórum de "comunicação popular para a construção do socialismo no século XXI", no seu comunicado oficial, *Aporrea.org* afirma que "defende

---

21. Na década de 1980, os ítalo-venezuelanos somavam entre duzentos mil e trezentos mil indivíduos (de acordo com estimativas diferentes), mas esse número foi drasticamente reduzido na última geração por uma série de fatores: a mortalidade geracional; a crise econômica que levou muitos a migrarem para Itália; e a aprovação de leis que permitiram a adoção da cidadania italiana e europeia.
22. Surpreende igualmente que, apesar da participação da Itália na coligação de forças liderada pela administração de George W. Bush, Chávez optou por visitar aquele país em maio de 2006 e tentou chegar a acordos bilaterais.

valores de igualdade e justiça, portanto, combatemos a discriminação baseada em raça, credo, nacionalidade, genero ou orientação sexual. Portanto, ao longo da nossa história temos rejeitado a publicação de material que promova a homofobia, o racismo, o antissemitismo e a xenofobia". Apesar de professar essa política de moderação, o *site* publicou numerosas mensagens que demonizavam os judeus, incitando claramente a violência[23]. Tais mensagens continuaram a aparecer de vez em quando tanto no *Aporrea* como em outros meios de comunicação oficiais, mesmo após a retomada dos contatos e do diálogo entre o presidente e o seu então ministro das Relações Exteriores, Nicolás Maduro, e a Confederação de Associações Israelitas da Venezuela (CAIV) em setembro de 2010[24].

Em situações como o ataque israelita a Gaza ou a tomada da frota de navios que tentava levar ajuda humanitária à Gaza em maio de 2010, os comentários de tom antissemita tornam-se comuns na mídia controlada pelo governo ou na ideologicamente próxima, de *Vea* e da Rede Venezuelana de Televisão, em especialmente no programa La Hojilla, onde Mario Silva lançou diatribes contra o "Estado-aborto" de Israel e os judeus. Desde a segunda Guerra do Líbano em 2006, Silva chamou abertamente à destruição do Estado de Israel e associou os judeus como um todo aos interesses

---

[23]. A seguinte mensagem ilustra o teor das notas publicadas no sítio chavista: [B]estas sem sentimentos e escravas do maldito dinheiro, sentindo-se apoiado pelo maior demônio da nação mais perversa e criminosa da terra; em todos os momentos vividos. É força e apoio suficientes para levar a cabo o pior e mais atroz genocídio conhecido pela humanidade. Um genocídio real e palpável, pior do que dizem ter sido cometido contra os judeus; das mãos do nazismo hitlerista e que contou com a vossa cumplicidade e, a quem serviram, denunciando os judeus que não compartilhavam de vossos malditos desejos de seita demoníaca. Vocês conseguiram fabricar uma mentira, com a qual se enganou o mundo para criar um Estado, para uma religião mercantilista. Hoje esse engano chegou ao fim. O holocausto palestino irá enterrá-los." J. Monagas Maita, Uds. Fallaron Sionistas, Judíos, Fascistas, Asesinos", 15 jan. 2009.

[24]. X. Padilla, "Cristina, Twitter, Lobby Sionista, Fidel, La Historia...", *Aporrea.org*, 8 set. 2010.

imperiais "euro-gringos" em diferentes partes do globo, exigindo que aqueles que não sejam sionistas declarem abertamente o seu apoio à causa palestina[25].

A propaganda contínua contra os judeus, contra o sionismo e o Estado de Israel é duplamente perigosa, ao usar lemas como a luta contra o imperialismo ou o genocídio e os crimes contra um povo inocente como os palestinos, semeia o ódio num povo como o venezuelano que até recentemente não se destacava pela sua hostilidade para com qualquer grupo ou país do mundo. Atualmente é possível encontrar exemplares de *Minha Luta* ou *Os Protocolos dos Sábios de Sião* em bancas de livros populares[26].

Não é por acaso então que, diante de tamanha demonização e exigência de posicionamento alinhado à linha dura política chavista, os judeus locais manifestaram o seu repúdio aos ataques e expressões antijudaicas que os vitimaram, exigindo o reconhecimento como cidadãos

---

25. Claudio Lomnitz e Rafael Sánchez indicaram em um trabalho que segundo dados da Conferência Mundial Contra o Antissemitismo que foi realizado em Londres, em fevereiro de 2009, o tom da mídia chavista tornou-se mais agressivo em outubro de 2008; entre outubro e dezembro, *Aporrea* publicou 136 textos antissemitas; desde Janeiro de 2009, esse número aumentou para 45 textos antissemitas por mês; nos trinta dias entre 28 de dezembro de 2008 e 27 de janeiro de 2009, coincidindo com o ataque israelense a Gaza, o número dessas notas cresceu para mais de cinco por dia. Ver C. Lomnitz; R. Sánchez, United by Hate: The Uses of Anti-Semitism in Chávez's Venezuela, *Boston Review*, v. 34, n. 4.

26. É fato que o antissemitismo aumentou consideravelmente no Brasil após o conflito iniciado em 7 de outubro de 2023, quando o grupo terrorista Hamas atacou as cidades do sul de Israel, assassinando naquele dia 1.200 pessoas, tendo outras 250 sido levadas para Gaza como reféns. Os ataques militares de Israel ao Hamas somam-se às dificuldades de ajuda humanitária à população palestina impostas pela situação de guerra em Gaza, favorecendo o crescimento global do ódio contra os judeus, contribuindo também para a proliferação do antissemitismo no Brasil. De acordo com um relatório divulgado pela Confederação Israelita do Brasil (Conib) e pela Federação Israelita do Estado de São Paulo (Fisesp), o antissemitismo no Brasil aumentou 800% após os ataques do grupo terrorista Hamas contra Israel.Ver no *site* da Conib, Políticas Públicas e o Combate ao Antissemitismo, 1 ago. 2024. Disponível em: <https://conib.org.br/noticias-conib/38947-politicas-publicas-e-o-combate-ao-antissemitismo.html>. Acesso em: 21 ago. 2024.

venezuelanos plenos. Também não faltaram manifestações de solidariedade por parte de renomados intelectuais, profissionais, jornalistas, artistas, além de outras pessoas que acompanharam os manifestantes judeus ou comunicaram a sua solidariedade por outros meios. A exigência de reconhecimento não discriminatório é um sinal de afirmação cidadã, de usufruto de direitos cívicos num quadro em que qualquer expressão de solidariedade por parte da sociedade civil venezuelana ou global pode ser interpretada pelo governo e seus acólitos como um sinal de manipulação por parte da oposição política e, portanto, como um meio de erodir a legitimidade do regime.

É importante destacar que as autoridades responderam rapidamente para identificar, prender e processar os responsáveis pelo ataque à sinagoga Tiféret Israel em Maripérez, realizada em 31 de janeiro de 2009. E que o diálogo estatal com a CAIV foi estabelecido. Mas também é possível questionar sobre a impunidade de que gozam por parte do governo, *sites* e meios de comunicação de massa que espalham o ódio e a demonização, e se a ausência de condenação desse discurso antissemita em redes próximas ou mesmo dentro do aparato de propaganda do regime não compromete o discurso oficial com laivos de cumplicidade.

Comparativamente, isso tem sido preocupante, uma vez que não tinha acontecido em outros movimentos de mobilização de massa, como o peronismo na sua época, nem o castrismo em Cuba, que não permitiram que porta-vozes do antissemitismo projetassem mensagens de ódio contra grupos específicos em nome do "movimento nacional", demonizando os judeus sob o argumento de atacar o imperialismo, ou de pedir nada menos do que a destruição do Estado de Israel, por opor-se à política do governo israelense. No caso do chavismo, vale a pena perguntar se a linha "suave" dentro do movimento é capaz de controlar tais expressões e resgatar um pluralismo democrático e respeito pela diversidade étnico-cultural ou a radicalização da Revolução Bolivariana permite que redes xenófobas continuem existindo dentro de círculos próximo do poder e dos seus meios de comunicação de massa, especialmente no contexto da guerra na Faixa de Gaza.

A articulação estratégica da política externa da Venezuela, juntamente com o Estado teocrático do Irã, cuja liderança nega o Holocausto e apela à destruição do Estado de Israel, é um fator preocupante na equação contextual dos judeus venezuelanos. Acontece ainda que o chavismo articula a sua posição referente aos direitos humanos com base nas suas alianças internacionais. Assim, em relação ao prêmio Nobel a Liu Xiaobo, o presidente venezuelano disse: "Acontece que deram o prêmio Nobel a um cidadão chinês dissidente e contrarrevolucionário, que está preso na China, provavelmente por violar as leis chinesas. [...] Nossas saudações, nossa solidariedade ao governo chinês, viva a China!" (AFP 2010). Igualmente significativa foi a posição de Chávez frente à Líbia, mesmo face a relatos de repressão da oposição líbia. A animosidade em relação à política externa dos Estados Unidos leva a que não se tome a defesa daqueles que são perseguidos e/ou punidos por reivindicações democráticas e de respeito pelos direitos humanos.

Com isso, devemos ser cautelosos. Um problema paralelo é a possível instrumentalização dos ataques isolados que ocorreram contra os judeus por forças políticas cujo interesse é desacreditar o regime chavista, como aconteceu no passado em outros cenários latino-americanos, como foi o caso de Perón na Argentina. O possível uso político de sinais de antissemitismo é um fator que até recentemente levou os judeus venezuelanos a evitar qualquer crítica aberta, que por sua vez pudesse ser usada pelos defensores do chavismo para deslegitimá-los e descrevê-los como servos de interesses imperialistas alheios à nação venezuelana. A expressão de uma exigência dos judeus de serem reconhecidos em seus direitos como cidadãos plenos é um sinal da severidade do processo e ao mesmo tempo do amadurecimento de posições da liderança comunitária, que levou em anos recente a defender seus posicionamentos de forma corajosa e assertiva.

*Fraqueza das Organizações
de Defesa dos Direitos Humanos*

Uma análise das minorias no Oriente Médio e no Norte de África permite-nos destacar tanto o perigo derivado da politização dos direitos humanos em contextos multiculturais como a fraqueza das organizações de direitos humanos em priorizar essa proteção. Me refiro a minorias que sofreram situações discriminatórias e ataques, sem conseguir atrair a atenção de comunidade internacional, como os curdos, os berberes, os coptas, os assírios, os saaraüís, os bahai, os dinka, os nuer ou os fur.

Já no século xix, a questão da proteção das minorias cristãs serviu como ponta de lança para o ingresso das potências ocidentais na esfera do Império Otomano e as pressões que desde então mantiveram sobre esse império decadente até a sua dissolução no fim da Primeira Guerra Mundial. No quadro dos Estados nacionais que surgiram no século xx, a questão do respeito pelos direitos humanos das minorias continua a ser um tema que suscita debates e tensões. Tal é o caso dos coptas no Egito.

Sendo uma minoria religiosa, os coptas têm sido alvo de discriminação e ataques de militantes islâmicos extremistas. Tais ataques têm acontecido até o presente, causando mortes, destruindo casas, propriedades e igrejas, sem que a polícia ou o as autoridades punam os culpados. Em muitos casos, mesmo quando os culpados foram identificados, a polícia obrigou as vítimas a se reconciliarem com os autores do crime. Foram registrados casos de jovens mulheres coptas raptadas e forçadas a converter-se ao islamismo, sendo casados com muçulmanos. Casos de romance entre jovens coptas e jovens muçulmanos têm levado a assassinatos de coptas por muçulmanos. Massacres contra coptas continuam a ser registrados até o presente. A questão é se as organizações de direitos humanos foram capazes de intervir em defesa da minoria copta no Egito e se, nos casos em que tentaram, a sua intervenção não foi sujeita a censura ou punição? Isto é, se os direitos humanos têm sido vítimas de uma politização?

Um caso paradigmático é o de Saad Eddin Ibrahim, professor de sociologia na Universidade Americana do Cairo; diretor do Centro Ibn Khaldún de Estudos Sociais; e um dos mais proeminentes ativistas dos direitos humanos no mundo árabe. Depois de preparar relatórios sobre a situação dos coptas, Ibrahim foi preso em julho de 2000 pelas autoridades egípcias juntamente com 27 funcionários do centro e levado a julgamento. As conexões internacionais de Ibrahim e do centro foram então peça central nas acusações apresentadas contra eles. A acusação incluía ter recebido fundos do exterior ilegalmente para o efeito de preparar e distribuir relatórios prejudiciais ao Egito, que poderiam minar a estabilidade do regime, de constituir uma ameaça pública à paz e de prejudicar a reputação internacional do país[27].

O julgamento tornou-se uma janela para avaliar o peso do discurso dos direitos humanos e o peso das redes transnacionais de apoio global para serem vistas como interlocutores legítimos na proteção dos direitos humanos e do multiculturalismo na sociedade egípcia. De pronto tornou-se evidente que o que estava em causa era mais do que o julgamento de um ativista dos direitos humanos. O caso pareceu afetar todo o movimento dos direitos humanos em Egito, bem como redes de ativistas interessados na promoção da democracia e da igualdade dos cidadãos. Isso não só pelo interesse que despertou no

---

[27]. Para um maior detalhamento desse caso, ver B. Yefet-Avshalom; L. Roniger, A Discourse on Trial: The Promotion of Human-Rights and the Prosecution of Sa'ad Eddin Ibrahim in Egypt, *Journal of Human Rights*, v. 5, n. 2, p. 185-204.

Ocidente, mas também pelo que refletiu sobre a relação entre os direitos humanos como visão universal e a retórica de soberania nacional, bem como entre os direitos humanos e os discursos voltados à, ou opostos à, reforma democrática. Com efeito, a reforma democrática foi vista como um perigo pelo governo de Hosni Mubarak, que agiu de forma autoritária e parecia contar com a apatia ou mesmo com o apoio de forças políticas e sociais que ignoraram os direitos das minorias.

O julgamento trouxe à tona questões centrais como a relação de direitos humanos e a esfera internacional, o estatuto das ONGs sem fins lucrativos no país e a questão do financiamento externo de ativistas dos direitos humanos, especialmente quando desafiavam as estruturas de poder. A prisão de Ibrahim e seu subsequente julgamento foram uma surpresa para muitos. Até então, Ibrahim fazia quase parte do *establishment*, com ligações de alto escalão no governo. Muitas ex-figuras do governo, ministros e primeiros-ministros serviram no conselho do centro, e eles eram homens de confiança. Em contrapartida, o regime permitiu a operação do Centro Ibn Khaldun, cuja presença foi usada como prova de tolerância do regime. Por outro lado, Ibrahim fez estudos sobre as origens sociais dos grupos militantes islâmicos, que o regime de Mubarak utilizou na sua luta contra eles. Durante a década de 1990, Ibrahim teve um programa de televisão no qual fez um apelo à nação, expressando suas opiniões sobre a importância da sociedade civil e da luta contra organizações islâmicas radicais.

A prisão de Ibrahim e as acusações contra ele e os seus associados indicaram que ele havia ultrapassou a linha da tolerância governamental ao tocar nos nervos do regime, com a sua abordagem sobre questões de democracia, eleições justas e direitos das minorias. Em particular, a situação da minoria copta havia se convertido em parte da agenda de Ibrahim, que chamou a atenção para a situação dos coptas do Egito, a quem comparava com outras minorias discriminadas ou reprimidas, como os curdos, na fronteira tripartida de Turquia, Síria e Iraque, e os sudaneses do Sul, criticando a sua discriminação. Além disso, ele atuou para conseguir uma mudança na Constituição egípcia para que ela se ajustasse às necessidades daquela minoria cristã, ao reformar a cláusula que determina que a lei islâmica é a principal fonte de legitimidade da Constituição, que de fato estabelecia dois níveis de cidadania.

Abordar essa questão e aumentar as críticas quanto aos direitos das minorias foi percebido pelas autoridades e por muitos na sociedade como algo problemático. O Estado egípcio, que declarou considerar os coptas uma parte integrante da nação, negou sistematicamente a existência de qualquer problema a esse respeito, a tal ponto que o próprio uso da palavra "minoria" em referência aos coptas passou a ser visto como uma violação de um consenso nacional.

As acusações apresentadas pelo procurador-geral egípcio incluíam recepção não autorizada de fundos estrangeiros, a participação na falsificação de nomes nos registros eleitorais, a má gestão de fundos e a preparação de relatórios caluniosos sobre o Egito. Essa tem sido uma estratégia utilizada por vários Estados, a de perseguir organizações de defesa dos direitos humanos, acusando-as de servirem aos interesses estrangeiros, estranhos à nação. O julgamento começou em 18 de novembro de 2000 no Tribunal Superior de Segurança do Estado, que condenou Ibrahim, em maio de 2001, a sete anos de prisão, enquanto vinte outros funcionários do Centro Ibn Khaldun receberam sentenças entre um e cinco anos. Em fevereiro de 2002, Ibrahim e os outros réus foram libertados temporariamente, uma vez que o Superior Tribunal de Justiça ordenou um novo julgamento com base em procedimento judicial impróprio. No entanto, no novo julgamento, o Superior Tribunal de Apelações confirmou o veredito anterior em agosto 2002.

Devido à falta de apoio popular, a rede de organizações de defesa direitos humanos evitou apoiar abertamente

Ibrahim, tomando cuidado de não provocar demasiado o antagonismo do público, para a maioria dos quais o papel hegemônico do islamismo na política e na sociedade egípcias era um pilar intocável, enquanto a condição da minoria copta (bem como do processo de normalização com Israel) permaneceram questões controversas e contrárias ao que acreditavam grandes setores da população egípcia. Somente após a pressão ter sido exercida pelas potências internacionais, especialmente dos Estados Unidos, a potência internacional à qual o Egito era aliado na época, o Tribunal de Apelações absolveu Ibrahim e os demais réus de todas as acusações, em março de 2003.

Em anos posteriores, a situação da minoria copta permaneceu tênue, como ficou evidente a partir de uma série de confrontos, resultando em mortes, feridos e perdas materiais entre os coptas. No seio da comunidade copta persistem graves temores de que em um contexto macropolítico determinado, as autoridades possam ser ineficazes em sua defesa dos direitos das minorias, especialmente tendo em conta que no Egito – como em outras sociedades do Oriente Médio – a prioridade dos cidadãos é dada ao islamismo como religião oficial, enquanto o discurso dos direitos humanos é usado quase sempre de forma instrumental para promover interesses de *realpolitik* a nível internacional, enquanto são relegados a um lugar marginal em nível interno.

Conclusões Acerca da Fragilidade da Defesa dos Direitos Humanos

A politização dos organismos das Nações Unidas persiste. A substituição da Comissão pelo Conselho dos Direitos Humanos, em março de 2006, não resolveu o problema, já que em seu seio a representação se dá por blocos regionais de Estados. Tal estrutura é ineficaz na prevenção de discriminação no tratamento de violações dos direitos humanos em diferentes situações, ainda que o secretário-geral da

ONU criticasse abertamente a parcialidade da organização, devido à politização de sua agenda. A HRW publicou um relatório sobre o assunto que, embora sugerisse soluções e reconhecesse o progresso da reforma do Conselho, que incluía a eleição que permitia a atividade de grupos extraestatais e a monitoração dos Estados eleitos em termos de direitos humanos, não tocava no principal ponto fraco do sistema – ou seja, a priorização da representação regional em detrimento de uma adesão baseada unicamente no respeito dos diferentes países pelos direitos humanos.

Chamo também a atenção para uma problemática importante: aquela que afeta a proteção das minorias étnicas e religiosas para as quais o respeito pelo discurso universal dos direitos humanos deveria fornecer apoio incondicional. Igualmente problemático tem sido o impacto crescente das abordagens acadêmicas que adotam uma versão extrema das políticas de identidade com o objetivo de dar visibilidade às reivindicações de alguns grupos sociais. Tais posturas, muitas vezes, racializam ou etnicizam excessivamente populações inteiras como supostas vítimas da expansão e das ideias ocidentais, ao mesmo tempo que absolvem o desrespeito pelos direitos humanos como uma reação "natural" à marginalização histórica. Essa relativização dos direitos humanos entra em conflito com os direitos coletivos, implicando em um ato de reificação cultural que serve como justificativa moral para a ação de determinados poderes. A persistência dessas abordagens impõe um modo de análise bastante dicotômico, que critica os princípios universais como uma cortina de fumaça para a opressão, ao mesmo tempo que ignora as complexidades dos conflitos, os modos de vida dos povos indígenas, bem como a interseccionalidade das estruturas de classe, a estagnação institucional, os direitos à saúde pública, a corrupção, a violência e o crime organizado que afligem as populações locais[28].

---

28. Ver D. Lehmann, *After the Decolonial.*

Sob essa perspectiva, as situações contemporâneas de conflito e violência passam a ser interpretadas em termos binários de perpetradores e vítimas, atribuindo a culpa a uma das partes envolvidas e minimizando o papel da outra, ou desqualificando o sofrimento de uma das partes e ampliando o sofrimento da outra[29]. Além disso, à medida que as pessoas tentam explicar as situações confusas e caóticas ou os acontecimentos que vivenciam ou acompanham, interpretando-os segundo uma lógica subjacente mais ampla, acabam provocando leituras tendenciosas e dicotômicas que dificultam a evolução dos direitos humanos constantemente em crise, conferindo veracidade a narrativas conspiratórias, mesmo aquelas que são obviamente bizarras e odientas[30]. Creio que, juntamente com a redefinição das alianças internacionais e as mudanças geopolíticas que têm ocorrido nos últimos anos, o debate em torno da primazia dos princípios universais dos direitos humanos – na sua articulação com as sociedades, os Estados e sistemas políticos díspares – continuará a ressoar e provavelmente também ganhará ainda mais centralidade no futuro próximo. Enquanto isso, certamente será possível perceber as limitações e a parcialidade dos mecanismos da sua implementação. É importante estarmos conscientes das limitações persistentes das normatizações em matéria de direitos humanos e procurarmos reforçar a sua implementação efetiva, rejeitando qualquer visão dicotômica de "bons" e "maus". Devemos procurar

---

29. Ver, por exemplo, as interpretações díspares da violência nos Balcãs, em P. Pérez Sales, Estudios Sociológicos Internacionales en Población General Sobre Percepción de la Violencia y Reparación a Víctimas:Rrevisión de Datos y Análisis Comparado, em D. Páez et al. (eds.), *Superando la Violencia Colectiva y Construyendo Cultura de Paz*, p. 437-475.
30. Ver M.L.T. Carneiro, *Dez Mitos Sobre os Judeus*; L. Senkman; L. Roniger, *América Latina tras Bambalinas*; L. Roniger; L. Senkman, The Logic of Conspiracy Thought: A Research Agenda for an Era of Institutional Distrust and Fake News, *Protosociology – An International Journal of Interdisciplinary Research*, v. 36, p. 540-567.

expandir o alcance de uma proteção efetiva de princípios de interação que todo ser humano e toda instituição devem respeitar, evitando abusos e atentados à vida, à integridade física e à dignidade das pessoas. Naturalmente, isso implicará reconhecer que os seres humanos não estão isolados das suas redes, dos seus grupos de pertencimento, das suas religiões e culturas, em cujo contexto a existência humana faz sentido.

2.
O ANTISSEMITISMO NAZISTA COMO ELO ENTRE A SUPREMACIA BRANCA ESTADUNIDENSE E A GERAÇÃO DE IDENTIDADE DO SÉCULO XXI

Christiane Stallaert

Introdução

Em 9 de outubro de 2019, feriado judaico de Iom Kipur, um terrorista tentou realizar um massacre na sinagoga da cidade alemã de Halle. Não conseguindo entrar na sinagoga devido às medidas de vigilância, o terrorista redirecionou o ataque para um ponto de venda de alimentos, causando duas mortes entre pessoas de origem turca.

O autor dos fatos, um alemão de 27 anos nascido em 1992, descrito por seus vizinhos e conhecidos como um "solitário" com perfil de "fracassado", filmou suas ações transmitindo as imagens ao vivo em forma de videogame. Ele já havia publicado na internet um manifesto claramente antissemita, no qual definia seu objetivo como "matar o maior número possível de não brancos, de preferência judeus", já que os últimos eram "a raiz de todos os problemas".

Até aqui os fatos. Agora vamos ver o contexto.

Halle, perto de Leipzig, pertencia à antiga República Democrática Alemã ou RDA, região que em 1989 havia sido palco principal do *Wende* (a Virada), o processo de mudança ou transição da economia planificada para a economia de mercado que levou à queda do Muro de Berlim e da Cortina de Ferro. Em Leipzig, em 9 de outubro de 1989, a famosa *Montagsdemonstrationen* reuniu mais de setenta mil pessoas contra o regime comunista. O lema dos manifestantes dizia "por um país aberto com pessoas livres". Apesar de seu protagonismo no que viria a ser a restauração da democracia na Alemanha Oriental, é nessa mesma região que, em setembro de 2019 – apenas um mês antes do referido ataque terrorista em Halle e coincidindo com o 30º aniversário do *Wende* – o partido populista Alternative für Deutschland (Alternativa Para a Alemanha, AfD), alcançou sua maior vitória, tornando-se a segunda força política com 28% dos votos, Seu *slogan* eleitoral era *Wende 2.0: Wir sind das Volk! Vollende die Wende*, ou seja: "Virada 2.0: Nós somos o povo! Que a Virada seja completa."

O que representa o AfD? O partido foi criado em 2013, tendo como terreno fértil o descontentamento com a reunificação alemã e o persistente fosso social, econômico e cultural, após três décadas, entre as duas Alemanhas. O programa do AfD denuncia as deficiências sociais, educacionais, econômicas etc. nos territórios alemães da ex-RDA, como a falta de médicos ou professores. Se inicialmente nasceu como um partido radicalmente eurocético (até mesmo antieuropeu), defendendo a abolição ou a reforma da zona do euro, o AfD evoluiu posteriormente para um partido anti-imigrantista e antimuçulmano. A crise de 2015, com a chegada de milhares de refugiados sírios e afegãos às fronteiras da Europa, contribuiu para a sua ascensão, uma vez que ele se opunha à política de refugiados defendida por Angela Merkel, o *Wir schaffen das!* (Administraremos isso!), que segundo o AfD colocava em perigo as "tradições alemãs".

Em um debate na televisão belga, algumas horas após o ataque à sinagoga de Halle, um analista político questionou: "como é possível que um jovem de 27 anos seja influenciado pela ideologia antissemita, uma ideologia que foi derrotada em 1945, 75 anos atrás?"[1] O interessante nessa pergunta e a chave da resposta reside precisamente no fato de esse período de 75 anos não constituir uma experiência homogênea para as diferentes gerações. Como se verá, esse período é atravessado por uma censura, um divisor de águas entre um antes e um depois. Esse divisor é o contexto de 1992. E Stephan Balliet, o perpetrador do atentado de Halle, nascido em 1992, deve ser colocado nesse "depois".

A Década de 1990

O ano de 1992 marcou os cinquenta anos de Auschwitz (a decisão pelo *Endlösung*, a Solução Final para a "questão judaica", foi tomada em janeiro de 1942). Nos anos anteriores a esse aniversário, ocorreu um debate na Alemanha sobre como incorporar o nazismo ao cânone da historiografia alemã. Em essência, o famoso *Historikerstreit* girava em torno da tensão entre memória e história e a relação de ambos os conceitos com o passado. Em outras palavras: é possível (ou conveniente) tratar o nazismo como mais um episódio da história nacional, como um "passado sem relação com o presente?" Ou, ao contrário, ele deveria ser mantido vivo, como um "passado-presente, impregnado na memória dos jovens e das futuras gerações de alemães?" Participaram desse debate intelectuais

---

1. De Afspraak, *Canvas*, 9 Oct. 2019.

que atingiram a maturidade de sua carreira intelectual em 1992, muitos deles nascidos antes, durante ou alguns anos após a Segunda Guerra Mundial e cujos pais haviam participado dos eventos discutidos. No entanto, esse mesmo contexto dos anos 1990 viu nascer uma geração que se sentia psicologicamente desligada das atrocidades do nazismo e se recusava a aceitar seus traumas.

Uma pesquisa de 2017 com adolescentes alemães realizada pela Fundação Körber (Körber-Stiftung) revelou que quatro em cada dez alunos alemães diziam não saber o que era Auschwitz-Birkenau. A pesquisa destaca que "os estudantes têm grandes déficits em história"[2]. Um déficit que confirma a ruptura entre as gerações anteriores e posteriores a 1992 em relação ao nazismo.

A Perspectiva do Perpetrador

Nos estudos do antissemitismo, existe uma tradição profundamente enraizada de querer entender o antissemitismo ocidental por meio da reconstrução cronológica da violência antissemita. Segundo essa tradição, os momentos de violência são apresentados como elos de uma longa cadeia histórica que vai da destruição do templo pelos romanos ao antissionismo ou mesmo ao anti-israelismo dos séculos XX e XXI, passando pelo nazismo. Um exemplo recente dessa tradição é a análise de Deborah Lipstadt[3]. Segundo essa tradição, para entender o antissemitismo é preciso entender cada fase como uma variante atualizada de um padrão histórico, isto é, o antissemitismo de hoje seria entendido como uma forma "reciclada" do antissemitismo anterior.

Longe de tentar rejeitar o interesse dessa abordagem do fenômeno, proponho enriquecer o olhar tradicional com uma perspectiva diferente e alternativa, assim como

---

2. Ver K. Stiftung, *Deutsche wollen aus Geschichte lernen*.
3. Ver D. Lipstadt, *Antisemitism*.

Raul Hilberg propôs na época em seu estudo pioneiro sobre a destruição dos judeus europeus. A inversão de perspectiva proposta por Hilberg consiste em tomar não as vítimas (os judeus), mas os próprios perpetradores como categoria de análise. Como diz Hilberg, somente se entrarmos na pele do perpetrador é que teremos uma visão geral que nos ofereça as chaves para entender a lógica antissemita. Foi essa perspectiva invertida que me permitiu traçar analogias entre certas práticas na Alemanha nazista e na Espanha inquisitorial. Meu livro nasceu como uma reação à recusa radical de certos historiadores espanhóis em reconhecer qualquer analogia entre os dois sistemas totalitários de exclusão étnico-racial[4]. Cito em meu estudo o raciocínio desenvolvido pelo historiador José Antonio Escudero, grande conhecedor da Inquisição espanhola, que, contra a tese de Benzion Netanyahu sobre o racismo inquisitorial[5], afirma o seguinte:

Se a Inquisição era racista contra os judeus convertidos, por que perseguia também os mouros se eram da mesma raça? E se ele era racista contra os judeus convertidos e os mouros, por que perseguia os protestantes espanhóis?, qual é a raça comum aqui? E se era racista contra convertidos, mouros e protestantes, por que perseguiu também os cristãos-velhos e depois uma multidão de eclesiásticos, frades e freiras, bispos, o cardeal de Toledo etc.? Qual era a raça perseguida pela suposta Inquisição racista?[6]

Se aplicarmos o mesmo raciocínio aos ataques racistas do século XXI, essa lógica levaria à negação de seu caráter antissemita, pois acabaríamos nos perguntando, como faz Escudero, qual é a "raça" perseguida perpetradores durante o século XXI. Com efeito, ao passar em revista alguns dos ataques com maior ressonância internacional na última década, obtêm-se categorias de vítimas muito

4. C. Stallaert, *Ni una gota de sangre impura*.
5. B. Netanyahu, *The Origins of the Inquisition in Fifteenth Century Spain*.
6. J.A. Escudero, "Netanyahu y la Inquisición", *El País*, 19 enero 2000.

dispersas, sem ligação aparente a uma ideologia antissemita, que, seguindo o raciocínio desenvolvido por José Antonio Escudero, não permitiria entendê-los como parte de uma ideologia comum. Vejamos, as categorias de vítimas de alguns ataques:

- Afro-estadunidenses (ataque a uma igreja, cometido em 2015 em Charleston, EUA, por Dylann Roof, nascido em 1994).
- Muçulmanos (ataque de 2019 a uma mesquita na Nova Zelândia, por Brenton Tarrant, nascido em 1991).
- Hispânicos (atentado contra a loja do Walmart, cometido em 2019 em El Paso, por Patrick Crusius, nascido em 1998).
- Judeus (bomba na sinagoga em Halle, Alemanha, em 2019, por Stephan Balliet, nascido em 1992).

É claro que as categorias de vítimas nos mostram um quadro misto. No entanto, se em vez de olharmos para as vítimas, olharmos para os perpetradores, surge uma constante que é a geração a que pertencem, todos nascidos na década de 1990[7]. Essa pertença à mesma geração permite-nos compreender outras características comuns, como sua familiaridade com o ambiente "virtual", seja como fonte de inspiração ou como meio de divulgação de sua ideologia e ações. O típico perfil de robô desses perpetradores do século XXI os define como "lobos solitários" que primeiro se radicalizaram na internet e depois publicaram algum manifesto ou imagens em relação ao ataque perpetrado nas redes digitais. Outra característica comum

---

7. Embora não o mencione acima, por não pertencer estritamente à mesma geração, vale aqui reconhecer a "paternidade" de Anders Breivik, nascido em 1979, que em 2012 cometeu um atentado na Noruega contra jovens socialistas. O seu manifesto publicado na internet intitula-se "2083: Uma Declaração de Independência Europeia" e tanto pela sua ideologia como pelos seus métodos constitui um claro precedente para os ataques perpetrados pela geração de 1990.

é que são homens brancos que afirmam estar agindo em defesa da raça branca. O manifesto lançado por Dylann Roof é intitulado "The Last Rhodesian" (O Último Rodesiano)[8], enquanto o de Brenton Tarrant é nomeado "The Great Replacement" (A Grande Substituição). Qual é o lugar de enunciação desses jovens? De que fontes eles bebem? Qual é a estrutura intertextual subjacente ao discurso que eles constroem?

A meu ver, a compreensão da ideologia xenófoba (inclusive neonazista) no século XXI reside mais em certos desdobramentos típicos dos anos 1990 do que na continuidade com o próprio nazismo. Esses desenvolvimentos incluem o fim da Guerra Fria, que na Europa foi acompanhada por sangrentos conflitos étnico-políticos nos Bálcãs; em todo o mundo, a emergência do islamismo radical, cujos primeiros surtos se tornaram visíveis na Argélia com a guerrilha em torno da Frente Islâmica de Salvação (FIS). Ao mesmo tempo, o *apartheid* chegava ao fim na África do Sul, o último regime de racismo de Estado institucionalizado. O contexto das comemorações dos cinquenta anos do Holocausto deu um impulso aos chamados estudos de memória (histórica) e dos direitos humanos. O fim do choque entre grandes ideologias abriu caminho para o ideal neoliberal da "globalização", um mundo onde pessoas e bens são colocados em circulação e se tornam intimamente interligados. Nos Estados Unidos, essa visão se reflete no chamado "Consenso de Washington", que já no início dos anos 1990 foi traduzido em um ambicioso Acordo de Livre Comércio do Atlântico Norte entre o Canadá, os Estados Unidos e o México. A Europa, por sua vez, deu passos decisivos rumo a um

---

8. A Rodésia (1965-1979) foi um domínio britânico autônomo que declarou sua independência e passou a adotar uma política segregacionista semelhante ao *apartheid* sul-africano. Após uma guerra civil e sem reconhecimento internacional, em 1979 o país passou a ser administrado novamente por um governador britânico até sua independência formal em 1980, como Zimbábue. (N. da T.)

sonho de "cidadania europeia" na Cúpula de Maastricht realizada em 9 e 10 de novembro de 1991, com a abolição das fronteiras internas (o espaço *Schengen*), a criação de uma moeda comum (o euro) e o projeto de Constituição Europeia.

A contrapartida dessa vontade política de abolir as fronteiras econômicas e humanas resulta, porém, na consolidação de tendências xenófobas e ultranacionalistas, tanto na Europa quanto nos Estados Unidos. Nos Estados Unidos, nasceu em 1990 uma plataforma chamada Stormfront, nome que se refere à *Sturmabteilung* ou SA nazista. Na Europa, partidos xenófobos alcançam posições de destaque no espectro político de muitos países europeus. Assim, por exemplo, na Bélgica, o Bloco Flamengo (Vlaams Blok), partido criado em 1978, emergiu como força política nas eleições de novembro de 1991, obtendo mais de 20% dos votos em alguns distritos do país. Com uma ideologia racista e laços ou afinidades neonazistas, em 2004, após uma condenação judicial, o partido passou a se chamar Vlaams Belang, Interesse Flamengo, nome que lembra o conceito nazista de *völkische Belange* (interesse do povo). Essa semelhança nos leva à questão central de nossa análise, a saber: o "neonazismo" do século XXI é de inspiração nazista?

As Teses da Grande Substituição

Não é por acaso que o manifesto publicado *on-line* por Brenton Tarrant, autor do ataque islamofóbico de 2019 na Nova Zelândia, leva o título "The Great Replacement" (A Grande Substituição). Esse jovem, nascido em 1991, inspirou-se num ensaio francês com o mesmo título escrito por Renaud Camus, *Le Grand remplacement*. O contexto em que Camus escreveu este texto é o seguinte: em 1992, Camus vendeu seu apartamento em Paris, fugindo da metrópole, para se aposentar no sul da França. Um dia, ele observa duas mulheres de *hijab* ou véu na praça da cidade e percebe que não apenas as grandes cidades, mas também a França profunda, suas áreas periféricas ou rurais, já têm uma presença muçulmana de origem imigrante. (Mais tarde, o romancista francês Michel Houellebecq evocaria uma realidade semelhante.)[9]

Em 2012, Renaud Camus, que inicialmente estava à esquerda do espectro político francês, decidiu apoiar a Frente Nacional de Marine Le Pen. Nesse mesmo ano, nasce um movimento da juventude francesa que se define como a *génération identitaire* (Geração Identitária) e cujas ideias se inspiram no ensaio de Camus. Em 2014, Camus continua elaborando sua tese sobre a substituição da nação francesa pelo Islã em um novo texto intitulado "France, suicide d'une nation" (França, Suicídio de uma Nação). Numa entrevista de 2019, ao jornal espanhol *El País*, Camus distancia-se do (neo)nazismo, dizendo que "os extremistas tratam-me de neonazista, mas o nazismo horroriza-me" e afirma que "a Europa está colonizada, ocupada" (como a ocupação nazista da França na Segunda Guerra Mundial)[10]. Não é por Renaud Camus negar qualquer continuidade ou ligação com o nazismo e o neonazismo que sua afirmação deva ser aceita acriticamente. No entanto, vale a pena levar isso em consideração e examinar sua justificativa.

Em 2018, o livro de Camus apareceu em tradução para o inglês com o título *You Will not Replace Us*. Sintaticamente esse título difere do original francês *Le Grand remplacement*. É este último que em tradução literal será o título do manifesto, A Grande Substituição, de Brenton Tarrant, autor do atentado à mesquita de Christchurch. Isso sugere que Tarrant estava bem familiarizado com o ensaio ou a tese de Renaud Camus, mesmo sem ter a tradução para o inglês em mãos. Por sua vez, Tarrant serviria de fonte de inspiração para Patrick Crusius que, alguns meses depois, atacaria os hispânicos nos Estados Unidos.

9. Ver M. Houellebecq, *Soumission*.
10. El Ideólogo Francés que Inspira al Supremacismo Blanco, *El País*, 9 ago. 2019.

Crusius alude ao manifesto de Tarrant e ao conceito de "grande substituição".

Ao recuar ainda mais na genealogia dos ataques xenófobos no século XXI, recordamos que a cadeia desse tipo de violência terrorista começou com o atentado de Breivik na Noruega, em 2011, contra jovens socialistas. É o mesmo ano em que o francês Renaud Camus circulou o termo "grande substituição", conceito que aparecera um ano antes, no seu livro *Abécédaire de l'In-nocence*. O título do livro faz referência ao partido político com esse nome (In-nocence) criado pelo autor em Paris em 2002. O nome do partido, por sua vez, alude à aspiração de reduzir os 'incómodos' (em francês, *nuisances*) por meio da promoção dos valores de civilidade e civilização, da urbanidade e do respeito pela palavra. Além disso, o partido se declara apegado ao caráter europeu da Europa tanto quanto ao carácter francês da França.* O conceito de "grande substituição" está relacionado às ideias do nazismo sobre a ameaça étnica que pesaria sobre as raças puras ou nórdicas, mas, não foi cunhado por Camus, embora ele seja considerado seu inventor. Uma reconstrução da origem do termo nos leva ao outro lado do Atlântico, como fica evidente no manifesto de Breivik, que relaciona o conceito a Madison Grant, ideóloga estadunidense do supremacismo branco no final do século XIX e início do XX.

Ao restabelecer esse elo precursor, nos será possível verificar que o chamado "neonazismo" não pode ser compreendido se fontes pré-nazistas forem deixadas de fora da análise. Nesse sentido, é importante ter em mente que a tese da "grande substituição" tem raízes nos Estados Unidos.

O Precursor Ideológico do Nazismo:
A Supremacia Branca

Em 1916, Madison Grant publicou *The Passing of the Great Race* (O Passamento da Grande Raça), que tem como subtítulo: "The Racial Basis of European History" (A Base Racial da História Europeia). Esse livro adota a perspectiva do "nordicismo", postulando que a "raça branca ou europeia" é a base biológica (racial e hereditária) dos "nativos americanos", conceito que na terminologia de Grant não designa os indígenas ameríndios, mas os descendentes dos colonizadores europeus no continente americano. A classificação racial é resumida como uma dicotomia "branco *versus* não branco", que estrutura legalmente a ordem social das Américas. Desenvolver uma política de preservação da "raça branca" pressupõe saber quem são os "não brancos". O catálogo desses "outros" foi construído a partir do final do século XIX por meio de sucessivas decisões judiciais, nas quais os chineses (em 1878) foram definidos como "não brancos", seguidos pelos havaianos (em 1889), japoneses e birmaneses (em 1894), ameríndios (1900), filipinos (1916) e coreanos (em 1921). No mesmo período de 1897 a 1910, mexicanos, armênios, indianos, asiáticos e sírios foram declarados biologicamente "caucasianos", isto é, brancos[11].

Uma análise lexical sucinta de *The Passing of the Great Race* atesta essa preocupação em proteger os residentes das Américas "brancos" de raça nórdica e origem europeia. As palavras "nórdico", "europeu", "ariano", "alemão", "branco", "saxão" são os eixos de análise racial que articulam

---

11. C. King, *Gods of the Upper Air*, p. 84-85: "Em 1878, uma opinião precedente afirmava que os chineses não eram brancos. Decisões semelhantes determinaram o *status* não branco de havaianos em 1889, birmaneses e japoneses em 1894, nativos das Américas em 1900, filipinos em 1916 e coreanos em 1921, enquanto os juízes determinavam que mexicanos, armênios, 'índios asiáticos' e sírios eram biológicamente 'caucasianos' em 1897, 1909 e 1910, respectivamente. As consequências desses casos foram imediatas e práticas. Eles determinaram a capacidade de comprar uma propriedade em um bairro com restrição racial, dar à luz em um hospital com restrição racial, matricular um chileno em uma escola com restrição racial ou ser enterrado em um cemitério com restrição racial. Em vez de uma herança da era da escravidão, Jim Crow e a jurisprudência racial eram novos, nacionais e supostamente naturais, com base nas últimas descobertas da ciência racial."

seu discurso. A "raça nórdica", que inclui europeus, saxões, alemães e arianos, é definida como tendo "sangue nórdico" (35 ocorrências no texto) ou "sangue branco" (duas ocorrências). A grande preocupação de Grant é o "suicídio racial" (seis ocorrências) da raça nórdica, senão seu extermínio (também seis ocorrências). A definição de "quem somos" nos permite estabelecer os mecanismos de defesa. À categoria de "branco" opõe-se a de "negro" ou "preto". No entanto, deve-se notar aqui que a ameaça judaica parece muito secundária e não ocupa o papel de destaque que teria no discurso nazista[12]. Essa descoberta levanta a questão do *status* do livro de Grant como um texto "antissemita" propriamente dito? Em outras palavras: até que ponto a supremacia branca das Américas se conecta com a ideologia nazista em termos de sua dimensão antissemita?

Um Ponto de Ancoragem: O Ano de 1924

Para responder a essa pergunta, o ano de 1924 oferece um interessante ponto de ancoragem. Vamos começar com os Estados Unidos: em 1924, foi aprovada a Lei de Imigração (Lei Johnson-Reed), que estabelecia cotas nacionais de imigração para o país[13]. A lei foi baseada, entre outras coisas, em dados fornecidos pelo próprio Madison Grant, então vice-presidente da Liga de Restrição à Imigração. Tratava-se de transformar os Estados Unidos em reserva de raça ou civilização superior, favorecendo a imigração de europeus nórdicos[14]. Grant também lutou pela aprovação da Lei de Integridade Racial ou Lei para a Preservação da

---

12. "Em número de ocorrências em *The Passing of the Great Race*: nórdica: 685; Europa: 575; ariano: 257; alemão: 221; branco: 107; preto: 92; saxões: 83; judeu: 15; semita: 15. (Lista elaborada por mim.)

13. Ver C. King, op. cit., p. 113, a mesma política de imigração, baseada em cotas, seria basicamente mantida até 1965.

14. Ver Eugenics Archive, *Madison Grant Publishes The Passing of the Great Race*: "*The Passing of the Great Race* defendeu a preservação da América como uma 'reserva de civilização' para a raça nórdica,

Integridade Racial. Essa lei, adotada no estado da Virgínia em 1924, se distingue pelo critério radical de que "uma gota" (regra de uma gota) de sangue "negro" era suficiente para ser considerado "não branco"[15].

Como Ruth Clifford Engs aponta, o livro de Grant não só teve uma enorme influência nos Estados Unidos (com quatro edições e treze impressões entre 1916 e 1936), mas também na Alemanha nazista, onde influenciou higienistas raciais, tais como Hans F.K. Gunther, que, recorrendo à fonte de Grant, escreveu o seu *Rassenkunde Europas*, publicado em 1926[16]. Anos mais tarde, Gunther tornou-se um dos principais eugenistas do nazismo, um defensor das ideias nórdicas.

Em 1925, *The Passing of the Great Race* foi traduzido para o alemão sob o título *Der Untergang der grossen Rasse*. No mesmo ano, Hitler publicou o primeiro volume de *Mein Kampf* (Minha Luta), texto ditado a Rudolf Hess durante sua estada na prisão de Landsberg em 1924; o segundo volume sairia em 1926. Em *Mein Kampf* Hitler, em contraste com a degeneração racial à qual a maioria dos estados europeus sucumbiu, elogia a política racial estadunidense, citando-a como um exemplo de como preservar a pureza racial da nação[17]. Uma vez no poder, os nazistas se inspiram no modelo estadunidense para elaborar

---

defendendo a imigração apenas da linhagem fundadora de anglo-saxões e outros nórdicos do noroeste da Europa"

15. Ver B. Wolfe, Racial Integrity Laws (1924-1930), em *Encyclopedia Virginia*. "Leis de integridade racial foram aprovadas pela Assembleia Geral para proteger a 'brancura' contra o que muitos virginianos consideravam os efeitos negativos da mistura de raças. Incluíam a Lei de Integridade Racial de 1924, que proibia o casamento inter-racial e definia como branca a pessoa 'que não tem nenhum traço de sangue que não seja caucasiano'; a Lei de Assembleias Públicas de 1926, que exigia que todos os espaços de reuniões públicas fossem estritamente segregados; e uma terceira lei, aprovada em 1930, que definia como negra uma pessoa que tivesse pelo menos um traço de ascendência afro-estadunidense. Essa forma de definir a branquitude como um tipo de pureza na linhagem tornou-se conhecida como a 'regra de uma gota.'"

16. R.C. Engs, *The Eugenics Movement*, p. 103-104.

17. C. King, op. cit., p. 115.

seu próprio programa de eugenia racial e transformar a Alemanha em um estado etnocrata[18]. Hitler reconheceu a influência que o livro de Madison Grant teve sobre ele, chamando-o de sua "bíblia"[19]. A cópia que Hitler tinha da tradução alemã com dedicatória pessoal do editor está preservada hoje na Biblioteca do Congresso[20].

Durante a ascensão dos nazistas ao poder e, posteriormente, ao traçar sua própria política racial, os Estados Unidos foram o modelo de referência. Cientistas alemães puderam estudar o modelo estadunidense por meio de intercâmbios acadêmicos, congressos, estadias de estudos, artigos científicos. Em uma publicação de 1934, um acadêmico alemão observou como:

Na maioria dos estados do sul, crianças brancas e crianças negras são enviadas para escolas diferentes seguindo regulamentos legais. A maioria dos estadunidenses também exige que a raça seja listada em certidões de nascimento, certidões de casamento e certidões de óbito. […] Muitos estados estadunidenses chegam ao ponto de exigir por estatuto instalações segregadas para negros e brancos em salas de espera, vagões de trem, vagões-dormitório, ônibus, navios a vapor e até mesmo em prisões e cadeias.[21]

Depois de estudar o modelo estadunidense por uma década, os nazistas estavam preparados para implementar sua própria legislação racial, com as Leis de Nuremberg em 1935. Nessas leis, a categoria do judeu substituiu o afro-estadunidense "negro" ou "negro" como principal agente de contaminação racial. Preocupados que a adoção da "regra de uma gota" fosse radical demais, os nazistas introduziram uma categoria intermediária entre judeu (puro) e ariano, a dos *Mischlinge*, pessoas de ascendência mista,

---

18. Ibidem, p. 306.
19. Ibidem, p. 114.
20. Ibidem, p. 306.
21. National Socialist Handbook for Law e Legislation apud C. King, op. cit., p. 37.

ou seja, com um ou dois avós judeus[22]. Ao mesmo tempo, casamentos mistos e relações sexuais inter-raciais foram proibidos. Como também haviam sido proibidos pela Lei de Integridade Racial em certos estados estadunidenses.

Nos julgamentos de Nurembergue em 1947, o diretor do programa de eutanásia nazista, dr. Karl Brandt, referiu-se em sua defesa ao trabalho de Madison Grant. Ele argumentou que as políticas raciais e eugênicas da Alemanha nazista não foram criação do próprio regime nazista ou exclusivamente[23]. O seu argumento era verdadeiro. E mais: se as leis nazistas foram abolidas após a derrota da Alemanha nazista em 1945 e o país submetido a um profundo processo de desnazificação, nos EUA as leis raciais e eugênicas que até hoje simbolizam o pior da ideologia nazista permaneceram intactas mesmo várias décadas após o Holocausto. A experiência nazista na construção de uma sociedade racialmente segregada e purificada durou doze anos. Nos Estados Unidos, porém, a segregação racial funcionou como um princípio estruturante da sociedade estadunidense imposto e controlado por lei, desde a época da independência em 1776 até 1968. O impacto de dois séculos de política de segregação racial no tecido social não se apaga em duas décadas. No estado da Virgínia, a referida Lei para a Preservação da Integridade Racial não só proibiu o casamento inter-racial dentro de suas fronteiras, como também estendeu a proibição aos casamentos realizados em outros estados, considerando-os criminosos e privando os filhos de seus direitos. tal união matrimonial. A longa marcha em direção à igualdade racial é simbolizada na provação legal do casal apaixonado que finalmente viu seu direito à união inter-racial reconhecido em 1967, depois que a Suprema Corte anulou o julgamento de 1965 do tribunal da Virgínia. Nesse julgamento, o juiz Leon M. Bazile argumentou que "Deus Todo-Poderoso

---

22. C. King, op. cit., 307.
23. Ver Eugenics Archive, op. cit.; ver também R.C. Engs, op. cit., p. 102.

criou as raças branca, negra, amarela, malaia e vermelha e as colocou em continentes separados... as raças para misturar."[24] Um raciocínio indistinguível da lógica que se lê em *Mein Kampf* ou *The Passing of the Great Race*. Tanto para Madison Grant quanto para Hitler, a mistura de raças resultou em um processo regressivo, na deterioração da qualidade racial das pessoas superiores.

As conversas após o jantar, os longos monólogos que Hitler costumava ter em seu círculo íntimo, publicados em forma de livro sob o título *Hitler's Private Conversations* (Conversas Privadas de Hitler), permitem traçar inúmeras coincidências com Grant, quando ele expõe sua visão sobre a composição racial do povo estadunidense. Assim, por exemplo, em 7 de janeiro de 1942, Hitler explicou a seus convidados:

Não apostaria muito no futuro dos estadunidenses. Na minha opinião é um país podre. Devemos também levar em conta o problema das desigualdades raciais e sociais. [...] Mas o que sinto contra o americanismo é um ódio e uma profunda repulsa. Estou muito mais perto de qualquer país europeu. Tudo na maneira como a sociedade estadunidense se comporta mostra que é um mundo meio judeu, meio negrificado.[25]

Não é impossível que a repulsa que Hitler afirmou sentir pela sociedade estadunidense "meio judia, meio negrificada"

---

24. J. Hershman; Dictionary of Virginia Biography, "Leon M. Bazile (1890-1967)", em *Encyclopedia Virginia*. Segundo a referida *Enciclopédia*, o próprio juiz Bazile, de religião católica romana e ascendência francesa, teve que superar as barreiras sociais que impediam seu casamento inter-religioso com uma batista.

25. H. Trevor-Roper, *Las Conversaciones Privadas de Hitler*, p. 149. "Na tarde de 22 de fevereiro de 1942, Hitler prediz: 'Sempre me rebelei contra a ideia de que a Europa está no fim de sua missão e que esta é a hora da Rússia ou dos Estados Unidos. A Grã-Bretanha obteve sua civilização do continente, e foi isso que lhe permitiu colonizar vastos espaços do mundo. Sem a Europa, a América não pode ser concebida. Por que não deveríamos ter a força necessária para nos tornarmos um dos centros de atração do mundo? Cento e vinte milhões de alemães, quando consolidaram suas posições, representam uma força contra a qual ninguém pode fazer nada.'" Ibidem, p. 257-258.

seja consequência de suas leituras de Madison Grant, que adverte que a passividade "suicida" do nativo estadunidense está gradualmente levando ao extermínio de sua própria raça que acabaria sendo substituída pelas raças inferiores. Vejamos apenas um fragmento em que Grant analisa a questão da imigração e suas consequências raciais nos Estados Unidos. Sob o título de "The European Races in Colonies" (As Raças Europeias nas Colônias), ele escreve o seguinte:

O resultado da imigração ilimitada é claramente demonstrado no rápido declínio da taxa de natalidade dos nativos estadunidenses porque as classes mais pobres da população colonial, onde ainda existem, não trarão filhos ao mundo para competir no mercado de trabalho com os eslovacos, italianos, os sírios e os judeus. O nativo estadunidense é orgulhoso demais para se misturar socialmente com eles e aos poucos se retira de cena, abandonando a terra que conquistou e desenvolveu para esses alienígenas. O homem da velha linhagem está sendo expulso de muitos distritos rurais por esses estrangeiros, assim como hoje ele é literalmente expulso das ruas da cidade de Nova York por enxames de judeus poloneses. Esses imigrantes adotam a língua nativa estadunidense, vestem suas roupas, roubam seu nome e estão começando a levar suas mulheres, mas raramente adotam sua religião ou entendem seus ideais. E enquanto ele está sendo empurrado para fora de sua própria casa, o estadunidense calmamente olha para fora e incita os outros à ética suicida que está exterminando sua própria raça.

Quanto a qual será a mistura futura, é claro que em grande parte do país os nativos estadunidenses desaparecerão completamente. Ele não se casará com raças inferiores e não poderá competir na fábrica de roupas e nas trincheiras de rua com os recém-chegados. As grandes cidades dos tempos de Roma, Alexandria e Bizâncio sempre foram pontos de encontro de várias raças, mas Nova York está se tornando um esgoto *gentium* que produzirá muitos híbridos raciais incríveis e alguns horrores étnicos que estarão além do poder dos futuros antropólogos desvendar.

Uma coisa é certa: em tal mistura, os traços sobreviventes serão determinados pela competição entre os elementos mais básicos e primitivos e os traços especializados do homem nórdico; sua altura, seus olhos claros, sua pele clara e cabelos loiros, seu nariz reto e suas esplêndidas qualidades morais e de luta terão pouco papel na mistura resultante. A "sobrevivência do mais apto" significa a sobrevivência do tipo mais bem adaptado às condições ambientais existentes, hoje o cortiço e a fábrica, como na época colonial eram a derrubada das matas, a luta contra os índios, o cultivo das roças e navegação dos Sete Mares. Do ponto de vista da raça, isso poderia ser melhor descrito como "sobrevivência dos inaptos".[26]

Voltemos ao contexto de 1924, ano da adoção de leis restritivas de imigração nos Estados Unidos e da redação de *Mein Kampf* na Alemanha. Ao contrário das teses de Grant, o contexto social em que Hitler elabora os fundamentos ideológicos do nazismo não é de pressão imigratória. Em vez disso, a Alemanha está sob o trauma do Tratado de Versalhes após a derrota na Primeira Guerra Mundial e precisa se reconstruir social, política e economicamente. Salvo engano, o assunto da imigração estrangeira não aparece em *Mein Kampf* ou em *Hitler's Private Conversations*. O perigo de infiltração de sangue impuro na raça "germânica" ou "ariana" decorre, aos olhos de Hitler, da presença (secular) de judeus na sociedade alemã. Tanto em seus escritos quanto em seus discursos, o judeu ou "semita" é sinônimo de *Fremdkörper*, um corpo estranho no tecido nacional.

A Mudança Geracional

O Holocausto, por sua radicalidade e brutalidade, acabou com a presença histórica das comunidades judaicas no país (embora elas se reconstruíssem lentamente depois). No entanto, a reconstrução pós-Segunda Guerra Mundial dos países do norte da Europa, incluindo a Alemanha, atraiu um grande número de "trabalhadores convidados" (*Gastarbeiter*) de países mediterrâneos (Itália, Espanha, Grécia e mais tarde Marrocos e Turquia). A imigração em massa lançada nas décadas de 1950 e 1960 cresceu até o início dos anos 1970. A crise do petróleo deixou muitos trabalhadores imigrantes desempregados e dependentes

26. M. Grant, *The Passing of the Great Race*, p. 43-44.

do sistema de bem-estar social do país anfitrião. Foi nesse contexto que se viu a formação de partidos xenófobos que reivindicavam uma política imigratória mais restritiva. No início da década de 1990, a essa afirmação juntou-se o euroceticismo, que explodiu por volta de 1993 com a Cúpula de Maastricht, conforme observado no início deste artigo. Se compararmos os contextos, a realidade demográfica alemã (e da Europa Ocidental) dos anos 1990 obviamente tem mais em comum com os Estados Unidos do que com a própria Alemanha de 1924. Por outro lado, um estadunidense nascido nos anos 1990 mantém um contato mais próximo com uma política racial do que seu contemporâneo alemão. Ou seja, os próprios pais da "geração de 1990" nos EUA conheceram a luta pelos direitos civis e pela abolição das leis discriminatórias baseadas na lógica racial. Pais da mesma geração na Alemanha cresceram no silêncio da vergonha após a derrota de 1945 e o processo de desnazificação. Para um jovem alemão, a visão de mundo de *Mein Kampf* está, sem dúvida, mais distante de sua realidade diária do que a visão de mundo exposta em *The Passing of the Great Race*. Isso explica por que, para os "neonazistas" ocidentais de hoje, as fontes pré-nazistas que também inspiraram Hitler são mais críveis e próximas do que a própria ideologia nazista.

O que assombra os partidos xenófobos hoje é o "suicídio racial" da raça branca, ameaça contra a qual Madison Grant também alertou em 1916. Em ambos os casos, tanto os supremacistas brancos quanto os neonazistas do século XXI se baseiam na convicção de que "raça" é uma categoria real. Em entrevista publicada no *The New York Times*, Derek Black, filho do fundador do *site Stormfront*, declara o seguinte:

Meu pai, que honestamente acredito conhecer muito bem, não acha que estou fazendo nada de errado com outras pessoas. [...] Ele acredita que para os brancos existirem e viverem e terem um país como os Estados Unidos de antes dos anos 1950, todos eles têm que ser da mesma cor e estar juntos porque raça é uma coisa genética real que prevê todas essas coisas como inteligência e habilidade, essa raça é tão real que todas as raças do mundo deveriam ser separadas.[27]

Derek Black, nascido em 1989 e pertencente, portanto, a essa geração dos anos 1990 que tanto nos interessa aqui, explica como a partir dessa mesma década a inovação tecnológica da internet contribuiu para "globalizar" a propaganda supremacista estadunidense, fertilizando também o velho nazismo de ideologias com conceitos mais adequados ao contexto imigratório da Europa no final do século XX. Como ele diz na entrevista acima mencionada:

> É importante entender o contexto em que, na minha família, o objetivo do meu pai era promover o nacionalismo branco na internet. Foi isso que o impulsionou desde o início dos anos 90, desde o início da web, e enquanto eu crescia [...]. tínhamos os computadores mais recentes, éramos as primeiras pessoas na vizinhança a ter banda larga porque tínhamos que manter o *Stormfront* funcionando, e assim a tecnologia e a conexão de pessoas no *site*, muito antes da mídia social e da forma como a web está configurada agora, era seu objetivo principal, então estávamos muito conectados a todos no movimento nacionalista branco, com todos no mundo. Quando eu era pequeno, entrava em salas de bate-papo à noite [...] e tinha amigos na Austrália com quem conversava em determinado horário [...] Tive amigos na Sérvia com quem conversei em determinado momento.[28]

A "mudança geracional no supremacismo branco estadunidense é personificada pela diferença de estilo entre Black pai e filho, ou seja, de um lado Don, nascido em 1953, e de outro seu filho Derek, nascido em 1989. Don Black, membro da Ku Klux Klan e amigo próximo de David Duke (*wizard* da Ku Klux Klan), criou o *Stormfront* de sua casa em West Palm Beach, Flórida, que na época era apenas 29% "branco", o resto da população sendo hispânica,

---

27. Ver Interview With Former White Nationalist Derek Black, *The New York Times*, 22 Aug. 2017.
28. Ibidem.

afro-estadunidenses e judia (muitos deles com residência inicial em Nova York). O *Stormfront* significava para Don o "grito de guerra da raça branca"[29]. Devido à predominância de haitianos e hispânicos, o casal Black retirou o filho Derek da escola e a partir de então o menino seria educado em casa, imerso no ambiente do *Stormfront*. Aprendeu a história mundial por meio da *Encyclopedia Britannica*, edição de 1914, que, na opinião de seu pai, melhor refletia a ideologia racial à qual a família sempre se manteve fiel[30].

É interessante notar aqui que é essa mesma edição da *Encyclopedia Britannica* que o próprio Madison Grant cita como fonte em seu *The Passing of the Great Race*, que indiretamente demonstra como o *Stormfront* bebeu da mesmo fonte que tanto inspirou o nazismo. Seguindo os passos de seu pai, o autodidata Derek criou um *site* supremacista branco para crianças de onze ou doze anos[31]. Nesses anos de autoformação, o jovem Derek começa a se interessar pela origem e evolução das palavras. Todos os dias ele estuda alguns verbetes do dicionário etimológico que comprou. Aos poucos, ele se convenceu de que, para crescer, o supremacismo branco precisava de uma mudança de linguagem, um vocabulário "higienizado" que "distanciasse o movimento de sua história de violência"[32].

Mais uma vez, o contexto da década de 1990 é crucial para entender o ponto de virada da nova geração de supremacistas brancos. O quadro de direitos humanos criado após a derrota do nazismo (a Corte Internacional de Justiça foi criada em 1945), ganha impulso com o fim da Guerra Fria e os graves conflitos nos Bálcãs, que levaram, primeiro, à criação do Tribunal Penal Internacional para a ex-Iugoslávia (em 1993) e, por fim, do Tribunal Penal

---

29. E. Saslow, *Rising out of Hatred*, p. 12.
30. Ibidem.
31. Ibidem, p. 10-11. Interview With Former White Nationalist Derek Black, op. cit.
32. E. Saslow, op. cit., p. 12-13.

Internacional permanente, instituição competente para investigar crimes de genocídio e crimes contra a humanidade, crimes que haviam sido legalmente definidos no contexto da Segunda Guerra Mundial e do Holocausto. A violência étnica estatal tanto nos Bálcãs quanto em Ruanda chama a atenção de juristas, antropólogos, sociólogos ou cientistas políticos para as diferentes modalidades e lógicas subjacentes da limpeza étnica como arma política. A terminologia é refinada com novos conceitos que permitem diferenciar com mais precisão entre genocídio propriamente dito, limpeza étnica, etnocídio, ecocídio, epistemicídio ou memoricídio.

O renovado interesse pela "linguagem dos direitos humanos", que, combinado com a ascensão dos "estudos da memória", marca as humanidades e as ciências sociais a partir dos anos 1990, não escapou à atenção da nova geração de estudiosos o ambiente de crescente polarização em torno da questão da imigração, multiculturalismo e direitos das minorias. Totalmente em sintonia com os ventos que sopram desde os anos 1990, a geração jovem adapta sua linguagem supremacista, assim como o jovem Derek Black. Em vez de falar sobre "suicídio racial" como Madison Grant fez em 1916, Derek começa a falar sobre "genocídio branco". Essa virada linguística não é, de forma alguma, fortuita. De um ato voluntário (suicídio) cometido por si mesmo por decisão individual (que faz de alguém o autor de seu próprio desaparecimento), a categoria de genocídio conota um crime cometido por outrem (o Estado; imigrantes) contra uma comunidade (povo, nação) que é elevada a vítima. Na terminologia do novo milênio, a cadeia lexical de "supremacismo branco; racismo; ofensivo (agressivo); perpetrador (maioria)" é substituída por: "nacionalismo branco; nacionalismo; defensiva; vítima (minoria); interesse nacional; genocídio branco; racismo invertido; direitos das minorias; direitos humanos; memória; vidas brancas importam". Em seu *talk show* diário de rádio, *The Don and Derek Black Show*, pai e filho anunciam essa operação de maquiagem linguística em 2010, como segue:

> Temos que recuperar a moral elevada com a maneira como falamos sobre isso. O que está acontecendo agora é um genocídio de nosso povo, puro e simples. Somos europeus. Temos o direito de existir. Não seremos substituídos em nosso próprio país, sou um branco que se preocupa com a discriminação contra os brancos.[33]

Meses antes da eleição de Barack Obama em 2012, Don Black decide dar mais um passo no caminho aberto por seu filho. "Desnazificou" seu *Stormfront* para gradualmente começar a se apresentar como um "defensor dos direitos civis brancos"[34].

Se voltarmos a olhar para a Europa, 2012 é o ano em que nasceu na França a chamada "génération identitaire" (geração identitária). No seu manifesto fundador, esse movimento apresenta-se nos mesmos termos dos direitos humanos e da vitimização branca/europeia, da resistência contra a uniformização e o multiculturalismo, a miscigenação forçada, a fratura étnica e a falência do modelo de convivência, antibranco[35]. No que eles próprios chamam de "declaração de guerra", os identitários franceses afirmam o seguinte:

> Conscientes dos desafios que enfrentamos, não rejeitamos nenhuma batalha. Orgulhosos de nossa herança e seguros de nosso destino, temos apenas uma palavra de ordem: não recuar! Somos a geração sacrificada, mas não a geração perdida. Porque vamos à guerra contra todos aqueles que querem nos desenraizar e nos

---

33. Ibidem.
34. Ibidem, p. 13.
35. Présentation, *Génération identitaire*: "'uniformização dos povos e culturas, diante do maremoto da imigração massiva'. Se definem como 'a geração da fratura étnica, da falência total do viver juntos, da mestiçagem imposta', 'Nós somos 25% de desempregados, a dívida social, a explosão da sociedade multicultural, o racismo anti-branco, as famílias esfaceladas e um jovem soldado francês que morre no Afeganistão.'" (Tradução nossa.)

fazer esquecer quem somos. O nosso ideal é voltar a vencer e vamos consegui-lo até ao fim. *Génération identitaire* é a barricada na qual os jovens se encontram lutando por sua identidade.[36]

Da França, o movimento identitário, formado por jovens da geração dos anos 1990, se espalhou pela Europa, apresentando a mensagem supremacista branca estadunidense reformulada segundo os parâmetros de uma cultura de direitos humanos e adaptada à situação demográfica da Europa do século XXI. Essa atualização e mudança de estilo distancia o movimento identitário da própria ideologia nazista, a ponto de, como faz Renaud Camus, autor de *Le Grand remplacement*, seus defensores poderem negar qualquer ligação ou simpatia pelo (neo)nazismo. Assim, sob o título de *Eine Tat die betroffen macht*, "um ato que afeta você", o movimento identitário alemão distanciou-se publicamente das motivações antissemitas de Stephan Balliet, autor do atentado de Halle em outubro de 2019[37].

Concluindo

As visitas aos campos de concentração, aos museus e monumentos erguidos em memória das vítimas do Holocausto, ou a leitura de clássicos do Holocausto como *O Diário de Anne Frank* ou *É Isto um Homem*, de Primo Levi, já não são suficientes para combater os movimentos xenófobos que estão crescendo em nossas sociedades do século XXI.

---

36. Ibidem.
37. Eine Tat, die betroffen macht. *Identitäre Bewegung Deutschland*: "Está claro, no entanto, que os motivos declarados por Stephan B. em sua transmissão e em seu manifesto de forma alguma correspondem à nossa compreensão ideológica. Portanto, ele não estava apenas socialmente isolado, como também rejeitamos firmemente seu pensamento antissemita. A tentativa de estabelecer ligações com o movimento identitário, AfD ou outros grupos, não passa de uma tentativa desesperada e lamentável de extrair o máximo de capital político possível do ato. (Tradução nossa.)

O confronto com os horrores do nazismo pode mesmo levar os radicais "identitários" de hoje a se convencerem de que o caminho que estão trilhando não tem nada a ver com o nazismo; que estão em um caminho reto ou justo, semeados por conceitos retirados do registro dos direitos humanos.

A educação para a tolerância como componente da luta contra os movimentos xenófobos do século XXI precisa ampliar seu cânone incorporando novos textos, novos testemunhos, novas realidades deste século. Em nosso texto citamos, em diversas ocasiões, depoimentos prestados pelo jovem Derek Black, filho do fundador do *Stormfront*. O cânone de textos renovado deve incluir o testemunho do próprio Derek de como, impregnado por uma ideologia de ódio desde a infância, conseguiu romper com o ambiente familiar tóxico e aprender a amar o "outro". A reconstrução desse processo emancipatório no livro *Rising out of Hatred*. O despertar de um ex-nacionalista branco, escrito por Eli Saslow e publicado em 2018, oferece um testemunho de esperança. A doença da intolerância não é incurável.

3.
O PODER DA MENTIRA E A GUERRA CONTRA A VERDADE: A ESTRATÉGIA NARRATIVA DA ALEMANHA NAZISTA

Marcos Guterman[1]

Por muito tempo, e ainda hoje, a propaganda foi considerada essencial para a criação e o fortalecimento do regime nazista na Alemanha ao longo dos anos 1930 e 1940. Entende-se por propaganda nazista a disseminação em larga escala da mensagem política segundo a qual o nazismo é o veículo de realização da grandeza germânica e que todos os que se interpuserem no caminho dessa inexorável marcha histórica serão aniquilados. Tendo em vista

---

1. Este artigo foi originalmente publicado na coletânea *Comunicación Social e Opinión Pública nas Ditaduras: Narrativas, Idearios e Representacións*, organizada por Alberto Pena Rodriguez et al., Vigo: Universidade de Vigo, 2021, p. 232-249.

a recente ascensão ao poder, em países importantes, de políticos com perfil reacionário e demagógico – a começar por Donald Trump nos Estados Unidos, passando por Matteo Salvini na Itália, Viktor Orbán na Hungria e Jair Bolsonaro no Brasil, entre outros –, voltou ao centro do debate o papel da propaganda na consolidação de um discurso que não poucos comentaristas comparam, em essência, ao nazifascismo.

De fato, é tentador apontar paralelos entre o atual sucesso da extrema direita em países democráticos e aquele que destruiu a República de Weimar com a ascensão de Adolf Hitler ao poder, em janeiro de 1933. Naquela ocasião, como agora, uma parcela significativa da população, sentido-se menosprezada pelo governo e ameaçada de perder o seu precário *status* econômico, expressou profundo descontentamento com o *establishment* político, visto como corrupto e venal, e endossou nas urnas uma plataforma política essencialmente antidemocrática, pois postulava a divisão da sociedade entre os "verdadeiros" alemães e o "resto", tratado, obviamente, como inimigo.

Este ensaio não pretende reforçar ou rejeitar tal comparação, mas, ao descrever a anatomia da propaganda e do método discursivo dos nazistas, destacará elementos que, sim, servem como referências para que se entenda o fenômeno de comunicação que nos dias atuais franqueou o poder a franjas radicais da sociedade, em boa parte do mundo.

■ ■

A propaganda nazista foi concebida com o objetivo de mobilizar os alemães para fazê-los encarar a guerra não como uma contingência indesejável, mas como um dever. Mais ainda: por mais penosa que fosse, a guerra deveria ser vista como uma incontornável missão, posto que não lutar significaria perecer ante um inimigo que desejava a aniquilação do povo alemão. Era, portanto, uma guerra pela sobrevivência, na qual, por esse motivo, não deveria haver nenhum impedimento de caráter moral – ao contrário, como se lutava contra um inimigo tão impiedoso, era imperativo ir para o *front* de maneira igualmente impiedosa, de tal modo que o inimigo não fosse apenas derrotado, mas exterminado. Se houvesse sobreviventes, esse terrível algoz poderia renascer e voltar a ameaçar a existência germânica.

Esse discurso era moeda corrente na Alemanha, que foi derrotada na Primeira Guerra Mundial e que viu ruir a monarquia para dar lugar a uma república em permanente convulsão. Além disso, enfrentou uma brutal crise econômica derivada não apenas de suas enormes perdas no campo de batalha, mas sobretudo da imposição de pesadas sanções por parte dos vencedores, em especial pela França, que não desejava reparação, e sim vingança. A melhor tradução dessa ânsia de ver a Alemanha prostrada e anêmica foi o Tratado de Versalhes, resumo de todas as demandas que os alemães deveriam atender, mesmo ao custo do colapso de sua economia.

Nesse ambiente, é claro que o nacionalismo fundado no rancor ganharia força. A percepção bastante difundida na direita alemã e na classe média de que o país havia sido traído na Primeira Guerra Mundial é um dos pilares ideológicos da propaganda nacionalista nazista. Criou-se o mito de que a Alemanha não fora derrotada e alimentou-se a fantasia de que o país, na verdade, havia sido "esfaqueado pelas costas" por um "inimigo interno", o que justificaria toda sorte de arbitrariedades e violência.

A sensação de que o país entregara-se graças à tibieza de um bando de arrivistas poderia ter sido atenuada se os humilhantes termos da rendição na guerra, traduzidos no Tratado de Versalhes, tivessem sido assinados por alguém da liderança militar, já que a rendição havia sido recomendada por esses comandantes. Mas isso não ocorreu, graças a uma manobra do marechal Paul von Hindenburg, o chefe das Forças Armadas da Alemanha, que assim transferiu todo o ônus para as autoridades civis que representavam a república. Em sua propaganda, Hitler usaria essa noção de traição interna infinitas vezes para conseguir coesão no Partido Nazista.

Para efeitos ideológicos e de propaganda, pouco importava que a rendição alemã – a qual, segundo Hitler, serviu para que "um punhado de miseráveis criminosos pudesse pôr a mão sobre a Pátria"[2] – não tivesse sido de fato uma punhalada pelas costas, como a direita queria fazer crer. Afinal, a revolução que acabou com a monarquia na Alemanha não fora causada por simpatizantes bolcheviques, e sim pelo crescente descontentamento popular com os rumos do país. Importava usar essa acusação para dar sentido à sua plataforma ideológica destrutiva.

O símbolo artístico mais importante usado para retratar a ideia de traição invocada pelos nazistas é a ópera *Götterdämmerung* (O Crepúsculo dos Deuses), de Richard Wagner. Na obra, o herói Siegfried é traído pelo ardiloso Hagen, que a todos manipula. A valquíria Brünnhilde, com sua mágica, protege o corpo do amado Siegfried de todo o mal em batalha, menos suas costas, pois, por ser destemido, ele sempre iria encarar seus agressores – isto é, jamais fugiria da luta. No clímax da obra, sentindo-se enganada por Siegfried, vítima que era do complô urdido por Hagen, Brünnhilde orienta o algoz a atacá-lo pelas costas, e é isso o que ele faz. O inimigo estava ao lado do herói, sem que ele nem sequer desconfiasse. Nas mãos dos nazistas, essa parábola indicava que era preciso desconfiar até daqueles que eram familiares – e não demorou que, sob o novo regime, até mesmo pais e filhos passassem a viver sob desconfiança mútua.

A doutrinação da Juventude Hitlerista a respeito do "inimigo interno" transformou os jovens em "espiões" dentro de casa, como atesta um ex-militar a respeito do filho, no caso de rapazes cujos pais eram ou social-democratas

---

2. A. Hitler, *Minha Luta*, p. 153.

ou militares veteranos. Um desses oficiais desabafou, a respeito do filho: "O garoto está completamente alienado de nós. Como velho soldado sou contra qualquer guerra, e esse garoto está simplesmente maluco por uma guerra, e nada mais. É terrível, às vezes, eu sinto que o menino é um espião dentro da família."[3]

O inimigo, portanto, não era real, mas criado como ideia. Essa tensão não foi uma invenção dos nazistas, visto que, na República de Weimar, era um sentimento bastante difundido. No filme *M: Eine Stadt sucht einen Mörder* (M: Uma Cidade Procura um Assassino), que no Brasil recebeu o título de *M: O Vampiro de Düsseldorf*, Fritz Lang explorou tal confronto imaginário, na cena de uma roda de meninos em que eles citam um homem que retalha crianças, como se fosse o Bicho-Papão, um ser que só existe na fantasia infantil. É a alegoria de uma Alemanha inocente à mercê de monstros impiedosos, que os nazistas explorariam à exaustão.

Assim, de acordo com esse caldo ideológico, tudo o que acontecia de ruim na Alemanha, todos os problemas e tragédias resultavam dessa conspiração. Hitler, por exemplo, atribuiu à fraqueza da democracia, do parlamentarismo e do internacionalismo, orquestrados pelos judeus, a situação que permitiu aos franceses reocuparem a região do Ruhr, em janeiro de 1923. O inimigo, em sua visão, não eram os franceses, mas os social-democratas, que estavam no poder na Alemanha, sob a orquestração do "judeu internacional". Esse padrão de discurso se repetiria até o dia da sua morte.

Assim, é compreensível que o judeu tenha se tornado o centro do discurso nazista. A propaganda, sob esse espírito, retratou a segregação e a perspectiva de extermínio dos judeus como uma guerra de retaliação e defesa. Os judeus haviam atacado a Alemanha, razão pela qual era preciso revidar a agressão, como meio de proteger o

---

3. R. Evans, *The Third Reich in Power*, p. 279.

país. A linguagem nazista não atuou somente para tornar esse crime aceitável, mas também inevitável e imperativo. A Alemanha era, segundo os nazistas e vários outros líderes nacionalistas alemães, a vítima inocente dos maliciosos inimigos, liderados no subterrâneos pelos judeus, os quais, segundo a mitologia que se criou em torno deles, não possuíam raízes nacionais e conspiravam para acabar com os pilares econômicos e sociais dos países para controlá-los. A propaganda nazista reforçaria essa imagem até o nível da histeria coletiva.

Há dúvida sobre se os nazistas, ao menos os mais próximos de Hitler, realmente acreditavam nessa lógica paranoica. O testamento de Hitler, em que reafirma seu objetivo de acabar com os judeus, pode ser igualmente lido como prova da insanidade e uma derradeira peça de propaganda, visando as gerações posteriores. Elaborado em suas horas finais, em 29 de abril de 1945, o testamento diz que Hitler jamais quis o conflito e que fez seguidas ofertas de redução de armamentos, mas, afirma, a guerra "foi desejada e instigada pelos estadistas internacionais que ou eram descendentes de judeus ou trabalhavam pelos interesses judeus". Diz o texto, claramente voltado para os leitores do futuro: "Séculos vão se passar, mas, das ruínas de nossas cidades e monumentos, o ódio contra aqueles que são os verdadeiros responsáveis por tudo, o judaísmo internacional e seus auxiliares, vai crescer." Lá estão os elementos mais recorrentes da propaganda nazista: "Se as nações da Europa se deixarem tratar como meras ações a serem compradas e vendidas por esses conspiradores internacionais do dinheiro e das finanças, então aqueles que são os verdadeiros criminosos dessa luta assassina, este povo será responsabilizado: os judeus."[4] Ou seja, Hitler usa sua comunicação final com o mundo para reafirmar os pilares de sua arenga contra os judeus, centro e propósito da guerra que moveu na Europa entre 1939 e 1945.

---

4. R. Stackelberg; S.A. Winkle, *The Nazi Germany Sourcebook*, p. 319.

Nesse sentido, o antissemitismo não era um mero pretexto para arregimentar apoio numa sociedade que costumeiramente dedicava ressentimento em relação aos judeus, e sim a alma profunda do nazismo. Sua expectativa, parece claro, é ser "compreendido" por alemães e europeus que, uma vez distanciados no tempo em relação à guerra, talvez fossem capazes de entender as razões daquele conflito e, quem sabe, retomar sua luta contra os judeus. A persistência do antissemitismo na Europa mesmo depois de tudo o que aconteceu na Segunda Guerra mostra que talvez Hitler tivesse razões para ter esperança de que sua mensagem frutificasse.

A propaganda nazista paradoxalmente retratava o judeu como o mais poderoso dos seres, no exato momento de sua maior fragilidade. A esse propósito, Hannah Arendt especula que "o antissemitismo alcançou o seu clímax quando os judeus haviam, de modo análogo, perdido as funções públicas e a influência, e quando nada lhes restava senão sua riqueza"[5]. E riqueza sem poder, segundo Arendt, recende a parasitismo.

Os judeus eram, portanto, um inimigo fácil de enfrentar, com pouca gente disposta a defendê-los. Ao contrário, como mostra o processo de extermínio dos judeus levado a cabo em diversos lugares da Europa, havia uma predisposição de várias sociedades na Europa de dar vazão a seu próprio antissemitismo, muitas vezes mais feroz do que o alemão. E segundo os nazistas e muitos antissemitas europeus, os judeus dominavam poderosos como o presidente estadunidense Franklin Roosevelt, o primeiro-ministro britânico Winston Churchill, e o ditador soviético Josef Stálin, vistos apenas como fantoches do judaísmo internacional.

O filólogo judeu alemão Victor Klemperer, que decidiu permanecer na Alemanha mesmo com a perseguição nazista e acabou por se tornar um dos grandes intérpretes

---

5. H. Arendt, *Origens do Totalitarismo*, p. 24.

do processo totalitário no país, escreveu em seu diário, em 20 de julho de 1944, que chegara à conclusão de que os judeus eram a grande, senão única, preocupação dos nazistas: "Por mais que eu tenha resistido em afirmá-lo, o judeu é em todos os sentidos o centro da linguagem do Terceiro Reich, bem como de toda a sua visão sobre a época."[6]

Para efeitos de propaganda, o antissemitismo foi a resposta esquemática ideal para todos os grandes eventos mundiais na época da ascensão do nazismo. O "judeu" era apontado como responsável tanto pela exploração capitalista como pela desgraça comunista. Vivia e estimulava o colapso das nações, conforme afirmava farta literatura antissemita compartilhada Europa afora. O futuro ministro da Propaganda do Terceiro Reich, Joseph Goebbels, escreveu em 1928 no jornal nazista *Der Angriff* (O Ataque), "ou se é um serviçal dos judeus [*Judennecht*] ou um inimigo dos judeus [*Judengegner*]"[7]. Segundo essa lógica, todas as catástrofes alemãs, da guerra à inflação, tinham como causa e beneficiário o "judaísmo internacional".

Os propagandistas nazistas, ademais, souberam transformar sua ideologia em *slogans* de fácil assimilação e entendimento pelas massas. Hitler era o principal narrador dessa "história". Não por acaso, a única instituição que poderia contrariá-lo e demonstrar sua fraude, isto é, a imprensa independente, foi perseguida desde o primeiro dia dos nazistas no poder. Milhares de jornalistas foram mandados a campos de concentração construídos já nos primórdios do regime para esse fim. Os jornalistas que permaneceram adaptaram-se, assim como muitos intelectuais e acadêmicos.

Judeus foram banidos da atividade jornalística. Todos os editores passaram a ser controlados pelo regime. A imprensa, que ainda estava nas mãos da iniciativa privada, se

---

6. V. Klemperer, *Os Diários de Victor Klemperer*, p. 703.
7. J. Herf, *O Inimigo Judeu*, p. 82.

tornou totalmente estatal, com exceção de jornais de igrejas, que, malgrado sua precariedade e seu alcance limitado, tornaram-se a única fonte de jornalismo independente no país. A editora nazista Franz Eher se tornou a maior do mundo, com duzentos jornais e 13,2 milhões de exemplares em circulação. Era uma potência de comunicação, condizente com um projeto totalitário, que pretendia naturalizar a guerra para destruir os judeus. Essa máquina de propaganda transformou Hitler em herói, porque ele aceitou liderar a dura tarefa de aniquilar um adversário tão formidável.

A propaganda era onipresente, por meio do rádio e de cartazes espalhados por todas as cidades alemãs. Não era possível escapar das mensagens, mas era possível, sim, ouvi-las e apenas fingir concordância. O cinismo de parte da população ante o aparato de agitação nazista não escapou aos órgãos de controle do regime. Como veremos na parte final deste ensaio, o Sicherheitsdienst (SD, Serviço de Segurança) monitorava o humor dos alemães e sua resposta à propaganda e produziu preciosos relatórios sobre a apatia e a indiferença que muitas vezes encontrava. Ou seja, a propaganda nazista podia ser, como efetivamente era, bastante poderosa e abrangente, mas ao fim e ao cabo talvez não tivesse o poder ubíquo e implacável que se imagina.

Estratégias de Propaganda Nazista

A função da propaganda, segundo Adolf Hitler escreveu em *Mein Kampf* (Minha Luta), "não é a educação científica de cada um, e sim chamar a atenção da massa sobre determinados fatos, necessidades etc., cuja importância só assim cai no campo de visão da massa"[8]. Ou seja, o líder nazista entendia que a massa era, por definição, ignorante,

8. A. Hitler, op. cit., p. 135.

e o melhor meio de alcançá-la e sensibilizá-la era apelando a seus instintos mais baixos, e não à razão, que inexistia.

Para isso, a estratégia mais comum era fazer uma leitura do mundo sempre vinculada a conspirações de diversas espécies e naturezas. Esse padrão dispensa, por princípio, a verdade comprovada, pois esta não existe; só a lógica. Então, se o discurso fizer sentido para a massa, segundo o que ensina Hitler, eis aí a verdade. Com precisão explica o historiador Ernst Gombrich: "O que é característico da propaganda nazista é menos a mentira do que a imposição de um padrão paranoico de eventos mundiais."[9]

O papel da propaganda nazista, segundo Gombrich, era criar um mundo mítico em que tudo fosse conflito. É a politização da vida, a política levada ao extremo, ao ponto de sua própria negação. Uma vez entendido que o inimigo estava em toda a parte, numa paranoia permanente, estava dada a licença para o poder nazista enfrentar esse inimigo com todas as armas disponíveis. Na propaganda nazista, todas as contradições desaparecem. Tudo faz "sentido", desde os primórdios. É o conforto da explicação para tudo.

Nessa estratégia, já está claro, a verdade não é importante – melhor seria dizer, de uma vez, que a verdade chega a ser mesmo indesejável. No mesmo *Mein Kampf*, Hitler vai escrever que "a função da propaganda é, por exemplo, não pesar e ponderar os direitos de diferentes pessoas, mas exclusivamente enfatizar o direito que se propõe a defender", e que "sua tarefa não é fazer um estudo objetivo da verdade, na medida em que favorece o inimigo, e depois colocá-lo diante das massas com justiça acadêmica; sua tarefa é servir nosso próprio direito, sempre e sem vacilar"[10]. Hitler chega a dizer, por exemplo, que a Alemanha deveria insistentemente ter atribuído a responsabilidade pela Primeira Guerra Mundial "ao adversário, mesmo que

---

9. E.H. Gombrich, *Myth and Reality in German Wartime Broadcasts*, p. 14.
10. A. Hitler, op. cit., p. 137.

esse fato não tivesse correspondido exatamente à marcha dos acontecimentos"[11]. Segundo Hitler, a propaganda não podia dar margem a dúvidas, sob pena de a massa passar a acreditar mais na propaganda do inimigo.

Não à toa, o Ministério da Propaganda de Hitler se chamava Reichsministerium for Volksaufklärung und Propaganda (Ministério do Reich Para Esclarecimento Popular e Propaganda). O objetivo era esclarecer o povo a respeito do inimigo. Propaganda não é a verdade, mas a expressão do poder encarregado de decidir entre verdade e mentira. Não se espera que a propaganda fale a verdade em si, mas a verdade que o Partido Nazista esperava ver estabelecida.

Para que fosse eficiente, segundo Hitler e os padrões nazistas, a propaganda deveria ser "popular" e "estabelecer seu nível intelectual de acordo com a capacidade de compreensão do mais ignorante dentre aqueles a quem ela pretende se dirigir". Por conseguinte, quanto maior a massa que se pretende atingir, "menor deve ser seu nível puramente intelectual", continua o líder nazista, para concluir:

Se [...] o objetivo é influenciar um povo inteiro, devemos evitar demandas intelectuais excessivas ao nosso público. Quanto mais modesto o lastro intelectual, mais exclusivamente se deve levar em consideração as emoções das massas e mais eficaz a propaganda será.[12]

É natural que tal concepção de propaganda tenha causado controvérsia a seu tempo. Afinal, tratar o público a que se destina a propaganda como incapaz de compreender mensagens mais complexas por supostamente ter um baixo nível intelectual deve ter parecido aos contemporâneos dos nazistas não somente indelicado, mas sobretudo ineficaz. Mais do que isso: é muito provável, como os próprios teóricos da propaganda nazista ressaltaram, que os propagandistas de outros partidos tenham menosprezado os

---

11. Ibidem.
12. Ibidem, p. 135.

efeitos e o alcance da mensagem hitlerista – assim como hoje não são poucos os que ainda têm dificuldade de compreender como pode ser bem-sucedida a propaganda de populistas que insulta (ou deveria insultar) a inteligência do receptor por seu escancarado desdém pela verdade dos fatos. A esse propósito, Walther Schulze-Wechsungen, um dos teóricos da propaganda do Partido Nazista, escreveu no jornal *Unser Wille und Weg*, do Ministério da Propaganda, que "muitos riram da propaganda do Partido Nazista no passado, a partir de uma posição de superioridade". E acrescentou, revelando o método bem-sucedido da propaganda nazista:

É verdade que tínhamos apenas uma coisa a dizer, e gritamos, gritamos e propagamos repetidamente com uma teimosia que levou os "sábios" ao desespero. Nós a proclamamos com tanta simplicidade que eles acharam absurdo e quase infantil. Eles não entenderam que a repetição é o precursor do sucesso e a simplicidade é a chave para o mundo emocional e mental das massas. Queríamos apelar para o mundo intuitivo das grandes massas, não para a compreensão dos intelectuais.[13]

O objetivo desse método de repetição permanente de mensagens simples era privar os alemães de sua capacidade de pensar de forma independente. Os nazistas não pretendiam persuadir ninguém, mas arrebatar. As imagens e os *slogans* exaustivamente disseminados serviriam para "pensar" a realidade pelo receptor, desde sempre dispensado dessa tarefa. Assim, não se distingue mais o que é real do que é fraude; essas definições passam a depender das mensagens de propaganda política oferecidas dia e noite, por todos os meios de comunicação, pelo Partido Nazista e posteriormente pelo governo de Hitler. A consciência individual é atacada sem piedade, para que todos e cada um dos alemães aceitem e aplaudam os propósitos genocidas do regime.

---

13. W. Schulze-Wechsungen, Political Propaganda, *Unser Wille und Weg*, n. 4.

Com esse objetivo, os nazistas conceberam a propaganda como uma "tarefa para homens que vieram do povo e o entendem", conforme ensinou Josef Goebbels, o ministro da Propaganda, em discurso sobre o papel de seu Ministério, em 1934. A propaganda "visa as grandes massas" e "usa a linguagem do povo porque pretende ser compreendida pelo povo". Sua grande arte, continua Goebbels, é "descrever eventos e fatos complicados em termos simples o bastante para que sejam entendidos pelo homem da rua". Segundo o ministro da Propaganda, "não há nada que as pessoas não possam entender", ou seja, "tudo deve ser dito de modo a ser compreendido pelas pessoas"[14].

A concepção de que o receptor, isto é, as massas, não tinha capacidade de compreender mensagens com alguma complexidade foi exposta de maneira clara no *Mein Kampf*: "A receptividade das grandes massas é muito limitada, sua inteligência é pequena, mas seu poder de esquecer é enorme." E continua: "Em conseqüência desses fatos, toda propaganda eficaz deve se limitar a muito poucos pontos e deve ser usada com *slogans* até que o último membro do público entenda o que você quer que ele entenda com seu *slogan*. [...] Assim, vemos que a propaganda deve seguir uma linha simples."[15]

A mensagem era, portanto, para a ralé que imaginava ter chegado ao poder junto com Hitler e, em vista desse inebriante triunfo, era incitada a desprezar o intelecto e a razão. Ademais, esse código do submundo, transformado em linguagem política pelos nazistas, constrói um discurso no qual a ralé aparece como moralmente superior, vendo-se como um instrumento da história para proteger uma sociedade que ela vê como se estivesse tomada por traidores. A ação "saneadora" só faz sentido, assim, se for deflagrada no mundo invisível, contra um inimigo que não se deixa definir, que se disfarça por meio do engano e

---

14. R.L. Bytwerk (ed.), *Landmark Speeches of National Socialism*, p. 44.
15. A. Hitler, op. cit., p. 136.

da astúcia. Nada é como parece, segundo essa lógica, isto é, nada do que se vê é o real, mas sim produto de conspiração, de mentiras. Em cima disso, a propaganda totalitária, diz Hannah Arendt, "cria um mundo fictício capaz de competir com o mundo real, cuja principal desvantagem é não ser lógico, coerente e organizado"[16]. E acrescenta Zygmunt Bauman: "Dentro do mundo moldado segundo os padrões nazistas, a razão era inimiga da moralidade. A lógica requeria o apoio ao crime."[17]

Um dos mais atentos observadores desse fenômeno de comunicação foi o romancista alemão Friedrich Percyval Reck-Malleczewen, ou simplesmente Fritz Reck, um "arquiprussiano" típico nascido numa família *junker* protestante na segunda metade do século XIX: altamente educado, conservador, moralista, com *pedigree* aristocrata e francamente hostil ao que chamava de *canaille* – a massa, a pequena burguesia e os trabalhadores que passaram a ter direito de votar após a Unificação da Alemanha, em 1871. Com esse perfil, ele não tolerava a vulgaridade nazista e foi assim até que a Gestapo o capturasse e o fuzilasse, com um tiro na nuca, no campo de concentração de Dachau, em 1945. Experiente, com 52 anos quando começou a escrever um precioso diário, em maio de 1936, era, portanto, um homem genuinamente atento ao que estava acontecendo na Alemanha com a ascensão de Hitler ao poder. Seu testemunho é o de alguém que está vendo seus conterrâneos perderem o senso crítico e embarcarem na vaga nazista por irrefreável desejo de "ordem". Como autêntico nobre, que repelia, de coração, o poder concedido subitamente à ralé, ele não poupava sequer as mulheres dos nazistas, "essas ex-garçonetes, a maioria das quais passou por várias mãos e que agora estão coalhadas de joias roubadas das famílias nobres, e mesmo assim não conseguem se livrar da aura de seu ambiente nativo, a cozinha"[18].

16. H. Arendt, op. cit., p. 411.
17. Z. Bauman, *Modernidade e Holocausto*, p. 232.
18. F. Reck-Mallecwzewen, *Diary of a Man in Despair*, p. 62.

Em uma de suas tiradas irônicas a respeito da degradação moral capitaneada pelo nazismo, Reck-Malleczewen diz que o regime "simplesmente se desfez da decência como se fosse excesso de bagagem"[19]. Ele estava preocupado com o "homem massa", o mesmo que Arendt localizará, como veremos, no núcleo da sociedade totalitária. Lá pelas tantas de seu diário, desabafa: "O que eu vejo chegando [à Alemanha] não é basicamente um fenômeno cósmico, mas histórico: a rendição catastrófica ao pensamento-massa e daí ao homem-massa, o qual está sendo gestado aqui e que eu agora vejo no horizonte em toda a sua depravação e toda a sua garantia."[20]

A respeito da propaganda nazista propriamente dita, Reck-Malleczewen expressou sua amargura, conforme escreveu em seu diário, em agosto de 1944: "O que esperar de um povo áspero que instilou em seus jovens a ideia de que a trapaça política e o assassinato de povos inteiros eram objetivos vitais inteiramente legítimos?"[21] Num universo em que impera a lei de todos contra todos, não há espaço para o indivíduo racional nem para o humanismo. A ralé (e a elite que a seguiu) queria ansiosamente se incorporar a tudo o que fosse contrário à respeitável sociedade burguesa. A crueldade havia sido elevada à categoria de virtude porque contrariava os valores humanitários alardeados pela burguesia, considerados hipócritas, e a política era considerada apenas um engodo permanente. Para Hannah Arendt:

Desde que a burguesia afirmava ser a guardiã das tradições ocidentais e confundia todas as questões morais exibindo em público virtudes que não só não incorporava na vida privada e nos negócios, mas que realmente desprezava, parecia revolucionário admitir a crueldade, o descaso pelos valores humanos e a amoralidade geral, porque isso pelo menos destruía a duplicidade sobre a qual a sociedade existente parecia repousar.[22]

---

19. Ibidem, p. 26.
20. Ibidem, p. 55.
21. Ibidem, p. 211.
22. H. Arendt, op. cit., p. 384.

Realidade e Ficção: Sem Diferenças

Talvez o aspecto mais perturbador da recepção da mensagem totalitária nazista seja o fato de que ela se destinava a borrar as diferenças entre o fato e a ficção e conseguiu ser muito bem sucedida a esse propósito. A propaganda nazista anulava a realidade da experiência, substituída pela lógica da ideia oferecida pelos ideólogos do regime. Com isso, criava-se uma espécie de solidariedade na mentira. A sensação de que todos na comunidade nacional acreditavam na mesma mensagem, ainda que esta não tivesse conexão com o mundo real, era reconfortante e, por isso, as mentiras oficiais deveriam ser mantidas a qualquer custo, seja porque, de outra forma, o regime cairia, seja porque a sociedade por ela sustentada entraria em colapso. Isto é, não havia como voltar atrás.

A permanente sensação de perigo e a ameaça constante de destruição tanto por inimigos externos quanto pelos internos, criadas pela intensa propaganda, era o que sustentava a mobilização permanente da sociedade alemã sob o nazismo e sua disposição para a luta até o fim. Alguns dos principais ideólogos do nazismo, ao longo da Segunda Guerra, simbolizavam essa situação com a imagem das "pontes queimadas" – isto é, não havia como recuar. Mas as "pontes queimadas" podiam se referir também ao elo que certamente havia entre o alemão e sua consciência. Sem as pontes, era mais fácil cometer crimes. Como escreveu o ministro da Propaganda, Joseph Goebbels, num artigo no jornal *Das Reich*: "Queimamos nossas pontes atrás de nós. Não podemos voltar atrás, e não queremos isso. Ou passaremos à história como os maiores estadistas de todos os tempos, ou como os maiores criminosos."[23]

Assim, o real é substituído por *slogans*. Essas palavras de ordem, curtas e diretas, servem para reduzir temas

---

23. P. Fritzsche, *Life and Death in the Third Reich*, p. 286.

complexos e para "explicar" a realidade. Nesse sentido, como já vimos, o antissemitismo e o anticomunismo, muitas vezes associados, transformaram-se em armas retóricas de grande alcance, posto que serviam para dar sentido ao desconforto de consideráveis parcelas da população alemã. Os *slogans*, ademais, traduziam um sentimento preexistente: todas as desgraças da Alemanha – o Tratado de Versalhes, a crise econômica e a ameaça comunista – poderiam ser explicadas pela traição do "judeu". E para seus seguidores, Hitler era um verdadeiro líder porque tinha coragem de dizer em voz alta aquilo que os outros apenas sussurravam.

Mais do que isso: o nazismo jamais mentiu sobre seus planos. O nazismo vangloriou-se de seus crimes passados e planejou seus crimes futuros à luz do dia, com intensa propaganda, que fazia o elogio do Mal: os "atos de violência podiam ser perversos, mas eram sinal de espertеza", diz a edição alemã dos *Protocolos dos Sábios de Sião*, o mais emblemático panfleto antissemita da história, publicado originalmente na Rússia em 1905 que imputava aos judeus um plano secreto para dominar o mundo[24]. A ralé se sentia atraída pela violência em relação ao estrangeiro, ao que vem de fora da comunidade nacional, vista como resposta natural à alegada decadência do "organismo social" alemão, conforme denúncia dos nazistas e de muitos conservadores antes deles.

Para salvar o "organismo" social da decadência derivada dessa situação de degradação moral, os nazistas consolidaram um conjunto de normas (etos) que reforçava a ideia de que o respeito mútuo só era devido a quem pertencesse à *Volksgemeinschaft* (comunidade nacional). A propaganda nazista explorou ao máximo esse conceito, que igualava todos os alemães por sua natureza e os distinguia dos demais povos, criando necessariamente uma solidariedade que se provaria destrutiva. O sociólogo

---

24. H. Arendt, op. cit., p. 357.

alemão Norbert Elias, sem se referir especificamente à *Volksgemeinschaft*, alude a ela quando comenta que os mais jovens procuravam compensar a ausência de oportunidades no mundo político tradicional por meio da vida comunitária e das demonstrações de massa, que "proporcionam aos participantes não só um sentimento de solidariedade, mas também o sentimento de se possuir um propósito significativo, um sentimento de poder e uma excitação feliz e prazerosa"[25]. O conceito era obviamente útil aos nazistas, mas, do ponto de vista ideológico, a *Volksgemeinschaft* do Terceiro Reich não se limitava à Alemanha ou às pessoas de fala alemã, nem era um mero contraponto à utopia comunista do fim do conflito de classes. A ideia de Hitler, diz Hannah Arendt, era atrair os "arianos" de todo o mundo para formar uma sociedade racial "pura", que destruiria todas as demais, inclusive os alemães[26].

Eis o que se pode chamar, genericamente, de "moral nazista". Nela, somente o companheiro "étnico" era digno de amor, como enunciou Joseph Goebbels, o mentor da máquina de propaganda nazista: "Qual é o primeiro mandamento de todo nacional-socialista? Ame a Alemanha acima de tudo e nossos camaradas étnicos [*Volksgenosse*] como a si mesmo"[27]. Como a sociedade alemã foi organizada pelo nazismo segundo o princípio de solidariedade absoluta – quem não está conosco está contra nós –, eliminam-se, por definição, todas as diferenciações comuns no interior de sociedades complexas. Aqueles que não se enquadram no movimento são imediatamente descartados, de modo que se não estiver dentro do movimento é considerado "morto" por definição – e a Schoá foi a realização prática desse conceito. Para ajudar os alemães a saber quem era digno de seu amor, havia a respeitável "ciência" – que foi capaz de estabelecer verdadeiros tratados sobre a "ameaça judaica" em relação à "raça germânica".

25. N. Elias, *Os Alemães*, p. 183.
26. Ver H. Arendt, op. cit., p. 409, 410.
27. J. Goebbels, *Der Angriff*, p. 3.

Assim, a *Volksgemeinschaft* só existe como exclusão. Quem fica e é aceito se sente privilegiado e luta para manter a comunidade nacional a mais fechada e fiel possível às ideias originais. Quem não participa do regime é contrário às leis da história e da natureza, nada menos. A verdade passa a ser, nesse ambiente, um conceito nacional, deixando de ser derivada de fatos comprovados. O grande poder do líder estava em criar a verdade, conforme suas convicções. Se a realidade teima em desmentir o discurso, o argumento totalitário, como mostra Hannah Arendt, se torna "independente de verificação no presente" e "só o futuro lhe revelará os métodos"[28]. Sendo assim, o real se torna inimigo do poder, e a violência realiza aquilo que a propaganda anuncia.

O totalitarismo foi bem aceito por aqueles que ansiavam pelo fim da imprevisibilidade. A história é vista não como acaso, mas como um jogo de interesses, conferindo ao poder leis objetivas que podiam ser descobertas e controladas. O líder totalitário de massas é infalível. Nem a derrota prova seu erro, porque o futuro demonstrará que ele esteve sempre certo. O que importa, portanto, uma vez no poder, é fazer com que a predição se realize, pois é isso o que justifica o poder e um lugar na história. Se o *Führer* havia previsto a destruição da Alemanha em caso de derrota, então os remanescentes do regime, ao final da guerra, trataram de tentar tornar a profecia real. O extermínio é, portanto, a realização de um processo histórico. Os judeus pereceriam de qualquer modo, segundo as leis imutáveis da natureza.

A ralé acreditava quando lhe diziam que a verdade estava oculta pela hipocrisia da sociedade respeitável. A conspiração toma o lugar da realidade. Essa propaganda é eficiente porque as massas tendem a não acreditar no que veem nem na própria experiência. Sendo assim, as massas se deixam convencer não pelos fatos, pouco importa

---

28. H. Arendt, op. cit., p. 395.

se verdadeiros ou inventados, mas pela coerência do discurso. As massas aceitam as ideologias porque elas "explicam os fatos como simples exemplos de leis e ignoram coincidências"[29].

Uma vez contada, a mentira oficial tem de ser sustentada até o fim, porque ela passa a fazer parte da própria estrutura de poder e, portanto, não pode ser desmascarada, sob risco de arruinar essa estrutura. O caso da "conspiração judaica" é uma dessas mentiras essenciais, sem as quais o nazismo não sobreviveria.

A conclusão, que voltou atualmente ao centro das preocupações com a disseminação de fatos "alternativos" pelas redes sociais, é que a própria ideia de que a história possa ser a expressão da verdade, comprovada com documentos e aceita por uma base comum de entendimento por maiores que possam ser as divergências entre historiadores, foi e permanece colocada em xeque. Num ensaio escrito em 1942, George Orwell diz:

A teoria nazista, de fato, nega especificamente que exista algo como "a verdade". Não há algo como "a ciência". Só há a "ciência alemã", "ciência judaica" etc. O objetivo implícito dessa linha de raciocínio é um pesadelo no qual o líder, ou o grupo dominante, controla não apenas o futuro, mas o passado. […] Se o líder diz que determinado evento "nunca aconteceu" – bem, aquilo nunca aconteceu. Se ele diz que dois mais dois são cinco, então dois mais dois são cinco. Essa perspectiva me apavora mais do que as bombas.[30]

Enquanto apavorava Orwell, tal perspectiva fascinava (e ainda fascina) parte da sociedade (inclusive parte da elite acadêmica) que rejeita a historiografia que contrarie suas crenças mais profundas. Havia, como há até hoje, particularmente nestes tempos de profundo antagonismo ideológico, aquilo que Hannah Arendt chamou de "o terrível fascínio exercido pela possibilidade de que gigantescas

29. Ibidem, p. 401.
30. G. Orwell, Looking Back on the Spanish War, *New Road*, Jun. 2023.

mentiras e monstruosas falsidades viessem a transformar-se em fatos incontestes, de que o homem pudesse ter a liberdade de mudar à vontade o seu passado, e de que a diferença entre a verdade e a mentira pudesse deixar de ser objetiva e passasse a ser apenas uma questão de poder e de esperteza, de pressão e de repetição infinita"[31].

A Reação à Propaganda

Vimos até aqui a mecânica da construção e da disseminação da propaganda totalitária nazista e seu objetivo de criar a própria verdade a partir da imaginação do líder. Para concluir este ensaio, resta saber como a mensagem nazista foi recebida pelos alemães e observar, assim, os limites da propaganda.

Os próprios propagandistas nazistas reconheciam esses limites, especialmente na medida em que o sucesso da mensagem se baseia em resultados políticos práticos. Como observou o já citado ideólogo da propaganda nazista Schulze-Wechsungen, "está claro que mesmo a melhor propaganda não pode ocultar as constantes falhas políticas"[32]. Em excesso e totalmente desconectada da realidade, a propaganda gerou tédio e apatia, conforme se deduz dos relatos recolhidos pelos serviços secretos da ss e pela Gestapo.

Ao contrário das ditaduras protagonizadas pela elite tradicional, que procuram evitar que a população tome parte da vida política, o nazismo promoveu uma ditadura em que há permanente mobilização popular. Mas os limites são claros. Não é verdadeira a imagem segundo a qual os alemães seguiram cegamente o regime, como uma religião. O apoio ao método de mobilização do regime começou a declinar já em 1934, como mostram os relatórios

---

31. H. Arendt, op. cit., p. 383.
32. N. O'Shaughnessy, *Selling Hitler*, p. 132.

produzidos pelo governo. Em vez de furor revolucionário, as massas começaram a nutrir crescente fastio em relação à permanente mobilização política e relutância em participar das grandes manifestações nazistas. De fato, havia uma marcada tendência à indiferença política, e a propaganda encontrava muitas vezes hostilidade passiva.

Os propósitos nazistas em promover comícios e grandes encontros eram fazer com que os indivíduos racionais sucumbissem aos clichês e *slogans* estereotipados e compartilhassem uma experiência emocional de despertar coletivo. Parece que essa forma de doutrinação fracassou. Apenas um ano depois que o partido chegou ao poder, consideráveis parcelas da população começaram a criticar as mobilizações em massa, por meio de críticas que eram expressas com cautela, em razão do risco de retaliação. Um documento produzido pelo governador do distrito de Regensburg, informava que "em Deggendorf, os camponeses reclamam que há muitas festas, muitas paradas políticas e muita politização" e que "esse descontentamento é manifestado de maneira bastante cautelosa"[33].

A partir de agosto de 1934, as autoridades centrais começaram a receber relatórios de todas as áreas do Reich notando uma crescente renúncia à vida política. Em outubro de 1934, a Gestapo de Düsseldorf informou que havia falta de fé no regime. O público, tomado de pessimismo, começou a desprezar tacitamente a imprensa do partido. Depois de citar um sentimento difuso de apatia que "começa a ganhar importância", que contrasta com a imagem de unidade e mobilização que o regime fazia de si mesmo, diz o documento: "A indiferença e a apatia de consideráveis setores da população definitivamente apontam nessa direção."[34]

A Alemanha nazista havia herdado talvez a indústria cinematográfica mais criativa do mundo, no entanto,

---

33. D. Bankier, *The Germans and The Final Solution*, p. 15.
34. Ibidem.

o jornalista e correspondente estadunidense William Shirer, por exemplo, lembrou-se de que os cidadãos, desinteressados do que viam na tela, assobiavam durante a exibição dos filmes de propaganda, a ponto de o ministro do Interior, Willhelm Frick, emitir uma advertência contra o "comportamento traiçoeiro de parte dos espectadores dos filmes"[35].

A imprensa nazista, por sua vez, mesmo sendo um dos principais veículos da propaganda do regime, sofria a concorrência dos jornais de igrejas, que, sem censura, conseguiam fazer um sutil contraponto às informações do regime. Os jornais nazistas sofreram contínua queda de circulação desde os primórdios do governo hitlerista, o que indica indisposição crescente de aceitar aquelas informações diante da realidade de uma administração que falhava em entregar o que prometia com grande pompa. Cresceu assim a percepção do público segundo a qual havia uma grave distorção da realidade promovida pelos jornais do regime. A imprensa nazista não gozava de muita credibilidade e, em geral, os alemães ou não liam esses jornais ou procuravam fontes alternativas, como jornais estrangeiros que entravam clandestinamente no país.

Ademais, crescia o interesse pela cobertura de assuntos locais em detrimento do "noticiário" nacional, algo típico da reação do público à imprensa de regimes ditatoriais. Os leitores consideram que os eventos locais dificilmente podem ser distorcidos, porque podem ser testemunhados por eles mesmos, sem depender da interpretação de uma autoridade oficial.

Não se deve perder de vista, contudo, que as críticas ao regime não eram propriamente quanto ao regime em si, mas em relação a alguns de seus aspectos. Além disso, esse desconforto não se traduziu em oposição substancial ao governo em nenhum momento. Por fim, os que se dispunham a criticar o regime eram minoria, o que mostra que a vasta maioria ou era indiferente ou se identificava de

---

35. W.L. Shirer, *Rise And Fall Of The Third Reich*, p. 247.

um modo geral com o nazismo e com suas políticas. Diz o historiador David Bankier: "Nazistas radicais criticavam o governo por ser muito moderado e não implementar as mudanças de maneira mais rápida."[36]

Em 1936, um relatório de inteligência feito por observadores para os social-democratas no exílio informava que "os nazistas foram bem-sucedidos em ampliar o fosso entre os judeus e o povo alemão" e que "a sensação de que os judeus são outra raça é hoje generalizada"[37]. Os social-democratas admitiam que a propaganda contra os judeus estava funcionando e que o "problema judeu" era visto pela maioria como algo a ser resolvido, de um jeito ou de outro. O jornalista alemão Sebastian Haffner, em um relato pessoal descoberto depois da guerra, atesta que, "de repente, todos têm uma justificativa e são instados a ter uma opinião sobre os judeus e a dizê-la em público"[38].

A aceitação tácita da violência e dos campos de concentração denota a apatia que estava consumindo a racionalidade da sociedade alemã. Essa apatia pode ser lida tanto como indiferença quanto como aprovação. Ambos os aspectos interessam, mas é notável, para os propósitos deste ensaio, como os alemães comuns enxergavam na escalada da barbárie o sinal da grandeza inerente ao regime e ao líder que os conduzia, e não os crimes que estavam sendo cometidos sem nenhum constrangimento, afrontando todos os padrões civilizados. Escreveu Victor Klemperer: "Na consciência popular, a verdade se manteve viva: um estado de espírito confuso, próximo da doença e do crime, havia sido considerado como virtude suprema durante doze anos"[39].

O romancista Reck-Malleczewen elaborou a questão da mesma maneira, ao escrever, em outubro de 1940, que, enquanto as nações civilizadas procuravam esconder "seus

---

36. D. Bankier, op. cit., p. 27.
37. I. Kershaw, *Hitler: 1889-1936 Hubris*, p. 573.
38. S. Haffner, *Defying Hitler*, p. 142.
39. V. Klemperer, *LTI*, p. 117.

demônios e seus desejos impossíveis nos subterrâneos da inconsciência", os alemães "abriram sua caixa de Pandora" e "deixaram livres as suas psicoses". Ele relata a barbárie transformada em cotidiano, dizendo que até as "pequenas recepcionistas imploram por sangue", e mesmo "velhas senhoras que ainda têm a aura de um tempo antigo" descrevem líderes políticos de países inimigos usando "gírias que fariam um *barman* de Hamburgo corar"[40]. Sempre percebendo o risco dos homens-massa, que para ele não eram os proletários, e sim os grandes empresários e os filhos de industriais, ele escreveu em seu diário, em setembro de 1938: "O que aqui parece coragem diante da morte nada mais é do que a apatia do homem-massa. O que parece ser estoicismo nada mais é do que a expressão da condição do homem-massa: nem bom nem mal, apenas – e com certa satisfação de sê-lo – nada. Não conheço maneira melhor de definir a condição espiritual dos meus deprimentes conterrâneos."[41]

---

40. F. Reck-Malleczewen, op. cit., p. 117.
41. Ibidem, p. 78.

4.

PALAVRAS DE ÓDIO: ANÁLISE POR MEIO DOS DIÁRIOS DE VICTOR KLEMPERER

Juliana Lavezo

Victor Klemperer nasceu em 9 de outubro de 1881 em Landsberg, na Alemanha, filho de um casal de primos, o rabino Wilhelm Klemperer e Henriette Klemperer. Com pouco mais de vinte anos, em 1903, Klemperer converteu-se ao protestantismo, não somente por sua pouca proximidade com a religião judaica, mas também como forma de identificação com a cultura alemã. Em seus escritos, o autor deixa muito claro seu nacionalismo ao mencionar não se sentir judeu, e sim alemão, o que atesta, portanto, sua germanicidade no decorrer de seus diários.

Klemperer sentia-se oprimido pelos irmãos mais velhos, pois era filho temporão em uma família de sete irmãos. Desde o início da carreira, seu irmão Georg tornou-se um grande cirurgião. Ele e o outro irmão, Felix, advogado, como Berthold, se converteram ao protestantismo e casaram-se com mulheres não judias. Victor residia em Dresden, cidade que, mais tarde, após o final da guerra, esteve sob ocupação soviética, na futura República Democrática Alemã.

Filólogo de formação, ocupou o cargo de professor titular na Escola Técnica Superior de Dresden até 1935, ano que foi destituído de seu cargo. É autor de várias obras. Entre elas, destacam-se: LTI – *Lingua Tertti Imperii* (A Linguagem do Terceiro Reich)[1], com sua primeira edição em Berlim em 1947, e publicada no Brasil em 2009, obra singular para o estudo do nazismo, pois analisa a linguagem nazista.

Em 1913, na conclusão de seu doutoramento, escreveu a tese *Os Antecessores de Friedrich Spielhagen*, sob a orientação de Franz Muncker e Hermann Paul. Um ano depois, enquanto professor visitante na Universidade de Nápoles, publicou *Montesquieu*, em dois volumes.

Sua carreira enquanto filólogo lhe proporcionou a publicação de várias obras de grande contribuição para a literatura, especialmente no que concerne à literatura francesa do século XVIII, sendo um estudioso renomado mundialmente nessa área, com destaque para o estudo realizado publicado em dois compêndios: *História da Literatura Francesa do Século XVIII: O Século de Voltaire* (1954) e *História da Literatura Francesa do Século XVIII: O Século de Rousseau* (póstumo, em 1966). As duas obras tratam da história da literatura francesa com abordagem nos dois filósofos estudados e admirados por Klemperer. O estudo sobre Voltaire remontava a seus anos universitários, do qual desde então tornara-se grande estudioso. Dedicou especial atenção também a Rousseau e Montesquieu. Outra obra sobre Pierre Corneille foi publicada em 1933,

---

1. O título é uma paródia de Klemperer com o uso excessivo de siglas pelo regime nazista.

que retratava a vida do dramaturgo francês que viveu no século XVII. Foi agraciado postumamente com o Geschwister-Scholl-Preis pelos seus diários, *Ich will Zeugnis ablegen bis zum letzten: Tagebücher 1933–1945* (Quero Testemunhar Até o Fim: Diários, 1933-1945).

Em maio de 1906, Klemperer casou-se com Eva Schlemmer, pianista, compositora, não judia. Por meio desse casamento misto, conseguiria enfrentar os duros anos do nazismo, porque Eva garantiu a ambos os suprimentos necessários quando ele não podia mais circular livremente pelas ruas de Dresden, desse modo, sempre foi grato a ela por ter sobrevivido a tais anos.

Com o advento da Grande Guerra, movido pelo forte nacionalismo, alistou-se como voluntário no exército alemão e logo foi convocado para lutar no *front*. Esteve poucos meses ali, entre o final de 1915 e o início de 1916. Após isso, é conduzido para o hospital para o tratamento de lesões e segue trabalhando como censor até o fim do conflito.

Por tal participação e por ter sido congratulado com a medalha de honra ao mérito, Klemperer acreditava que estaria isento de qualquer perseguição quando o nazismo ascendeu. Ele optou por permanecer na Alemanha durante a guerra e um dos motivos era o fato de não saber falar outro idioma que não o alemão. No início de fevereiro de 1935, quando o casal Blumenfeld se encaminhara para ir a Lima por conta da oferta que ele havia recebido, Klemperer lamentou que ele e Eva estariam a partir daquele momento ainda mais isolados do que nunca: "Eu o invejo. Sou tão terrivelmente desajeitado. Porque sou um filólogo de línguas modernas que não fala nenhuma língua estrangeira. Meu francês está totalmente enferrujado, tenho medo de escrever ou falar uma simples linha que seja. Meu italiano nunca foi grande coisa. E meu espanhol, então. Não sei nada útil."[2]

Permanecem na Alemanha durante os anos de guerra, Eva, Victor e sua irmã doente, Grete, a qual viria a falecer

---

2. *Os Diários de Victor Klemperer*, p. 112.

em 1942, em um sanatório em Berlim, onde estivera internada a fim de tratar de doenças nervosas. Georg abandonou a Alemanha logo no início do nazismo e mudou-se, junto com a família, para Boston. Klemperer recebeu a notícia de seu falecimento em 1947, aos 82 anos. Felix e Berthold, seus outros irmãos, faleceram em 1932 e 1931, respectivamente. Hedwig, que morreu de forma prematura, foi casada com dr. Hermann Machol, morto em um campo de extermínio. Sua irmã Marta emigrou para o Uruguai com seu marido, dr. Julius Jelski, em 1938. Wally faleceu em 1937 e seu marido, dr. Martin Sussmann, médico, mudou-se para Estocolmo no ano seguinte à morte da esposa, falecendo seis anos depois.

A saúde de Eva também era outro fator que manteve Klemperer na Alemanha mesmo quando conhecidos, amigos próximos e familiares decidiram deixar o país. A esposa sofria de depressão nervosa e ele dispendeu atenção e cuidado necessários quando era acometida por suas crises. Constantemente, Eva ocupava-se com tarefas de jardinagem, gostava muito de plantas, durante a construção de sua casa em Dölzschen, nos arredores de Dresden, ia regularmente visitar a obra, algo que lhe agradava bastante.

Dresden foi devastada pelos seguidos bombardeios dos Aliados já no final da guerra, em 13 e 14 de fevereiro de 1945, pela Força Aérea Real (RAF) e pela Forças Aéreas do Exército dos Estados Unidos (USAAF). Isso deu aos Klemperer a possibilidade de escapar de uma possível marcha da morte e a garantia de sobrevivência. A fuga da cidade em chamas, os ferimentos, a quantidade de mortos espalhados pelas ruas, o barulho dos aviões voando baixo, as bombas caindo, absolutamente tudo foi relatado por ele nas páginas finais de seu diário.

viam-se fincadas no solo revolvido enormes quantidades de cápsulas vazias das bombas incendiárias. Em muitas casas da rua as chamas ainda ardiam. De quando em quando, havia mortos espalhados no caminho, pequenos e, em geral, apenas uma trouxa de roupas. A parte superior do crânio de um deles fora arrancada, a cabeça parecia uma vasilha púrpura [...] Esqueletos de metal de carros destruídos, garagens incendiadas. As pessoas mais distantes do centro puderam salvar algumas coisas, conduziam carrinhos de mão com roupas de cama ou algo assim, ou ficavam sentadas sobre caixotes ou trouxas[3].

Quando retornam à sua antiga casa, percebem a existência de um *bunker* instalado em seu jardim e iniciam um processo de remoção. O período pós-guerra mostrou-se por vezes complicado de início, até seu completo reestabelecimento profissional. Nota-se em seus escritos posteriores ao conflito, uma ansiedade profunda em conquistar uma cadeira em uma universidade. Em 1947, sua obra LTI é publicada. No ano seguinte, tornou-se professor na Universidade de Greifswald, mesmo período em que lecionaria na Universidade de Halle até sua morte, em 1960.

Eva faleceu em 8 de julho de 1951, vítima de um ataque cardíaco, já havia sido diagnosticada com uma doença coronária grave e sua saúde foi deteriorando-se aos poucos. Klemperer descreveu com tristeza os dias que antecederam sua morte e os dias posteriores. No entanto, casou-se novamente pouco tempo depois da morte de Eva, em 1952, com Hadwig Kirchner, que havia sido sua aluna e com quem passaria o resto de seus anos. De fato, sentia-se consternado diante do interesse que mantinha por Hadwig e pelo pouco tempo de viuvez: "O *affair* com Hadwig está constantemente em meus pensamentos, eu flerto e brinco com ela, mas pesa desconfortavelmente em minha consciência."[4]

Era considerado aos moldes da nova República Democrática Alemã um homem rico e viajou várias vezes com sua jovem esposa para a Itália, França, Polônia, Romênia, Bulgária, Áustria e China. O filólogo também lecionou nas Universidades de Halle e Berlim e ministrou palestras em diversas universidades e institutos alemães,

---

3. *Os Diários de Victor Klemperer*, p. 765.
4. V. Klemperer, *The Lesser Evil*, p. 380.

como Humboldt, Leipzig, além de outras cidades como Lisboa e Paris. Tornou-se membro da Academia Alemã de Ciências em Berlim em 1953.

Em 1995, a *Enciclopédia Brockhaus* incluiu um verbete sobre a importância da LTI, cuja edição francesa é lançada no ano seguinte pela Albin Michel. Outras traduções também são lançadas na Itália em 1998, na Holanda nos anos 2000, na Espanha em 2001, na República Tcheca em 2003, na Sérvia em 2006.

O Antissemitismo na Alemanha Nazista
Pelo Testemunho de Victor Klemperer

O hábito de escrever diários surgiu muito cedo, ainda quando Klemperer era adolescente e o acompanharia até seus últimos dias, inclusive durante os anos do nazismo e da Segunda Guerra Mundial. Ele ainda iria tratar seus escritos como sua "vara de equilibrista" por mantê-lo lúcido diante de tanta tirania e insensatez. Para um filólogo, escrever em um momento tão peculiar como aquele representava não só uma tarefa a fim de completar seus dias, mas também ganhava o caráter de testemunho, uma vez que ele sabia da magnitude dos fatos que estava vivendo e de como poderia contribuir com seus escritos para a posteridade.

Em seus diários, já no início de 1933, Klemperer passou a analisar tudo o que estivesse ao seu alcance: jornais, o rádio, propagandas nas ruas, panfletos, discursos, nada lhe escapou. No início do governo nazista, instituem-se várias proibições que Klemperer iria retratar sempre com indignação, tal como proibir o funcionamento de uma associação central de judeus na Turíngia que fora acusada de depreciações e críticas "talmúdicas" ao governo.

Em 1º de abril de 1933, foi anunciado o boicote geral contra os estabelecimentos comerciais judeus, o que se via nas ruas eram cartazes, guardas, homens da SA diante de lojas fechadas com cartazes triangulares escritos: "Quem compra do judeu estimula o boicote internacional e destrói a economia alemã." O boicote foi violento[5]. Segundo Fontette (1989), a operação foi executada pela SA[6] sob direção da SS. Com armas nas mãos, estes tentavam afastar qualquer comprador de entrar nas lojas, caso os cartazes não bastassem para afastar a clientela.

No dia 7 de abril de 1933, passou a vigorar a Lei Para a Restauração do Serviço Público Profissional (Gesetz zur Wiederherstellung des Berufsbeamtentums), estipulando que funcionários públicos de origem "não ariana" deveriam ser aposentados. Atestava-se que judeus não poderiam pensar à maneira alemã, tampouco reger alemães e nem administrar o Estado. Muitos judeus foram excluídos das funções administrativas ou judiciárias e também das profissões liberais. Criou-se, então, uma legislação antissemita densa e particularmente importante, colocada em prática a fim de oprimir os judeus[7].

A propaganda e os *pogroms* aos judeus começavam de forma violenta. Klemperer descrevia cartazes vermelhos nas lojas: "Empresa reconhecidamente cristã-alemã. Separando umas das outras, lojas fechadas, gente da SA postada diante delas com cartazes triangulares: quem compra do judeu estimula o boicote internacional e destrói a economia alemã."[8]

Durante a ascensão do nazismo, Klemperer analisou com perspicácia a forma como o governo foi cerceando setores como a educação e a cultura, esvaziando-os de sentido. Aos poucos, via seu cargo de professor dentro da escola técnica de Dresden cada vez mais ameaçado pelas leis impostas pelo governo.

5. *Os Diários de Victor Klemperer*, p. 19.
6. Sigla para *Stürmabteilungen*, milícia privada e paramilitar do partido nazista que surgiu em 1921. Ameaçava a própria ordem nazista, por isso foi golpeada mortalmente pelo próprio Hitler e substituída na hierarquia pelas SS. Ver o vocabulário crítico de A. Lenharo, *Nazismo*, p. 90.
7. Ver F. de Fontette, *História do Anti-Semitismo*.
8. *Os Diários de Victor Klemperer*, p. 19.

Em uma passagem em seu diário no início de fevereiro de 1934, confessa, decepcionado, uma reunião entre o corpo docente e alunos da escola técnica de braços erguidos fazendo a saudação nazista. Conforme dizia, as pessoas se aproximavam e quando menos se esperava suas máscaras caíam: "Heil, Hitler". Para ele, era impossível pronunciar tal termo, soltava um mero "Heil".

A censura e a manipulação dos meios de comunicação foram logo percebidos por Klemperer. O filólogo associa o uso do rádio à ideia de coletivismo, a repressão da linguagem impressa e a exaltação da oralidade: "Hesitações quanto às proibições de jornais: proíbe-se ora este, ora aquele jornal estrangeiro. Depois logo se permitem coisas em língua estrangeira na esperança de que não sejam lidas pela maioria das pessoas; essas veem nas bancas que é permitida a imprensa internacional."[9]

A incitação contra os judeus crescia por todos os lugares e a atmosfera de *pogrom* também. O antissemitismo estava simplesmente em tudo, até nos detalhes outrora despercebidos. Os atos violentos do partido estavam em Berlim, Breslau e na Prager Strasse. Segundo Klemperer, cresciam concomitantemente os ataques contra católicos, julgados como "inimigos do Estado", de tendência "reacionária e comunista".

Nos bondes da Prager Strasse, podia-se ler cartazes com escritos: "Quem compra do judeu é um traidor do povo" nas vitrines das pequenas lojas do subúrbio de Plauen, sentenças e versos de todas as épocas, autorias de todos os contextos, cheios de insultos, como: "Em Plauen, nossa bela localidade, não há lugar para judeus de qualquer idade". No *Der Stürmer*[10], as mais pavorosas histórias de profanadores da raça, os violentos discursos de Goebbels, novamente

---

9. Ibidem, p. 82, 83.
10. O *Der Stürmer* foi um semanário nazista publicado por Julius Streicher de 1923 até 1945. Fazia parte da propaganda nazista e antissemita da Alemanha e tornou-se conhecido pelas várias caricaturas "monstruosas" que fazia dos judeus.

a incitação contra católicos, contra o catolicismo "político", que se associava à "comuna", que maculava as igrejas.

No início de maio de 1935, Klemperer foi desligado da universidade por conta da Lei Para a Restauração do Serviço Público Profissional.

Já em 1936, diante da proximidade com a realização dos jogos olímpicos, ele notou uma amenização no tom dos discursos a fim de evitar qualquer alarme internacional. Um estudante judeu havia assassinado um agente alemão do NSDAP em Davos, mas, por conta do evento esportivo, o caso foi abafado[11]. Comenta Klemperer:

As Olimpíadas que agora terminam causam-me asco duplamente: primeiro, como louca supervalorização do esporte; a honra de um povo depende do fato de um participante de um país conseguir pular dez centímetros mais alto que todos os outros. A propósito, um negro dos Estados Unidos foi o que pulou mais alto, e a judia Helene Mayer ganhou a medalha de prata de esgrima pela Alemanha (não sei onde se situa a vergonha maior, em sua participação como alemã do Terceiro Reich ou no fato de que sua conquista seja reinvidicada pelo Terceiro Reich) [...]. E segundo, as Olimpíadas são tão odiosas para mim porque não se trata de esporte – digo, aqui entre nós –, e sim totalmente de uma questão política. "Renascimento alemão por meio de Hitler", li recentemente. Constantemente é insuflado no povo e nos estrangeiros que aqui se vê o desenvolvimento, o florescimento, o espírito, a união, a firmeza e o esplendor, naturalmente também o espírito pacífico do Terceiro Reich que abrange o mundo inteiro.[12]

Klemperer observou, naturalmente, algo que para ele nessa altura não era novo, a distância entre o real e a propaganda, ou seja, entre aquilo que todos viviam e o que era disseminado pelo governo. Uma redução de 3.500 para 2.500 jornais alemães foi apontada pelo governo como consequência da padronização, desliberalização e do afastamento

---

11. O estudante David Frankfurter queria, através de seu atentado contra o chefe de grupo regional do NSDAP, Wilhelm Gustloff, vingar o assassinato de judeus na Alemanha.
12. *Os Diários de Victor Klemperer*, p. 172, 173.

de todos os judeus desse setor. Nesse sentido, Klemperer ironiza se haveria público leitor para a quantidade de jornais apontados pelo governo.

O acesso aos espaços públicos tornava-se cada vez mais limitado e, durante uma tentativa de visita à biblioteca, Klemperer foi informado que não poderia mais utilizar a sala de leitura, mas que poderiam disponibilizar o material que ele desejasse e enviá-lo para sua casa. Dias antes, um decreto havia sido publicado retirando todas as obras jurídicas de autores "não arianos" das bibliotecas e proibia também sua reedição. Em relação a isso e a tantos outros fatos, ele se questionava sobre as chances de permanecer na Alemanha. Decidira ficar até o "último momento", mesmo que fosse "tarde demais".

Klemperer passou a analisar como o governo nazista utilizou da linguagem como instrumento de manipulação do povo. Para isso, começou a anotar em seus diários aquilo que lhe despertava a atenção: trechos de discursos (escritos ou orais), vocábulos e termos que eram insistentemente usados e os denomina de "linguagem do Terceiro Reich" – que mais tarde comporiam sua obra renomada. A partir de então, essas anotações surgem com frequência nos diários, partindo sempre de um olhar crítico do autor: "Uma palavra sempre retomada: 'vivenciar'. Quando algum chefe de distrito qualquer ou um líder da ss, algum dos pequenos ou diminutos subdeuses fala, seu discurso não é ouvido, e sim 'vivenciado'. Eva diz, com razão, que isso já existia antes no nacional-socialismo. Certamente, encontra-se isso nas correntes que o criaram."[13]

Diante dos acontecimentos que acompanhava, Klemperer não reconhece mais a Alemanha de que outrora se orgulhava. Ele coloca em xeque o nacionalismo que sustentava até então, um misto de incredulidade e vergonha permeia várias passagens dos seus diários. Afirma ele:

---

13. Ibidem, p. 204.

Sabia apenas que um judeu não podia participar de corporações estudantis nem tornar-se oficial. Mas eu não considerava mais judeus os dois irmãos Boas, que também cursavam as mesmas séries, embora seu protestantismo ainda estivesse fresco neles (não era o caso de seus pais). No Dia do Perdão, portanto, os judeus não compareciam às aulas. No dia seguinte, os colegas, rindo, contaram sem qualquer maldade (assim como a palavra certamente foi dita pelo professor que era bastante humano apenas como brincadeira) que o professor de matemática, Kuhfahl, teria dito à classe menos cheia: "Hoje estamos apenas *entre nós*". A palavra assumiu um significado realmente tenebroso em minha memória: confirma para mim a pretensão do NSDAP de expressar a verdadeira opinião do povo alemão. E cada vez mais acredito que Hitler realmente incorpora a alma do povo alemão, que ele realmente significa "a Alemanha" e que por isso vai manter-se e manter-se com razão. Com isso não tornei-me sem pátria apenas exteriormente. Mesmo que mude o governo um dia: minha sensação de pertencimento acabou-se.[14]

Nota-se que as percepções de Klemperer sobre o consentimento ou não da população alemã em relação ao governo mudam ou mesmo diferem no decorrer de seus escritos. Ele menciona algumas vezes que Hitler era, de fato, o escolhido do povo alemão. Queixava-se da letargia e da ignorância do povo alemão.

O antissemitismo tornava-se mais virulento, algumas profissões haviam sido proibidas e os judeus passavam a ser identificados com cartões amarelos nos balneários em 1938. Os jornais negavam as movimentações na Tchecoslováquia. Klemperer analisou que a educação e a linguagem do Terceiro Reich tinham por finalidade expandir-se em todas as camadas do povo, de modo que a parte pensante sufocasse.

Dentre as normas e exigências estabelecidas aos judeus, surgira então um decreto que os obrigava a declarar seus bens tanto no exterior quanto no interior, ou seja, no próprio país, com base em algumas determinações. Quanto ao judeu estrangeiro, deveria somente declarar seus bens no exterior. O dever de declarar os bens também cabia ao

---

14. Ibidem, p. 212, 213.

cônjuge não judeu de um judeu. Sendo assim, os Klemperer passaram a manhã do dia 29 de junho de 1938 preenchendo formulários desta declaração[15]. Não havia muito a declarar, a casa estava avaliada em vinte e dois mil marcos, dos quais doze mil estavam hipotecados. Não sabia ao certo o que pretendiam com essa declaração.

A partir de 1º de outubro de 1938, os médicos judeus estariam afastados de seu cargo segundo o quarto decreto referente à lei relativa aos cidadãos do Reich. Suas licenças e registros ficariam suspensos, proibindo-os de exercer a medicina e àquele que fora concedida a autorização só lhe seria permitido tratar de pacientes judeus.

No mesmo dia, a *Wehrmacht* invadiu a fronteira tcheca e Hitler cada vez mais era aplaudido[16].

O acordo de Munique deu a Hitler praticamente tudo o que ele queria. Teria permissão para ocupar os Sudetos, e as reivindicações polonesa e húngara contra a Tchecoslováquia seriam respeitadas. A Grã-Bretanha e a França deram uma garantia insuficiente ao que sobraria da Tchecoslováquia. Chamberlain, mais uma vez sem consultar os franceses, assinou um acordo com Hitler, dispondo que os dois países jamais iriam novamente à guerra um contra o outro, dessa maneira tornando a garantia praticamente inútil. Benes, que em nenhum momento fora consultado por seus supostos aliados, não contava nesse momento com qualquer ajuda externa e temia guerra civil no país. Em vista disso, não teve alternativa senão aceitar o ultimato de Munique e exonerar-se do cargo, no dia 4 de outubro de 1938.[17]

A nova lei de adoção de prenomes judeus estava em vigor e por determinação desta teria de comunicar ao cartório de Landsberg e Berlim que passava a se chamar Victor-Israel. No caso das mulheres judias, assinariam Sara como prenome.

15. Ibidem, p. 235.
16. *Wehrmacht* é o conjunto das forças armadas da Alemanha durante o nazismo que corresponde ao exército, à marinha de guerra e à força aérea.
17. M. Kitchen, *Um Mundo em Chamas*, p. 16.

Na manhã de 11 de novembro de 1938, o casal sofre a primeira busca domiciliar, que seria seguida por várias outras. Segundo relato de Klemperer, tudo que tinham foi revirado, tirado do lugar, uma revista foi apreendida, mas sua baioneta não. O civil disse-lhe que deveria acompanhá-lo até o tribunal na Rua Münchner Platz e afirmou que não se tratava de nada grave e que provavelmente à noite já estariam em casa. Após uma longa espera no tribunal e depois de várias perguntas e ligações, ele foi liberado[18]. Sentia-se livre, mas se perguntava até quando isso duraria.

No discurso de 30 de janeiro de 1939, Hitler fez novamente incitações antissemitas, transformou todos os inimigos em judeus e ameaçou aniquilá-los da Europa, caso forçassem a guerra contra a Alemanha. O caráter do discurso de Hitler foi analisado por Kershaw:

Em seu discurso ao Reichstag em 30 de janeiro de 1939, entretanto, Hitler voltou à "Questão Judaica" com uma nova e assustadora ameaça na voz. Disse que seria profético: se os financistas judeus internacionais, dentro e fora da Europa, conseguirem mais uma vez mergulhar as nações numa guerra mundial, o resultado não será a bolchevização da terra, e portanto, a vitória do povo judeu, mas a aniquilação da raça judaica na Europa! [...]

As palavras, em parte, eram propaganda. Repetiram, numa linguagem mais aterradora, a ameaça, deixada implícita por Hitler em diversas outras ocasiões durante a década de 1930, de manter os judeus como "reféns", na eventualidade de a Alemanha ser forçada a um confronto armado.[19]

Klemperer recordou do ocorrido no dia 7 de janeiro, quando um jovem polonês, Herchel Grynszpan, matou a tiros o conselheiro da embaixada alemã, Von Rath, em Paris, para chamar a atenção à situação dos judeus na Alemanha. Em 27 de outubro, em uma ação realizada pelo governo nazista, dezoito mil judeus poloneses, entre

---

18. *Os Diários de Victor Klemperer*, p. 250.
19. I. Kershaw, *Hitler: Um Perfil do Poder*, p. 152.

eles os parentes de Grynszpan, foram levados à fronteira da Polônia e lá depositados[20]. Tal episódio foi o pretexto para os *pogroms* do dia 9 de novembro, a assim chamada "Noite dos Cristais". De acordo com Nazário:

> Na operação desencadeada a 9 de novembro de 1938, posteriormente chamada de Reichskristalnacht (Noite de Cristal do Reich), como alegada represália ao bem sucedido atentado do jovem judeu Hershl Grynspan (ou Herschek Grüspan), contra a vida do secretário da Embaixada Alemã em Paris, Ernst von Raht, cerca de oitenta judeus foram mortos ou gravemente feridos pelas SA, que desempenharam, aí, "seu último ato de heroísmo". Os SA jogavam judeus contra trens e ônibus em movimento, afogavam outros e abatiam a tiros aqueles que tentavam fugir. Entre trinta e quarenta mil judeus foram levados a campos de concentração. Mais de sete mil lojas judaicas foram saqueadas; 191 sinagogas foram incendiadas e 76 completamente demolidas.[21]

O tom dos discursos de Hitler mudava de tempos em tempos e não se falava mais em bolchevismo, mas sim em plutocracia judaica, com uma clara intenção segundo Klemperer de mudar o foco sobre o inimigo, que sem sombra de dúvidas era ameaçado de aniquilação.

Durante a guerra, por exemplo, por mais que Klemperer buscasse manter-se informado, a imprensa também se mostrava obscura, não sabia o que realmente estava acontecendo. Não havia divulgação de lista de mortes, não hasteavam mais bandeiras, simplesmente silenciavam a respeito da frente ocidental.

O racionamento de alimentos acontecia aos poucos, o imposto de renda aumentara em 50%, o blecaute era permanente e o anúncio de penalidades para quem não obedecesse a ordem já havia sido exposto nas ruas. As universidades estavam fechadas, com exceção de Berlim, Viena, Munique, Leipzig, Jena. Todas as escolas técnicas

---

20. *Os Diários de Victor Klemperer*, p. 247.
21. L. Nazário, Reflexões Sobre a Estética Nazista, *Cultura Vozes*, n. 3, p. 46.

superiores, à exceção de Berlim e Munique também estavam fechadas.

Entre os meses de setembro e outubro de 1939, duas buscas domiciliares foram realizadas na casa de Klemperer. Estavam à procura de rádio. Uma nova ordem do governo dizia que os judeus estavam proibidos de sair de casa depois das 20h e também estavam proibidos de receber visita de parentes judeus em suas casas. Na segunda busca, duas pessoas da Gestapo[22] procuravam por livros a serem confiscados, tinham um catálogo na mão e procuravam por "bens culturais a serem postos em segurança", publicações valiosas e coisas do gênero.

A propaganda do governo era veiculada em todo espaço e por todas as vias possíveis, o que se via pelas ruas eram retratos do *Führer* espalhados por todos os cantos, contrapondo a escassez de alimentos que invadira a vida de Klemperer. Ao observar o líder nazista nos retratos, reparou que seu semblante imitava cada vez mais o de Napoleão com os cabelos na testa e o rosto mais redondo.

No dia 8 de novembro de 1939, na cervejaria Bürger de Munique acontecera um atentado a bomba contra Hitler[23]. Após a notícia sobre o atentado, apontaram quem seriam os responsáveis pelo desastroso evento: a Inglaterra e, por trás dela, a "tribo de Judá".

Devido ao confisco de bens e imóveis que o governo impunha, Klemperer teve de deixar sua casa em Dölzschen e seguir para uma casa de judeus na Caspar-David-Friedrich Strasse em maio de 1940, a primeira das várias em que viveria nesse período. Os primeiros dias foram de arrumação, havia perda de tempo com a intromissão de pessoas na casa e por isso só voltou a escrever depois de

---

22. Geheime Staatspolizei, a Polícia Secreta do Estado, comandada pela ss, era a instituição-base para a criação do Estado de terror.
23. No dia 08 de novembro de 1939, Georg Elser planejou e executou o atentado a bomba contra Hitler. Às 21h20 a bomba explodira matando oito pessoas, mas não conseguiu atingir seu alvo principal, pois Hitler havia deixado a cervejaria minutos antes.

alguns dias. Novas ordens, com novas restrições, eram emitidas. Tinha recebido uma carta da congregação israelita com dados pessoais para o trabalho obrigatório que se destinava a todos os judeus dos dezesseis aos sessenta anos de idade. Pensou que se tivesse de trabalhar não aguentaria, com a saúde tão frágil.

Na casa, todos se preocupavam com a evacuação em massa de judeus de Württemberg[24]. Nos jornais, todo dia notícias davam conta de que Londres havia sido dizimada, como se uma cidade conseguisse ser destruída tantas vezes, observa o filólogo: "Ouvimos que Londres estava submetida a 'ataques ininterruptos de represália', suportando o 'maior bombardeio da história mundial', comparando a uma 'noite de São Bartolomeu.'"[25] Nesse ínterim, a Inglaterra sobrevoava a Alemanha todos os dias, a cada dois ou três dias, sobre Berlim. Sirenes de alarme soaram pela terceira vez naquela noite e tiros de canhões antiaéreos eram escutados.

A incitação pública contra os judeus havia aumentado, Klemperer escreveu sobre os filme-propaganda *Jud Süss* e *O Judeu Errante*. Este segundo, considerado o pior, e "alardeado" com o maior barulho, havia desaparecido e concluía que poderia ser pelo asco do público.

O ódio aberto contra os judeus parece ter envolvido os alemães numa crise de consciência [...].
Aqueles que achavam insuficientes as explicações públicas para tal ódio deviam se sentir perturbados e buscavam, para a racionalização desse fato, argumentos emocionais que o justificassem [...].
O *Judeu Süss*, de Veilt Varlan conta a história de um ministro de finanças do século XVIII, judeu, sedutor de mulheres e explorador

---

24. Após a ocupação da França, surgiu o assim chamado "plano de Madagascar", que previa a deportação de todos os judeus da Europa àquela ilha, até então, uma colônia francesa. Um estágio preliminar desse plano deu-se nos dias 22 e 23 de outubro de 1940, com a deportação dos judeus de regiões do sudoeste da Alemanha para o sul da França, para antigos campos de internação nos Pireneus. Devido à longa guerra com a Inglaterra, o plano fracassou.
25. V. Klemperer, *LTI*, p. 209.

do povo, de quem cobrava altos impostos. Acabou enforcado em praça pública. O filme obteve grande sucesso até mesmo na França não ocupada. Fora concebido para espalhar a imagem "intrinsecamente criminosa" do judeu; o filme pretendia avaliar o mal que há séculos os judeus infligiam ao povo alemão; daí a necessidade de sua eliminação.[26]

Klemperer encontrou-se com um amigo que esteve em Buchenwald. Tinha uma cicatriz na cabeça, um golpe de porrete que levara logo ao descer no campo. Permaneceu por seis semanas no campo de concentração, havia cerca de dez mil pessoas espremidas, sem ocupação. Não dispunham de cobertores, faltava água potável, pessoas armazenavam água da chuva para beber e não havia atendimento médico[27].

No dia 15 de fevereiro ocorreu um blecaute, Klemperer temia alguma multa muito alta em dinheiro, pois havia esquecido da orientação de desligar a energia no horário determinado pelo governo. Na manhã do dia 14 de março, recebeu uma notificação de pena de detenção de oito dias no presídio policial. Sentiu muito medo por não saber o que lhe aguardava e principalmente por ter de deixar Eva sozinha em casa. Mesmo assim, sabia que tinha de permanecer calmo.

Uma nova determinação proibia a entrega de leite na casa de judeus[28]. Assim, nada mais poderia ser transportado para a casa de judeus, o fornecedor ficava longe demais e as lojas próximas não aceitavam novos fregueses.

Os dias em casa estavam terminando e se aproximavam os dias de detenção a serem cumpridos. Teria de se apresentar no dia 23 de junho de 1941 para início do cumprimento da pena, teria de pagar doze marcos para a alimentação e três marcos e cinquenta para as taxas e caso não comparecesse no horário e data previstos, foi avisado

---

26. A. Lenharo, op. cit., p. 57.
27. *Os Diários de Victor Klemperer*, p. 342.
28. Ibidem, p. 344.

pelos policiais que seria conduzido à prisão à força. Sentiu-se amargurado, mas convenceu-se a aceitar tudo isso com filosofia e como enriquecimento de seu *curriculum vitae*[29]. Para ele, a detenção não era como a prisão, a polícia não não era tão dura como a Gestapo, e acreditava que, podendo ler e escrever, o tempo passaria.

Alguns dias depois, Klemperer foi preso a fim de que cumprisse seu débito referente à multa de um blecaute que havia se esquecido. Teve seus óculos retirados e não pode levar nada consigo para dentro da cela, nenhum livro, nem uma folha de papel ou caneta. Ele descreveu o momento com profunda tristeza e fazendo alusão ao medo que sentira no ato, que a cela era escura, os policiais eram grosseiros e autoritários, mas mantinham certa distância. A alimentação na cadeia não era tão ruim, algumas vezes fora até melhor que em sua própria casa, nesse item a prisão não significou nenhuma nova experiência para ele. Incomodavam-no bastante as louças, a forma e o invólucro da comida. A caneca de café era ao mesmo tempo copo de água e copo de escovar os dentes, a tigela que serviam o mingau era lascada, o único talher era uma colher de metal velha. Atrás da mesa de refeições ficava o vaso sanitário. Os dias passavam vagorosamente e, com eles, o que aumentava seu desespero e a inquietude de ficar preso em uma cela às escuras, sem papel nem caneta, sem noção do tempo, esperando os oito dias de detenção passar[30]. No dia em que saiu do presídio, sentia a felicidade mais inebriante, o reencontro com Eva o deixou completamente extasiado.

Em 8 de setembro de 1941, chegou a notícia de que no *Diário Oficial do Reich* fora anunciada a instituição da braçadeira amarela para os judeus com a estrela de Davi que começaria a ser usada no dia 19 do mesmo mês: "Goebbels saudou a adoção do símbolo da estrela de Davi para marcar os judeus como uma medida 'higiênica profilática'.

---

29. A obra de Klemperer *Curriculum vitae: Memórias de um Filólogo* foi publicada em 1989.
30. *Os Diários de Victor Klemperer*, p. 354-383.

Isolar os judeus de uma comunidade racialmente pura era 'regra elementar de higiene, racial, nacional e social'. Havia pessoas boas e pessoas más, argumentava Goebbels, assim como há bons e maus animais."[31]

O uso restrito aos judeus da estrela de Davi resultaria no isolamento social destes, algo já planejado pelos alemães. Soubera que nem ônibus e nem bonde poderiam ser utilizados, apenas na parte dianteira do vagão. Para ele, a estrela dos judeus simbolizava humilhação e não se sentia preparado para usá-la.

Em um artigo intitulado "Os Judeus São Culpados" (Die Juden sind schuld!, 1941), Goebbels justificou as deportações em massa dizendo que os judeus queriam a guerra e que naquele momento, portanto, teriam. Para ele o destino do judeu era mais que merecido e que compaixão e lástima naquele momento eram despropositadas:

> Embora neste estágio a maior parte da publicidade nazista anti-judeus visasse o público alemão, Goebbels nunca esqueceu seu impacto potencial para além das fronteiras do Reich, principalmente entre os inimigos da Alemanha. Ao repetir constantemente que se tratava de uma "guerra judaica", preparada e instigada pelos judeus que almejavam lucro próprio e a dominação global como objetivo principal, Goebbels esperava enfraquecer a determinação do inimigo e adotar uma demanda crescente por um alinhamento com a Alemanha.[32]

A partir de 15 de abril de 1942, novos decretos entrariam em vigor, determinando que cada casa de judeu fosse identificada com uma estrela de Davi na porta externa. Os judeus só poderiam usar o bonde quando a distância entre a casa e o local de trabalho atingisse mais de cinco quilômetros em Dresden e mais de sete em Berlim[33].

Um menino acompanhado por outro mais velho, cerca de doze anos, apontou para ele e gritou: "Judeu!" Já era a

---

31. Z. Bauman, *Modernidade e Holocausto*, p. 94.
32. S. Friedländer, *The Years of Extermination*, p. 19.
33. *Os Diários de Victor Klemperer*, p. 445.

segunda vez que Klemperer era alvo de chacota na rua. Para o autor, tal ato era muita humilhação, não suportava mais aquilo[34]. Uma nova proibição impedia os judeus de terem animais domésticos em suas casas e os que já os possuíam deveriam se desfazer deles. Esse decreto deprimiu ainda mais o casal, pois tiveram de entregar o gato Muschel, que tinham havia onze anos, à congregação onde seria sacrificado. Eva ficaria ainda mais triste, pois tinha um carinho enorme pelo gato[35].

Uma nova visita fora feita na casa de judeus. Por sorte, não estava em casa e só pôde observar a bagunça que fizeram quando chegou a casa. Friedlheim, um dos moradores da casa, veio em direção a ele e lhe mostrou o pescoço e o queixo sangrando devido aos socos. O colega queixava-se de um pontapé que levara na barriga bem ao lado da hérnia, a senhora Kreidl e a senhora Pick também foram surradas. Quando entrou em seu quarto, encontrou Eva serena e tranquila. Ela então lhe contou sobre a invasão e que haviam lhe perguntado coisas como: "Você é ariana? Sua puta judia, por que você se casou com um judeu? Está escrito no *Talmud*: 'Toda mulher não judia é uma prostituta para vocês.'" Eva recebeu alguns tapas no rosto e também cuspiram-lhe na cabeça. Além dos insultos, da humilhação e das agressões físicas, nesse saque levaram ainda mantimentos das famílias da casa e roubaram muitas coisas, mas devido à bagunça, era difícil reconhecer o que havia sido perdido ou roubado[36].

Os judeus já não poderiam mais frequentar teatros, cinemas e museus, comprar ou assinar revistas, usar o rádio ou telefone, viajar de ônibus (exceto se fosse a trabalho), não comprariam mais charutos, flores, as máquinas de escrever deveriam ser entregues etc. Também se fazia proibido o serviço de barbeiros arianos aos judeus e os cupons de leite haviam sido cortados. Não poderiam

---

34. Ibidem, p. 457.
35. Ibidem, p. 458.
36. Ibidem, p. 462.

comprar nenhuma mercadoria escassa, nem estocar mantimentos em casa. Alguns pertences dos judeus deveriam ser entregues, como bicicleta e espreguiçadeiras. As compras estavam reduzidas a apenas uma hora, não havia mais cupons para roupas, nenhum cupom para peixes, nenhuma cota especial para café, chocolate, frutas, leite condensado. Para o autor, esses decretos talvez não fossem nada se comparados com as buscas domiciliares que havia sofrido, somando ainda aos maus-tratos na prisão e à existência do campo de concentração e à perspectiva de uma morte violenta[37].

Outra busca domiciliar acontecera na casa, mas desta vez sem danos maiores. Após um longo interrogatório, os policiais foram embora, porém toda essa rotina de terror o deixava ainda mais exausto e amargurado. Três dias depois dessa visita, a Gestapo apareceu novamente, seria a quarta vez em apenas duas semanas e novamente os mesmos insultos: "porca", "porca judia", "puta judia", "vaca", "vagabunda". Reviraram tudo, em um ato de brutalidade, teve um livro socado em seu rosto, foi estapeado, cuspiram-lhe o rosto, no mesmo momento em que Eva chegava com as compras em uma cesta que foi logo arrancada de sua mão e, ao tentar ajudá-la, ele foi estapeado novamente, levou pontapés e foi empurrado para a cozinha.

Os judeus estavam proibidos de ir à escola, o que ele considerava uma afronta desigual e acreditava que de fato todos queriam os judeus mergulhados no analfabetismo[38]. Em meados de junho, ao passar pela Wormser Strasse, um grupo de rapazes de bicicleta passou por ele, gritando: "Esse aí vai levar um tiro na nuca, eu aperto o gatilho... esse aí vai parar na forca – agiota." Mais um insulto para sua coleção.

No dia 30 de outubro de 1943, o casal mudou-se para a terceira casa de judeus na Zeughausstrasse. Os alertas de ataques aéreos já tinham se tornado frequentes desde o

---

37. Ibidem, p. 470-471.
38. Ibidem, p. 620.

ano anterior e buscavam por proteção nos abrigos antiaéreos. No entanto, até aquele momento da guerra, Dresden havia sido poupada.

Incomodava-se com os constantes insultos que sofria na rua e o que seus amigos também passavam. Um dia, estava caminhando até Katz, quando um homem mais velho deparou-se com ele e gritou: "Judas!" No corredor da assistência médica, ele era o único com a estrela. Ao andar por entre os bancos repletos de pessoas, ouviu um trabalhador dizer: "Deveriam dar-lhes uma injeção. Assim se acabaria com eles!" Ao sentar-se do lado de uma senhora, ouviu-lhe comentar que era uma maldade, aquele senhor deveria sentir na pele o que havia desejado a ele.

Klemperer escreveu que a guerra estava estagnada, as cidades alemãs estavam sendo destruídas dia e noite, mas que isso não era informado nos jornais. Neles, absolutamente tudo era escamoteado ou mencionado em um texto curto, estereotipado.

Uma notícia de uma rádio estrangeira dizia que quando os russos avançaram por Larusha, fronteira de Varsóvia, encontraram homens da ss em vias de fuzilar mil judeus, entre homens, mulheres e crianças. Os russos libertaram os judeus e puseram os homens da ss no paredão. Ele acreditava e muito nessa notícia, e na verdade todos se perguntavam quantos judeus ainda viveriam na Polônia.

Leu duas notícias seguidas no jornal sobre um ataque aéreo no campo de concentração de Auschwitz e sobre o campo de concentração de Buchenwald, perto de Weimar. Estavam entre os mortos os prisioneiros Thälmann e Breitscheid. Klemperer indagou-se sobre os acontecimentos, questionava sobre quem teria bombardeado Buchenwald, e se Thälmann e Breitscheid ainda viviam nessa ocasião ou se já estavam mortos antes do ataque.

Dresden já havia sofrido alguns ataques e escapara por pouco, porém, o pior ainda estava por vir. Os bombardeios que destruíram a cidade nos dias 13 e 14 de fevereiro são descritos por Klemperer nas páginas finais de seu diário junto à fuga do casal da cidade em chamas. Ele sabia que era necessário deixar a cidade para garantir sua sobrevivência e então o casal partiu para Pirna, na casa da amiga médica Annemarie Köhler, retornando apenas dias depois.

O ataque feroz a Dresden em 13 e 14 de fevereiro ganhou um lugar de destaque. As condições eram perfeitas para uma destruição aérea completa: tempo ideal para o lançamento de bombas, ausência quase absoluta de defesas antiaérea, falta de providências por parte da liderança nazista e até mesmo de abrigos razoáveis para a população, numa cidade sobrecarregada pela necessidade de acomodar milhares de refugiados, além de seus 640 mil habitantes[39].

∴

Sem dúvidas, Victor Klemperer representa uma voz que se fez ouvir diante de tantas outras caladas em um dos períodos mais nefastos da história da humanidade. Sabemos, no entanto, que a análise discutida aqui parte da visão de um indivíduo e por isso possui implicações e subjetividades que lhe são próprias. Ainda assim, seu olhar atento ao cotidiano é o que torna sua obra tão primorosa e essencial, longe de qualquer caráter generalista. Pode-se acompanhar, por exemplo, como a legislação antissemita impactou sua vida e também sua percepção daqueles que passavam pela mesma situação.

Ao longo de seus escritos, Klemperer buscou analisar o que ocorria à sua volta, pois sabia da magnitude do que estava vivendo e que precisava, de fato, registrar. Nos primeiros anos da ascensão do nazismo, Klemperer ainda mantém muito de sua rotina dentro da normalidade, o trabalho, a vida pessoal, mas, aos poucos, isso foi se alterando.

---

39. I. Kershaw, *Hitler: Um Perfil do Poder*, p. 283.

À luz de seus relatos, com a preocupação constante em "prestar testemunho" ou ainda dedicado à tarefa educacional que acreditava que esses escritos teriam para a posteridade, relatou tudo que o pode. Seus diários contribuem para a historiografia atual pois lançam novos olhares sobre a história da Schoá e daqueles que sobreviveram a ela, uma vez que Klemperer presenciou fatos tão importantes de um momento singular e pode, então, continuar seus escritos após ver sua cidade completamente devastada. Ele representa sob seu prisma o testemunho de um sobrevivente da catástrofe enquanto tantos outros foram silenciados.

Os diários de Klemperer denunciam a tirania, a violência e os abusos gerados por um Estado totalitário e as consequências infringidas aos judeus e outras minorias. Diante de seus escritos, esta pesquisa cumpre a tarefa de elevar a voz de Klemperer para ouvirmos seu testemunho e para que ela possa motivar historiadores e outros pesquisadores que porventura se interessem em conhecer mais sobre sua vida. Para além disso, ela se faz urgente e necessária quando ainda hoje inúmeros casos de intolerância estão presentes na mídia e no mundo, grupos extremistas instigam atos violentos, muitas vezes resultando em impunidade. Sua voz se torna essencial para que não nos esqueçamos de tempos tão sombrios.

5.
JOGOS DE ÓDIO E JOGOS CONTRA O ÓDIO

Robson Scarassati Bello

Introdução

O jogo é uma presença constante no mundo social, manifestando-se por meio de diversas formas, tais como as atividades lúdicas das crianças, a prática profissional dos esportes e, mais recentemente, os jogos eletrônicos. Embora alguns possam interpretá-lo apenas como um espaço de entretenimento superficial e descompromissado, ele desempenha muitas funções na vida humana, incluindo a busca pelo prazer em si, a redução do estresse e, em alguns casos, uma função educativa.

As atividades lúdicas, independentemente da forma como são praticadas, possuem um caráter antropológico que perpassa todas as épocas, culturas e idades. Essa característica pode ser observada especialmente em jogos de palavras, humor, imitação, em brinquedos e em diversas formas de recreação. Portanto, devido à sua amplitude histórica e conexão com o prazer e o divertimento, essas atividades também possuem implicações na construção das psicologias individuais e coletivas de uma sociedade. Sua historicidade pode ser identificada nas profundas transformações pelas quais as atividades lúdicas passaram ao longo do tempo e do espaço, refletindo diferentes ideias, valores e materialidades nas mais diversas culturas.

As brincadeiras, jogos, brinquedos e outras atividades lúdicas são também elementos fundamentais da memória coletiva e da estrutura social. Essas representações são transmitidas pela família e instituições de ensino, e as crianças tendem a imitar a fala e o comportamento dos adultos desde muito cedo. É por isso que as atividades lúdicas fazem parte da disputa pelas representações sociais e históricas, mesmo que isso não seja facilmente perceptível. Em outras palavras, diferentes grupos sociais praticam atividades lúdicas que perpetuam (ou, às vezes, interrompem e silenciam) valores e representações de acordo com suas circunstâncias materiais e perspectivas de mundo.

Walter Benjamin se interessou pela tensão existente entre a diversão e a reprodução das estruturas sociais. Em seus escritos sobre brinquedos e jogos, levantou um ponto interessante, ao afirmar que geralmente esses objetos são vistos como pertencentes ao universo infantil e que o ato de brincar é considerado uma mera imitação do mundo adulto. Entretanto, ele propôs uma inversão nessa perspectiva, sugerindo que os brinquedos e jogos são imposições do mundo adulto no mundo das crianças. Dessa forma, o lúdico seria responsável por transmitir visões de mundo, regras, ideias e mitos de uma geração para outra[1].

É necessário apontar que a questão lúdica não reside apenas na relação infantil. O adulto também brinca e o faz

---

1. Ver W. Benjamin, *Reflexões Sobre a Criança, o Brinquedo e a Educação*.

muitas vezes conectado a objetos e situações. Vale destacar que a partir dos anos 1970 a produção de brinquedos e jogos voltados para adultos se tornou algo comum e um mercado de crescente importância para a indústria cultural.

Aqui tratarei de dois tipos de jogos com um recorte especial: jogos que promulgam o ódio contra outros grupos sociais, como jogos neonazistas, racistas e misóginos, que pretendem dessensibilizar a perspectiva de jogadores em relação a minorias sociológicas, e incentivar a raiva e a objetifica ção opressora; e jogos que, ao invés disso, tentam tematizar e trabalhar formas de conscientizar ou problematizar estruturas opressivas. Nesse processo, comento também o caráter especial da representação da violência nos jogos, assunto sempre polêmico e que muitas vezes é tratado de forma superficial.

É importante apontar que a maioria dos jogos aqui descritos são feitos por produtoras e *game designers* "independentes", e não representam os jogos *mainstream*, que em sua maioria silenciam sobre o Holocausto, mesmo em narrativas que possuem nazistas. Alguns poucos jogos tematizam a escravidão e questões como misoginia e a homofobia, mas são raros.

Em primeiro lugar, é necessario estabelecer definições sobre a atividade lúdica, e as especificidades de como o jogo, diferente da literatura ou do cinema, representa e simula a realidade e o passado, de forma a articular uma narrativa, com um espaço estruturado por regras, e possibilidades de interação e jogabilidade.

Definições de Lúdico

Talvez o mais importante e influente teórico sobre o lúdico tenha sido o historiador e linguista holandês Johan Huizinga (1872-1945), que escreveu um verdadeiro tratado, apontando que o homem, mais do que político ou econômico, é um ser que também brinca, joga e se diverte, e que as raízes lúdicas estão na própria estruturação da cultura, mais do que serem um simples fenômeno cultural em si. Huizinga propõe uma série de definições, como o jogo ser um ato de liberdade, e voluntário. Criticando as perspectivas utilitárias que impõem uma utilidade ou necessidade para o jogo do ponto de vista biológico, psíquico ou social, o autor afirma que as pessoas brincam porque gostam de brincar, porque é uma importante parte da cultura.

Em meio à ascensão do nazifascismo e descontente com os rumos do século XX, Huizinga refletiu sobre a mudança na decadência do lúdico na década de 1930 e sua conclusão foi crítica e pessimista. Argumentou que, apesar da aparente expansão do lúdico na sociedade, evidenciada pela retomada dos Jogos Olímpicos e popularização do esporte, a transformação da diversão ocasional em profissionalismo (com a sistematização e regulamentação dos jogos) levou à perda do verdadeiro espírito lúdico. Essa aparente expansão, portanto, foi caracterizada pela ausência de espontaneidade e despreocupação, o que levou os amadores a se sentirem "inferiores".

Huizinga veio a insistir no *verdadeiro jogo* em oposição ao que ele chama de falso jogo presente no século XX. No verdadeiro jogo, é preciso que "o homem jogue como uma criança", sem isso, a atividade lúdica perde suas "qualidades essenciais". Essa diferenciação é aprofundada com a elaboração da distinção entre ludicidade e puerilidade. O puerilismo, para o historiador holandês, é o que definiria a "essa mistura de adolescência e barbárie que se tem vindo a estender pelo mundo no decorrer das últimas duas ou três décadas"[2].

Apesar de não nomear a quem se refere, seu inimigo era claro: os fascistas e os soviéticos. A ludicidade, por sua vez, seria caracterizada com as qualidades que ele procurou definir: livre, fora do mundo comum, prazerosa.

A atitude crítica geral em relação aos nazistas não passou despercebida. Em 1942, com a ocupação da cidade de

2. J. Huizinga, *Homos Ludens*, p. 146.

Leiden, Huizinga foi exilado e morreu três anos depois, pouco tempo antes da derrota alemã, ainda em exílio.

Nos anos 1950, o sociólogo francês Roger Caillois deu continuidade às reflexões do historiador holandês e procurou sofisticar algumas das definições. Ele propôs que existiam quatro tipos de jogos: de competição (*agon*), de sorte (*alea*), de imitação (*illinx*) e aqueles que mexem com sensações corporais (*vertigo*). Também propôs um espectro de compreensão em que havia atitudes lúdicas mais livres de regras (*paidia*), como as brincadeiras de crianças com areia ou caixas de brinquedo, e as mais codificadas (*ludus*). Assim como Huizinga, Caillois propôs não só entender os jogos, mas entender a sociedade a partir deles[3].

O uruguaio Gonzalo Frasca avançou na compreensão de como as mecânicas dos jogos e das representações são mutuamente articuladas e expressam discursos sociais. Frasca concebeu os jogos como produtos sociais e, assim, elencou três níveis presentes em sua estrutura formal: 1. o *playworld*, o nível semiótico, visual ou textual, onde estão as escolhas artísticas; 2. o nível das regras, no qual ocorre a distinção entre o que um jogador pode (*can*), ou não, fazer, deveria (*should*), ou não, fazer e deve (*must*), ou não, fazer. Essas regras definem o sistema de perdas e ganhos dentro do jogo e, por isso, orientam a progressão do jogador; 3. o nível do próprio jogar, o qual contempla a relação de negociação do jogador com as representações artísticas e as regras. Todos esses elementos se articulam no *gameworld*, o espaço audiovisual fundamentado por regras de jogo que dá suporte à ação dos jogadores sobre objetos e até mesmo sobre outros jogadores[4].

Devemos, portanto, entender, que a ideologia de qualquer jogo está inserida na articulação dessas camadas. Não basta simplesmente olhar o que está em tela audiovisualmente, mas sim compreender como a estrutura de

3. Ver R. Caillois, *Man, Play and Games*.
4. Ver G. Frasca, *Play the Message*.

regras codifica o espaço, e o que é permitido ao jogador fazer. Nesse sentido, essas camadas fornecem uma mecânica ideológica, que diz como o jogador deve agir dentro daquele mundo, o que ele deve fazer. Para citar um exemplo a tornar claro: na série *The Sims*, desde seu início, é permitido casamentos homossexuais, mas não casamento entre crianças. Esse recorte ideológico aponta que o jogo concebe como possível e positivo relações homoafetivas, mas nega relações com infantes.

Jogos de Ódio

Chamo de "jogos de ódio" aqueles que, em sua intenção narrativa, espacial e de jogabilidade, ideologicamente transmitem mensagens que visam ao jogador aderir a pontos de vistas racistas, misóginos, ou contra minorias em geral.

O primeiro exemplo a ser dado é *Juden Raus!* (Fora, Judeus!), que foi um jogo de tabuleiro criado por cidadãos nazistas para brincar com a ideia de deportação de judeus para fora da Alemanha, expressando assim, em um jogo, o quão enraizado estavam os valores antissemitas e racistas na população daquela época. De acordo com Bruchfeld e Levine, o jogo:

foi introduzido nos anos 1930 por um fabricante alemão como "muito divertido de jogar" para adultos e crianças. Os chapéus nas peças são do mesmo formato que os chapéus que os judeus eram forçados a usar durante a Idade Média, e caricaturas antissemitas podem ser vistas nos chapéus. Dentre outras coisas, é dito no tabuleiro "Se você conseguir mandar embora seis judeus, você conseguiu uma clara vitória"[5].

De acordo com Patricia Heberer, *Juden Raus!* foi baseado em um jogo chamado *Parcheesi*, e claramente procurava instigar sentimentos antissemitas em crianças. Diz ela

---

5. S. Bruchfeld; P. Levine, *Tell ye Children...*, p. 5.

também que, na maioria das edições, havia uma frase com os dizeres *Auf nach Palästina* (Para a Palestina), que era a política da época em que os nazistas encorajavam a emigração judia da Alemanha. E, aparentemente, o jogo vendeu muito bem em 1938, no ano que a política antissemita resultou na Kristallnacht (Noite dos Cristais)[6].

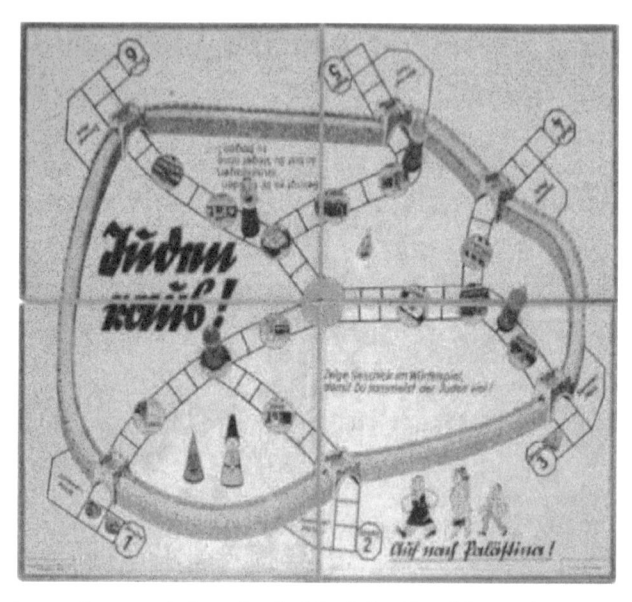

FIG. 1: *Imagem do jogo de tabuleiro* Juden Raus! (*c. 1936*).

Informam-nos Morris-Friedman e Schädler: "foi publicado na Alemanha durante o período do Terceiro Reich pela Günther & Co., em Dresden, e distribuído pela firma de Rudolf Fabricius em Bad Nausalza-Spremberg. Existem duas cópias do jogo. Uma está em exibição no Museum of Jewish Heritage em Nova York. A segunda cópia está na coleção do Institute of Contemporary History and Wiener Library, em Londres"[7].

6. Ver P. Heberer, *Children during Holocaust*.
7. Ver A. Morris-Friedman; U. Schädler, Juden Raus! (Jews Out!), *Board Games Studies*, n. 6.

Esses dois autores analisam em profundidade o jogo em seu artigo. O tabuleiro é feito com 50 x 60 cm, e possui treze círculos marcados com judeus estereotipados. Vários dizeres estão colocados, incentivando a sua deportação. O jogo é jogado com um dado, seis peões e 36 pequenos chapéus. Os jogadores devem coletar os chapéus e levar aos pontos de deportação, e não há qualquer simbolismo do Partido Nazista, como a suástica. Eles apontam a origem em outro jogo alemão, *Fang den Hut* (Capture o Chapéu), publicado por Otto Maier, em 1927. O cenário se passa em uma vila medieval[8].

Apesar da clara sintonia com os ideais nazistas, o jogo foi criticado em um artigo para um jornal da SS, *Das Schwarze Korps*, número 52, de dezembro, de 1938. O artigo diz que as intenções são boas, mas que o jogo não demonstra os verdadeiros crimes judeus, nem a resposta severa que Hermann Göring lhes deu. Enquanto caricatura, só faria mal a imagem dos nazistas internacionalmente. O artigo coloca que "'Fora, Judeus!' sim, é claro, mas também fora de caixas de brinquedo de nossas crianças, antes que levem ao terrível erro de que problemas políticos sejam resolvidos com dados."[9] Ou seja, para o colunista, o problema é que o jogo não era seriamente nazista e não lidava com os problemas da forma correta.

Juden Raus! claramente permite sustentar que mesmo em jogos há ideologia e que ela pode ser nefasta, mesmo quando seus símbolos e suas mecânicas são simples.

Mas ele não foi o último "jogo de ódio" a ser feito. Nas últimas décadas, alguns videogames produzidos retomaram ideologias racistas e com ênfase no ódio a minorias.

O primeiro jogo sobre o mito da fronteira, e possivelmente da própria história dos videogames, focado em representar graficamente a alteridade, em termos de gênero e de raça, foi *Custer's Revenge* (A Vingança de Custer,

---

8. Ibidem, p. 47.
9. Apud ibidem.

Mystique, 1982). Produzido para Atari 2600, o jogo chocou por ter como objetivo a realização da violência sexual contra uma personagem nativa americana. Em uma tela bidimensional, o jogador deve controlar o avatar do general George Armstrong Custer e atravessar uma tela fugindo de flechadas para então alcançar uma indígena do outro lado. Em seguida, o jogador deve pressionar repetidamente o botão de ação para penetrá-la com seu pênis, enquanto um *pixel* de lágrima sai dos olhos da mulher violentada (figura 4). A punição prevista pelas regras, caso o jogador fosse atingido por um ataque inimigo, era a perda de uma vida de jogo, cuja representação gráfica era a perda de ereção de Custer[10].

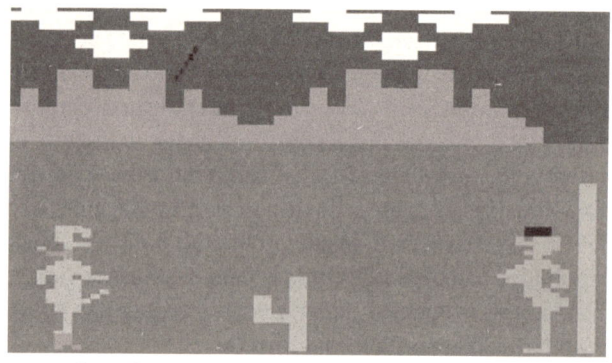

FIG. 2: Custer's Revenge.

A produtora Mystique, que já havia criado vários outros jogos pornográficos, convocou grupos de ativistas feministas e indígenas para fazer um *review* de *Custer's Revenge*. O resultado foi que esses grupos não só avaliaram mal o jogo, como também fizeram protestos expressivos. A produtora defendeu-se das críticas dizendo que seu objetivo era "entreter" o público dos games e que a personagem de Custer estava apenas "seduzindo" uma "donzela participante"[11].

10. Ver R.S. Bello, *O Playground do Passado*.
11. Ver D. Wise, Video-Pornography Games Cause Protest, *InfoWorld*, n. 7.

A aposta publicitária na polêmica tornou o jogo extremamente mal visto na indústria dos videogames (a produtora faliu no ano seguinte, graças ao *crash* da indústria em 1983). Ainda assim, o jogo vendeu oitenta mil cópias, o dobro dos outros jogos que Mystique havia lançado. Mesmo após ser retirado de circulação, muitas pessoas continuaram a procurá-lo toda vez que a polêmica ressurgia. Um *remake* não oficial chegou a ser feito em 2014, mas não obteve sucesso.

Apesar do repúdio de produtores e jornalistas, *Custer's Revenge* logrou alcançar um *cult following* de extrema direita. Por isso, é interessante observar *Custer's Revenge* como um momento de verdade, um fenômeno que desmascara e torna explícito os fundamentos da ideologia. Aparece como reação conservadora às práticas que "desmasculinizam" a figura do general Custer e o papel do *cowboy* na ideologia estadunidense. Ademais, o jogo foi publicado no contexto do governo Reagan, o qual resgatou as forças do mito do Oeste para legitimar uma agenda cultural conservadora. Muitos jogos de *western,* colocaram os indígenas no lugar de selvagens barbáros estereotipados que deveriam ser eliminados pelo jogador cowboy[12].

Quase duas décadas mais tarde, em 2003, *Ethnic Cleansing* (Limpeza Étnica) resgatou o antisemitismo e racismo de cunho nazista e o elevou a uma outra potência, com gráficos tridimensionais e realistas, ainda que de pobre qualidade ao que era feito então (figura 5). O jogo foi publicado pela Resistance Records, também responsável por distribuir músicas "white power", ligada ao grupo neonazista estadunidense "National Alliance". O jogador é colocado no papel de um membro da Ku Klux Klan ou de um *skinhead*, e o objetivo é matar, em primeira pessoa, negros, latinos e judeus. O ex-primeiro ministro de Israel, Ariel Sharon, é um dos inimigos finais e diz coisas como "Destruímos sua cultura"[13].

---

12. Ver R.S. Bello, op. cit.
13. Ver E. Gibson, Racists Launch PC Game, *Eurogamer*.

No *site* da Resistance Records o seguinte discurso podia ser encontrado: "A *Race War* (Guerra das Raças) começou. Sua pele é seu uniforme nessa batalha pela sobrevivência do seu tipo. A raça branca depende de você para garantir sua existência. Os inimigos de seu povo o cercam em um mar de decadência e sujeira que eles trouxeram a sua nação um dia limpa e branca. Nem um de seus números será poupado."[14]

A Anti-Defamation League dos Estados Unidos disponibilizou um texto alertando sobre o jogo, onde descreve os estereótipos racistas e critica como os neonazistas indulgem nesses espaços virtuais suas próprias fantasias. Aponta que esse jogo não é o único assim, e Gerhard Lauck, de Nebraska, tinha um *site* repleto de "entretenimento" antissemita[15]. Anteriormente, a associação já havia publicado um texto sobre a proliferação de jogos que alvejavam jovens na internet. Baseado na *World Church of Creator*, liderada pelo racista Matt Hale, um *site* com conteúdo de "comédia" explorava jogos com administração de campos de concentração, e versões modificadas de *Escape from Castle Wolfenstein* (um jogo para matar nazistas), onde se matava negros[16].

FIG. 3: Ethnic Cleansing – *atirando em duas pessoas negras.*

14. Ver Ethnic Cleansing, *Resistance Records*.
15. Ver Anti-Defamation League, Racist Groups Use Computer Gaming to Promote Hate.
16. Ver Anti-Defamation League, ADL Report.

Nos anos 1990 até os 2000, uma série de versões de jogos chamado *KZ Manager* simulavam campos de concentração, tortura e assassinatos de judeus, negros e ciganos. De acordo com um artigo de 1991 de Linda Rohrbough, o ganhador de um desses *KZ Manager* possuía imagens de tortura humana, e o vencedor podia virar um oficial da Gestapo, com um prisioneiro torturado, sangrando ao fundo. Ela também aponta outros jogos que existiam então, como um chamado *Aryan Test* e, curiosamente, *Bruce Lee*[17]. Há uma miríade de outros jogos, como o neonazista *Purging Germany*[18]. Ainda em 1991, um artigo apontava como muitos desses jogos, como o "Anti-Turk Test", criado pela companhia Hitler & Hess era distribuída por "e-mail eletrônico, vendas debaixo da mesa, boca-a-boca e pacotes escondidos em prateleiras"[19].

Em 2006, um jogo antissemita chamado *Zog's Massacre* foi lançado, onde "Zog" quer dizer *zionist ocuppied government* (governo ocupado por sionistas), em uma clara reedição dos mitos conspiratórios de controle judaico. *Muslim Massacre* (Massacre Muçulmano) foi um jogo de 2007, portanto após o 11 de Setembro de 2001, período que exacerbou a islamofobia, no qual um homem branco deveria massacrar muçulmanos com metralhadoras e lança-foguetes, tendo sido adotado por muitos neonazistas e simpatizantes[20].

Os lançamentos desses jogos de ódio não se restringiram ao começo da década de 2000, eles continuam, mesmo disfarçados. Em 2017, um jogo chamado *Feminazi: The Trigger* (Feminazi: O Gatilho) "satirizou" a luta feminista e de minorias. Em 2018, durante a eleição presidencial que teve Jair Bolsonaro como vencedor, um jogo chamado *Bolsomito 2k18* colocava o então candidato matando minorias: "Nas

17. Ver L. Rohrbough, Racist Computer Games Distributed by Nazis, *Newsbyte News Network*.
18. Ver S. Egenfeldt; J.H. Smith; S.P. Tosca, *Understanding Videogames*.
19. Ver J. Antzack, Neo-Nazi Video Games Circulating in Austria, Germany, Holocaust Center Says, *Ap News*.
20. Ver R. Khosravi, Neo-Nazis Are Making Their Own Video Games, *Mic*.

artes e nos *trailers* disponibilizados à comunidade *gamer* (como são chamados dos jogadores), é possível observar que os inimigos no jogo são variados: vão desde militantes do MST (Movimento dos Trabalhadores Rurais Sem Terra) a feministas, integrantes da comunidade LGBTQIA+, *black blocs*, políticos de esquerda e outros."[21]

Em 2019, *Jesus Strikes Back: Judgment Day* (Jesus Contra-Ataca: Dia do Julgamento), permitiu aos jogadores estarem ao lado de Hitler e Mussolini e escolherem dentre diversos protagonistas, incluindo Brenton Tarrant, que massacrou pessoas na Nova Zelândia. O jogo teve um *remaster* e uma continuação, continua a venda, e se diz "satírico".

Em 2022, foi lançado um jogo hiper-realista de tiro em primeira pessoa chamado *Maroon Berets: 2030* (Boinas Marrons: 2030), uma ficção científica que coloca turcos massacrando armênios, em absoluto desprezo ao genocídio armênio do século passado. Em um relatório de 2021 para a Comissão Europeia, apontou-se como há uma intersecção constante entre alguns jogos eletrônicos e extremismo violento de jihadistas, extremistas de ultradireita e grupos étnico-nacionalistas[22]. E não só jogos feitos com esse intento foram vítimas de extremismo: tomemos o caso da plataforma de criação de jogos infantis *Roblox*, que se tornou um lugar de discursos de ódio e neonazistas, uma vez que a plataforma acabou permitindo práticas nazistas e escravistas dentro do ambiente de jogo[23]. De fato, está além do escopo deste pequeno texto abordar as inúmeras modificações (chamados popularmente de *mods*) que alteram jogos e impõem uma visão de ódio neles. Um caso conhecido é como a produtora Paradox teve que proibir em *Stellaris* que a espécie humana fosse só representada por brancos (no jogo original ela é diversa) em um desses *mods*.

---

21. Ver L. Coelho, Empresa Desenvolve Jogo em Que o "Mito" Ganha Pontos ao Matar Minorias, *Pragmatismo Político*.
22. Ver S. Lakhani, *Video Gaming and (Violent) Extremism*.
23. Ver C. D'Anastasio, How Roblox Became a Playground for Virtual Fascists, *Wired*, 10 Jun. 2021.

Muitos desses jogos ou modificações de jogos se defendem da acusação de serem considerados jogos de ódio afirmando serem sátiras, desconstruções, ficções, ou mesmo tomando emprestado a ideia de serem "só um jogo". Não obstante, reproduzem, lucram e incentivam o pensamento estereotipado, racista, misógino e promovem o poder opressor estabelecido. Muitos têm função de radicalização e recrutamento. Robinson e Whittaker apontam que podem ser entendidos como fontes de propaganda que reforçam e normalizam as motivações das pessoas que já são simpatizantes a organizações radicais[24].

Dentre os vários games demonstrados até aqui, a grande maioria foi criada por produtores pequenos e independentes, que não estão sujeitos a lógica da grande indústria, e portanto não são responsabilizados da mesma forma. No entanto, seria injusto se não comentássemos sobre jogos *mainstream* que também rentabilizam em cima de imagens e jogabilidades de ódio ou simplesmente banalizam a violência social.

Um desses exemplos é *Call of Duty: Black Ops* (figura 6), de 2010, cuja história ocorre após os eventos da Revolução Cubana, e o jogador deve assassinar Fidel Castro. Após exterminar uma legião de soldados cubanos para chegar nele, os jogadores matam seu sósia, mas com uma cena particularmente sangrenta. O *Cubadebate*, importante *site* da imprensa cubana, que discute o "terrorismo midiático" contra o país, fez uma fervorosa crítica a respeito tão logo o jogo saiu: "A lógica deste novo videogame é duplamente perversa: por um lado, glorifica os atentados que, de maneira ilegal, o governo dos Estados Unidos planejou contra o líder cubano – Fidel sobreviveu a mais de 600 – e, por outro, estimula atitudes sociopatas de crianças e adolescentes estadunidenses, principais consumidores desses jogos virtuais."[25]

---

24. Ver N. Robinson; J. Whittaker, Playing for Hate?, *Studies in Conflict & Terrorism*.
25. Ver Nueva Operacion contra Cuba, *Cubadebate*.

FIG. 4: *Sósia de Fidel Castro sendo acertado com um tiro no rosto.*

Jogos e Violência

Jogos como os da série *Grand Theft Auto* costumariamente permitem chacinas de grupos criminosos étnicos uns contra os outros. De fato, jogos que incluem atitudes violentas de seres humanos contra seres humanos, com detalhes realistas, são muito comuns. Mas devemos tomar cuidado em não colocar tudo no mesmo pacote.

É possível que seja necessário afirmar o que é evidente, ou seja, que a violência nos jogos eletrônicos não é uma forma de violência no sentido que normalmente entendemos: um ato que causa danos físicos e psicológicos a uma pessoa real, que pode ser ferida física ou emocionalmente. Na indústria cultural em geral, e nos videogames em particular, a violência é apresentada de forma estética, espetacular e fetichizada. Ela é separada das causas sociais que levam à violência e, portanto, perde seu significado, tornando-se uma forma de espetáculo. A obsessão e o interesse da sociedade pela estética da violência ainda não são completamente compreendidos, mas indicam uma tendência bárbara de tratar o outro não como um adversário em uma competição, mas como um inimigo a ser eliminado.

A dimensão lúdica presente nesses jogos não só representa a violência simbólica, mas também inclui um elemento de simulação que coloca o jogador no papel de um agente violento. Esse aspecto lúdico permite que impulsos violentos sejam liberados em um ambiente controlado, ao mesmo tempo que reforça a presença da violência no imaginário e no comportamento do jogador. Segundo os conceitos de Caillois, é possível afirmar que a dimensão lúdica desses jogos se baseia na imitação do mito do passado, uma vez que exige que o jogador controle os movimentos das mãos e projete-se na tela por meio do avatar, valorizando a competição contra o adversário.

Não vou me aprofundar no extenso e controverso debate sobre a relação entre videogames e violência na sociedade. Existem várias pesquisas que tentam provar ou refutar se a violência retratada nos jogos eletrônicos influencia os jogadores jovens a se tornarem mais violentos ou se os jogos são apenas um "reflexo" da violência da realidade e uma criação de setores conservadores que buscam um único bode expiatório. Parece evidente que esses jogos oferecem um espaço controlado para liberar emoções e aliviar certas tensões e agressividades do indivíduo de maneira repetitiva. Existe uma ambiguidade em relação à medida que esses jogos influenciam e estimulam a agressividade ou funcionam como um espaço limitado para realizar fantasias de poder[26].

Interessa aqui, sobretudo, a representação e simulação da violência. Isto é, de quais formas um videogame coloca o jogador no papel de reencenar e jogar com as possibilidades de efetuação de uma violência simbólica sobre Outros simbólicos representados gráfica e narrativamente.

Destacar que muitos jogos são violentos é uma observação superficial e pouco significativa. A violência retratada nos jogos eletrônicos é sempre enquadrada em um propósito e uma razão ideológica, que a critica ou justifica. Seja a violência física, psicológica, civilizacional ou simbólica, ela é sempre direcionada a um Outro que é o alvo do ato violento.

---

26. Ver J. Bailes, *Ideology and Virtual City*.

O jogador que a exerce não o faz direcionando a outro ser humano ou ser vivo, de carne e osso, mas sim a um avatar, um objeto inanimado, que não possui materialidade física, nem sentimentos. Nesse sentido, é análogo, por exemplo, à brincadeira infantil de bater em um "João bobo", que recebe o impacto e regressa ao lugar original para que possa ser acertado de novo. Contudo, o ato de bater em um objeto inanimado não está desvinculado de práticas simbólicas e rituais, em que dado objeto representa uma pessoa ou um grupo. A "malhação de Judas" é um ato expiatório que mobiliza massas de pessoas dentro da cristandade para bater e queimar um boneco que representa o "judeu traidor", que é alvo da fúria coletiva, como se fosse possível punir e castigar aquele que trouxe o Mal para Cristo. Não obstante, a prática da "malhação" refere-se a um imaginário que alguns autores analisam como símbolo do antissemitismo[27]. Se é possível auferir uma "função social", essa é a de descarregar frustrações e raivas que consistentemente estão vinculadas a uma prática social – a punição física do "criminoso" – e a um imaginário religioso.

O símbolo ideológico tem sua função, que é a de contextualizar a ação. É relevante enfatizar que a violência retratada nos videogames não é resolvida apenas na tela, uma vez que há outros fatores que podem contribuir para a forma como o indivíduo encara a convivência com o outro, seja como adversário em uma competição ou como um inimigo a ser eliminado.

Jogos Contra o Ódio

Chamamos de jogos que problematizam as opressões, em oposto aos jogos de ódio, os que tentam simular situações opressoras de modo a explicitar suas mecânicas e suas ideologias.

27. Ver M.L.T. Carneiro, *Dez Mitos Sobre os Judeus.*

Nos anos 1970, o rabino Raymond Zwerin realizou a primeira tentativa de simular o horror do Holocausto com fins de aprendizagem através da empatia. Ele chamou o jogo de *Gestapo Simulation Game* (Jogo Simulação da Gestapo). Dizia ele que os métodos educacionais eram antigos e antiquados e a nova pedagogia exigia novas abordagens. Thomas D. Fallace discute que os jogos do Holocausto, e o jogo do rabino Zwerin, foram e são polêmicos sobretudo pela questão e os debates – que estavam muito em voga sobretudo nos anos 1970 – sobre a singularidade do evento, que pode ter conotações e interpretações metafísicas, históricas e de definição. Deve o Holocausto ser considerado um evento particular dos judeus, ou seu horror é passível de acometer qualquer ser humano?[28]

Em resposta ao experimento lúdico de Raymond Zwerin, o United States Holocaust Memorial Museum emitiu a seguinte nota, repudiando as tentativas de simular o Holocausto:

No estudo de comportamentos humanos complexos, alguns professores dependem de exercícios de simulação com a intenção de preparar os estudantes para "experienciar" situações não familiares. Mesmo quando grande cuidado é tomado para preparar uma classe para tal atividade, simular experiências vindas do Holocausto continua pedagogicamente falho. A atividade pode engajar estudantes, mas eles comumente esquecem o propósito da lição, e ainda pior, ficam com a impressão de que agora eles sabem como era sofrer ou mesmo participar do Holocausto. É melhor procurar fontes primárias, prover testemunhos de sobreviventes, e não fazer simulações ou jogos que levam a uma trivialização do assunto.

Apesar disso, simulações ou tentativas de usar simulações e elementos lúdicos continuaram a ser feitos, de formas mais ou menos sofisticadas e sensíveis. Contra a ideia de que a simulação é uma forma de trivializar, ou mesmo negar o Holocausto – como disseram alguns autores –, Simone Schweber dedicou um artigo a descrever

---

28. Ver T.D. Fallace, Playing Holocaust, *Teachers College Record*, n. 12.

a reinterpretação de uma professora do *Gestapo Simulation Game* em sala de aula nos anos 2000. Ela defendeu que há tanto simulações destrutivas quanto poderosas em potencial para a aquisição de empatia[29].

Em 2009, uma *game designer* chamada Brenda Braithwaite (hoje Brenda Romero) criou um jogo de tabuleiro chamado *Train*. Nele, os jogadores deveriam seguir as seguintes regras: carregar bonequinhos amarelos em trens e os conduzir até um destino final. Em determinado ponto do jogo, os jogadores recebiam uma carta que o destino seria Auschwitz. Então, a *game designer* perguntaria duas questões: "As pessoas seguirão cegamente as regras?" e "As pessoas vão ficar paradas e só assistir?"[30]

Uma espécie de intervenção artística de um projeto que Romero chamou de "The Mechanic is the Message" (A Mecânica é a Mensagem), a ideia é ensinar como as regras dos jogos possuem ideologia, e como, nesse caso, as regras conduziam os jogadores a não questionar o que foram mandados a fazer. No paralelo com os trens da Solução Final para Auschwitz, a crítica é explícita: foram pessoas que seguiram ordens, sem questioná-las. Faríamos o mesmo hoje?

Em discussões pela internet, alguns discordaram da *game designer* com a ideia de que "é só um jogo", não uma ação no mundo real, então, portanto, as consequências a quaisquer decisões, incluindo seguir regras e comandos, não teriam tanto peso assim.

Outros criticaram Romero por um problema ideológico da mecânica em si. Os jogadores são "enganados" a não saberem que o trem vai para Auschwitz. Mas os criminosos nazistas sabiam muito bem para onde e para o que levavam os judeus.

Sintetizam-se assim duas disputas. A primeira é se o jogo é ou não sério, pode ou não trazer reflexões sobre

---

29. Ver S. Schweber, Simulating Survival, *Curriculum Inquiry*, n. 2.
30. Ver J. Brophy-Warren, The Board Game No One Wants to Play More Than Once, *The Wall Street Journal*, 24 Jun 2009.

o mundo. A segunda é se, na seriedade do jogo *Train*, o fascista é aquele que obedece sem pensar e questionar, ou aquele que, sabendo, faz assim mesmo.

Outro jogo, do estúdio Role Playing Game, este comercialmente vendido, que tratou de tentar trabalhar o tema do Holocausto é *Rosenstrasse* (2022), que simula a histórica revolta de mulheres "arianas", em 1943, que protestaram pelas condições de seus maridos judeus – mais de 1500 foram soltos. É um jogo feito para de dois a quatro jogadores com um narrador e o uso de cartas. Os jogadores são colocados no controle do esposo e da esposa e o objetivo é a criação de empatia através da imersão na participação do cenário[31].

Nem todos os jogos, no entanto, têm a mesma sensibilidade, ou são bem-sucedidos em suas representações. Muito criticado, o RPG *Charnel Houses of Europe: The Shoah* (Casas Sepulcrais da Europa: A Schoá), de 1997, apresentou um mundo de fantasia dentro do universo de *Wraith: The Oblivion* (Cólera: O Esquecimento), publicado pela Black Dog e a White Wolf. Nesse jogo, os espíritos dos mortos pelo Holocausto assombram os campos de concentração. A recepção foi bastante negativa em alguns círculos, mas alguns participantes valorizaram o esforço.

No tocante aos videogames, poucos jogos foram produzidos sobre o Holocauto. Isso se deve, claramente, ao custo monetário e moral do dilema ético de simular o Holocausto em uma plataforma virtual. Dentre eles, *Attentat 1942* (figura 7) simula a tentativa de entrevistar sobreviventes e residentes da República Tcheca que estiveram presentes no Holocausto, a fim de descobrir o mistério sobre o desaparecimento do avô da personagem preso pela Gestapo, após o assassinato de Reinhard Heydrich, em 1942. Outros videogames estavam ou estão em produção sobre a questão do Holocausto e incluem *Imagination is The Only Escape* (Imaginação é a Única Saída) e *The Light in the Darkness* (A Luz nas Trevas).

---

31. Ver J. Hammer; M. Turkington, Rosenstrasse, *Association for Jewish Studies*.

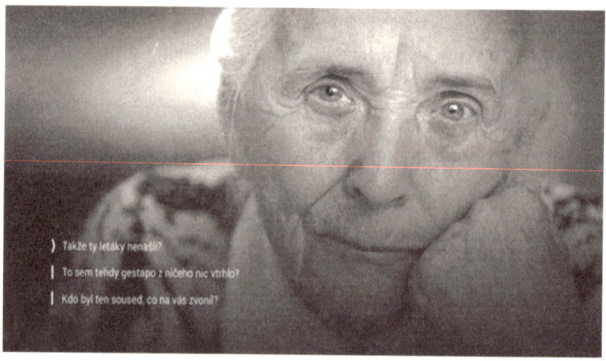

FIG. 5: *Attentat 1942.*

Outros Jogos Que Discutem a Opressão em Sua Narrativa e Jogabilidade

Muitos videogames colocaram o jogador no papel de um soldado contra os nazistas, como é o caso do clássico *Wolfenstein 3D*, provavelmente o jogo tiro em primeira pessoa que inaugura esse tipo de narrativa. Mas esses jogos não problematizam a violência, e sim criam massas de inimigos do outro lado a serem exterminados, incentivando e dessensibilizando, de fato, o ato de matar. No entanto, sobretudo nos últimos anos, graças ao desenvolvimento tecnológico e a tomada de consciência do papel narrativo dos jogos, alguns videogames vêm tratando do assunto das opressões com alguma sensibilidade.

Um desses jogos é *1979: Black Revolution* (1979: Revolução Negra, 2016), que coloca o jogador no papel de um fotojornalista em meio aos eventos da Revolução Iraniana em 1979. Já inicialmente a personagem deve tomar decisões enquanto a polícia chega em sua casa, e posteriormente o leva para questionamento, e mesmo tortura. O jogador participa de diferentes eventos, incluindo protestos e deve acabar participando de uma simulação do período. O jogo acaba, assim, problematizando criticamente a ditadura militar e as ações do estado iraniano em meio aos tempos tulmutuosos.

Uma das especificidades dos jogos eletrônicos, e dos jogos em geral, é que a mensagem, a ideologia, está presente não somente em sua narrativa contada audiovisualmente, mas também na forma pelas quais a estrutura, as mecânicas de jogo se articulam com as possibilidades de como o jogador pode interagir.

Apesar de narrativamente mais simples que *1979: Black Revolution*, o videogame *We: The Revolution* (Nós: A Revolução, 2019) coloca o jogador no papel de um juiz em meio ao Terror da Revolução Francesa (1793-1794), período revolucionário em que execuções aconteciam apressadamente e com julgamentos muitas vezes duvidosos. Como um juiz, o jogador deve tomar contato com os crimes, ou supostos crimes, em sua corte, e dar um veredito. No entanto, toda vez que faz isso, ele pontua agradando e desagradando três setores: a população, a aristocracia ou os revolucionários. Se o jogador desagradar demais um dos setores, ele é assassinado e perde o jogo. Chega um momento, portanto, que o jogador fica mais preocupado em fazer as manutenções das aparências para se manter vivo do que efetivamente julgar de modo correto. Nesse sentido, a mensagem do jogo, através de suas mecânicas, é simular como os julgamentos se tornaram políticos e muitas vezes colocavam a vida do juiz em risco.

Nem todos os jogos trabalham com cenários históricos reais, e muitas vezes ficcionalizam o espaço-tempo, sem deixar de, assim, trabalhar com opressões do passado. *Papers, Please* (Documentos, Por Favor, 2013; figura 8) ficcionaliza um estado autoritário do Leste Europeu e coloca o jogador no papel de um burocrata de fronteira, que deve aprovar ou não o visto de entrada de diferentes indivíduos, analisando sua documentação e observando se ela está de acordo com os ditames do Estado. Falhar em fazê-lo, por exemplo, permitindo imigrantes ilegais, resulta em multas e eventualmente em apreensão pelo governo. No início, essa tarefa para o jogador é razoavelmente simples, e ele deve verificar se os documentos de identidade conferem, se as fotos dos indivíduos batem com seus rostos etc. Por certo, a tarefa vai se tornando mais complicada, já que o Estado começa a entrar em guerra com outros países, e a exigir elaborados vistos de trabalho e de saúde. Se no começo o jogador podia ouvir os suplícios de cada indivíduo, ao término ele se torna uma máquina burocrática de ver documentos. Assim, *Papers, Please* problematiza, de uma forma possível apenas nos jogos, o processo de desumanização da máquina burocrática.

Um último exemplo, *This War of Mine* (Esta Minha Guerra, 2014) foi inspirado na experiência pessoal do criador no Cerco de Sarajevo (1992-1996) e é um jogo de sobrevivência (*survival*). O jogador deve controlar uma ou mais personagens e buscar alimentos, remédios, armas e ferramentas para que ela possa sobreviver em meio aos bombardeios. É um jogo triste e que depende de ferramentas do drama, já que muitas das personagens ficam doentes e podem vir a falecer, além da representação das dificuldades que seria sobreviver a um evento opressor como esse.

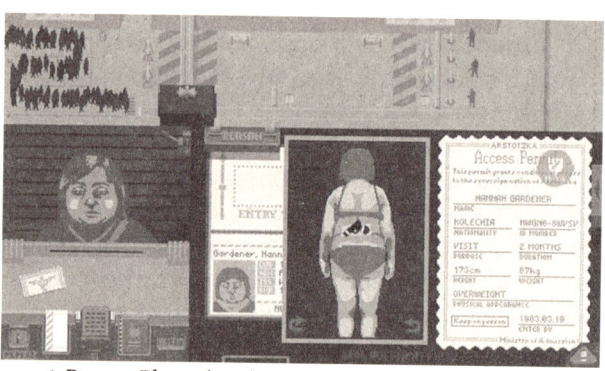

FIG. 6: Papers, Please (2013).

■ ■

Jogos e brincadeiras são como outras áreas da cultura humana, e podem expressar diferentes valores e ideologias, e não são, necessariamente, nocivos ou positivos, mas possuem particularidades próprias, sobretudo em como suas mensagens são passadas e na forma de adesão ao ponto de vista dos criadores.

Como outras obras culturais, jogos são mercadorias de memória, ou seja, constituem uma memória cultural sobre o passado e sobre a realidade, cujos valores podem ser passados de geração em geração. Como são mercadorias, opera-se uma fetichização da violência estetizada e espetacularizada.

O clássico espectador, que lia obras literárias ou assistia filmes, e reinterpretava-os internamente vem dando lugar ao "participante", um novo constructo ideológico que coloca o consumidor no papel de interagir ativamente com a narrativa – e as regras propostas. O jogador é o protagonista e possui uma conexão lúdica e pessoal com o que está colocado no tabuleiro ou em tela. Os avatares virtuais realizam um processo de identificação quase completa com o jogador. Sem dúvida, o processo é ainda mais completo nos videogames, nos quais a tragédia e os dramas das personagens dão contexto e sentido para sua manipulação pelo jogador, de modo que o processo de identificação pressupõe a adoção e identificação com as memórias sobre a personagem e seu mundo.

É nesse sentido que podemos entender o perigo não só da produção dos jogos de ódio como expressão cultural de uma mentalidade tórrida sobre o mundo, mas também da própria circulação e do consumo desses jogos, como potencialmente danosos à consciência coletiva de muitos jovens e adultos, que veem suas fantasias de poder realizadas no ambiente virtual.

Mesmo que sejam poucos em quantidade e visibilidade, reduzidos a nichos de pessoas já propensas às representações fascistas, milhares de jogos mais *mainstream* operam sobre a lógica do amigo/inimigo e colocam jogadores na posição de exterminar massas de pessoas – ou "monstros" – do outro lado. Há, de fato, todo um fetiche com armas autênticas e reais, ou possíveis ficcionalmente, que informa muito dessa cultura.

É insólita a tentativa de banir ou escandalizar-se com a violência desses jogos, uma vez que não só possuem eles já uma base muito bem consolidada de consumidores pelo mundo, mas também porque ainda está em debate o quanto dessas representações funcionam como um escape de suas fantasias de poder.

Além disso, ainda que se tome a posição de execrar tais jogos, como tentei demonstrar, há um certo número de jogos que especificamente tenta problematizar a violência social, não espetacularizada, na forma de suas narrativas, seus espaços codificados e suas possibilidades de jogar, como *This War of Mine*.

No centro dessa produção de jogos existe uma luta de representações, uma luta ideológica pelos corações e mentes dos jogadores. É necessário, mais do que o "aviso" sobre os jogos de ódio, ou a recomendação de jogos que questionam o ódio, a problematização constante e o uso de ferramentas educacionais adequadas para transmitir aos jovens jogadores um instrumentário ao menos básico para que eles saibam o que estão jogando e como são construídas essas representações.

HUMOR COM GOSTO DE ÓDIO

6.
HUMOR E ÓDIO
NA ESFERA PÚBLICA DIGITAL

Elias Thomé Saliba

> *Do reino dos céus, os abençoados verão*
> *as punições dos condenados, para que a*
> *felicidade deles seja muito maior.*
>
> TOMÁS DE AQUINO,
> Summa Theologiae (*1265-1274*).

Quando em 14 de junho de 2007, Beppe Grillo, um conhecido comediante italiano, abandonou a TV e lançou, através do seu blog, o Dia V, "Dia do Vacanfullo" (Dia do Vá se F.) esboçando uma provocação ao público feita de puro folclore humorístico, acabou por inaugurar, de forma surpreendente, um movimento político que utilizou-se do humor nas redes sociais, para alavancar e arregimentar eleitores em torno de suas bandeiras populistas e antidemocráticas. A partir daí, é que surgiu o Movimento Cinco Estrelas (M5S), que se tornou uma espécie de paradigma de uma nova forma (rebaixada, claro) de fazer política utilizando as ferramentas do meio digital para criar e incrementar um movimento de populismo direitista, cuja principal bandeira foi uma pregação fortemente contrária à democracia participativa. Tal exemplo serve apenas para iniciar nossa reflexão partindo de uma das características mais salientes de movimentos como este, ou seja, a apropriação do humor, em todas as suas formas, pelos elementos mais conservadores e intolerantes, através de "influenciadores" do mundo digital dos mais diversos tipos que atuam principalmente nas redes sociais.

O uso de tiradas humorísticas e cínicas nas mensagens destinadas a captar e viralizar entre o público pelo referido Movimento Cinco Estrelas, chegou a ser comparado por um autor a um certo tipo de carnaval[1], o que, de certa forma, procede: no carnaval – pelo menos naquele descrito pela obra clássica de Bakhtin, *A Cultura Popular na Idade Média e no Renascimento* – não há lugar para o espectador e de forma claramente indistinta, cada um se torna ator, meio polichinelo, bufão ou arlequim. O escárnio acaba sendo, desde então, a ferramenta mais eficiente (no mau sentido, no caso do movimento de direita) para dissolver as hierarquias. Nas mensagens viralizadas pela turma de Beppe Grillo, a opinião do primeiro que passa vale tanto quanto, ou talvez mais, que a do *expert*. Com uma diferença: a máscara coletiva se mudou para a internet, universo no qual o anonimato tem o mesmo efeito de desinibição que, tempos atrás, nascia no momento de se vestir uma fantasia. Os chamados *trolls* são assim, os novos polichinelos, que jogam gasolina no fogo libertador do carnaval populista.

Nesse clima, não há nada mais inconveniente que interpretar o papel do *espírito de porco*: seja o *fact-checher*

---

1. G. Da Empoli, *Os Engenheiros do Caos*, p. 18.

(checador de fatos), que demonstra o erro com caneta de marcador vermelha, ou mesmo o progressista com a sobrancelha elevada de indignação contra a vulgaridade dos novos bárbaros. Alfineta o jornalista britânico Milo Yiannopoulos, um dos mais notáveis *blogueiros* da *alt-right* estadunidense: "É por isso que a esquerda é tão infeliz, ela não tem a menor tendência à comédia e à celebração." Por trás do aparente absurdo das *fake news* e das teorias da conspiração, oculta-se uma lógica bastante sólida de que as verdades alternativas da comédia e da sátira não são apenas um instrumento de comunicação, mas um formidável vetor de coesão. Descreveu cinicamente Mencius Moldbug – pseudônimo de Curtis Guy Yarvin –, outro conhecido blogueiro da direita alternativa estadunidense: "Por vários ângulos, o absurdo é uma ferramenta organizacional mais eficaz do que a verdade. Qualquer um pode crer na verdade, enquanto acreditar no absurdo é uma real demonstração de lealdade – que pode até mesmo criar um uniforme e até um exército."[2]

Com esses exemplos, lamentavelmente radicais de uso do humor, com os quais iniciamos nossa reflexão sobre o tema, gostaríamos apenas de ressaltar o forte e crescente impacto do universo digital sobre as relações entre o humor e o ódio. Parece que, afinal, chegamos, como previa Gilles Lipovetsky nas décadas finais do século passado, ao estágio das "sociedades humorísticas". Como tais sociedades perderam a capacidade coletiva de distinguir os limites para o exercício da tolerância nas produções humorísticas também é uma questão que aparecerá nos argumentos que apresentaremos mais adiante. Até que ponto nossas sociedades, impactadas com esse fenômeno da hipermediatização, mostram-se ainda capazes de perceber as modalidades mais sofisticadas de humor, tais como a ironia, a alusão indireta, a autoderrisão ou o estranhamento, que exigem um contexto de duração e lentidão

---

2. Ibidem.

intrínsecas, quase sempre incompatíveis com a velocidade e a voragem do cômico produzido ou difundido pela internet? Noutros termos, nesse turbilhão digital, como as sociedades podem distinguir entre um tipo francamente degenerado de comédia e um humor verdadeiramente emancipatório?

De qualquer forma, o humor entrou na moda: rimos de tudo, rimos cada vez mais e isso mostra que o humor é uma espécie em extinção. Eis um dos muitos paradoxos de nossa época: os códigos humorísticos se disseminaram tanto que não sabemos mais definir o que é o humor. Trivializado pela embriaguez dos refletores, pela ligeireza do *slogan* ou pelos clichês no Twitter (hoje X) – nesta era de divertimento acelerado –, o humor firmou-se na base da extravagância. Décadas atrás, o mesmo Lipovetsky já nos advertia: quanto mais humorísticas se tornam nossas sociedades mais elas manifestam o seu medo pela extinção do riso[3]. Já George Minois chegou a sugerir que "o riso foi o ópio do século XX. [...] Essa doce droga permitiu a humanidade sobreviver às suas vergonhas. [...] Não é um riso de alegria, parece mais o riso forçado da criança que tem medo do escuro"[4].

Hoje o humor – aliás, como quaisquer outros tipos de informações virtuais – alcança uma divulgação instantânea, abrangente e viral em centenas de *sites*, *blogs*, no Twitter, redes sociais etc., numa frenética voragem, transformando-nos, a todos, também em comediantes ou produtores de humor. Por outro lado, a banalização do humor para as mais variadas esferas da vida cotidiana – dos anúncios publicitários aos telejornais, estes últimos dominados pelo *infotainnement* – também vem embaralhando nossa compreensão do amplo universo da comicidade, do seu alcance e dos seus limites. Até que ponto esse quadro, batizado de "sociedade humorística",

---

3. Ver G, Lipovetsky, *A Era do Vazio*, p. 111-144.
4. G. Minois, *História do Riso e do Escárnio*, p. 553-554.

afetou a capacidade coletiva de distinguir os limites para o exercício da tolerância também é uma questão que aparecerá nos argumentos que apresentaremos mais adiante.

Quando Lipovetsky ou Minois fizeram tal diagnóstico, no século passado, o mundo praticamente desconhecia a internet e os efeitos impactantes do *big data*. Mas com o mundo digital, tais diagnósticos apenas se mostraram acertados numa escala exagerada: o riso hoje está em todo lugar: os noticiários misturam notícias com entretenimento. Políticos se consideram *experts* em trocadilhos canhestros. Robôs se encarregam de viralizar frases jocosas no Twitter. A princípio, as redes sociais exercem um papel pluralista e aparentemente "democrático", pois qualquer um pode se manifestar, embora alcançar uma grande audiência seja algo bastante diferente. Os algoritmos favorecem declarações e chistes que incitem emoções fortes e conflituosas: são elas que chamam mais atenção e incrementam os milhares de cliques – pode ser uma tecnologia libertadora, mas é certo que ela não premia a moderação, premia os extremismos e a agressividade. As redes sociais – manejando um humor depreciativo e agressivo, não raro reativando preconceitos e estereótipos – parece que se transformaram no Velho Oeste estadunidense, tal como retratado nos filmes. Não apenas surgiu uma nova safra de humoristas, como quase todo mundo, bem ou mal, se transformou numa geração multiplataforma de humoristas inaugurando um universo da comédia frívola.

Mas a questão principal hoje é que o humor está de tal forma disseminado que, por outro lado, tornou-se difícil, senão quase impossível, não reconhecer a bondade intrínseca dos seus efeitos. Hoje predomina uma ampla avaliação positiva do humor no senso comum, sobretudo nas redes sociais e no universo digital. Escritores populares, psicólogos, neurologistas do riso, terapeutas profissionais e de autoajuda – bem como a maior parte das teorias da psicologia acadêmica, reforçam a ideia de que o humor é sempre saudável. Diz-se que o riso é bom para a saúde física e psicológica e proliferam também as recomendações prescritivas. Deve-se aprender a sorrir através da adversidade, rir para aliviar a tensão, brincar com os subordinados no trabalho e assim por diante. Com um senso de humor, as pessoas desfrutam de uma melhor saúde corporal e psicológica, os relacionamentos serão mais tranquilos e os negócios serão mais produtivos. Nessa imagem, o humor oferece muitas possibilidades importantes para tornar o mundo um lugar positivamente melhor. Podemos afirmar "é bom rir" e, quando o fazemos, podemos acreditar que estamos proferindo algo tão evidentemente banal que não requer justificativa adicional.

Até as pesquisas neurológicas, ao estudarem os mecanismos do riso envolvidos no humor, acabaram alimentando a ideia dos benefícios positivos do humor. Muitas delas confirmaram que as conexões entre os neurônios cerebrais dependem de polarização química e o neurotransmissor intrinsecamente ligado ao humor seria a dopamina, a "recompensa química do cérebro". Ora, os circuitos dopaminérgicos são acionados tanto com substâncias como cocaína quanto com o chocolate – naturalmente não na mesma proporção! Nesse caso, há um equívoco em relacionar tais circuitos químicos apenas ao humor, já que eles também foram associados à atenção, à memória e à aprendizagem motivada. De qualquer forma ao conceituar o riso – essa contração coordenada de quinze músculos faciais, acompanhado por uma alteração da respiração e certos ruídos irreprimíveis –, tais pesquisas reforçaram e até forneceram um fundamento científico para para que ele seja visto como positivo.

■ ■

Nossa reflexão vai caminhar no sentido contrário a essas afirmações que se transformaram em moeda corrente e já são intensamente partilhadas pelo senso comum. Por isso, vamos começar designando provisoriamente tal tendência como "positivismo humorístico" – e nosso intuito é aqui um esforço para restaurar uma teoria crítica do humor, chamando a atenção para os elementos negativos, obscurecidos pelo senso comum. Trata-se, portanto, de em uma outra perspectiva assumir uma teoria crítica em relação à suposta bondade inerente ao humor e ao fato de que, sob a opacidade do divertimento, tal positividade acabou por ser naturalizada. A crítica ideológica da cultura no seu estágio contemporâneo deve ter uma dimensão histórica, especialmente se não houver convicções claras sobre a forma do futuro. Ao adotar uma perspectiva histórica, uma teoria crítica visa fazer mais do que apenas olhar para o passado. Procura minar a suposição de que nosso senso comum é uma perspectiva "natural", universalmente sensata. O que é óbvio para nós pode ter parecido estranho, talvez até profundamente imoral, em outros tempos. A história nos encoraja a que nos distanciemos de nossos próprios tempos, fornecendo assim um meio para ajudar a resistir ao "bom senso" naturalizado desse positivismo ideológico humorístico.

Como a ideia de um humor positivo é vista quase como parte natural da realidade humana, é necessário começarmos por um breve exame das quatro grandes tradições teóricas do humor: as teorias de superioridade, liberação, incongruência e violação benigna, tentando colocá-las numa perspectiva histórica e perguntando como tais tradições teóricas trataram dessa modalidade de humor mais obscura – e menos visível porque menos admirada –, a do ridículo e do humor derrisório.

Na teoria da superioridade ou da hostilidade, que para a maioria dos analistas tem Hobbes como representante típico, a paixão pelo riso não é mais do que a glória repentina decorrente da súbita concepção de alguma eminência em nós mesmos, pela comparação com a fraqueza dos outros ou com as nossas próprias fragilidades. Hostilidade, malícia, agressão e menosprezo: há uma ênfase algo exagerada nos aspectos negativos e pejorativos que caracterizam o riso, ou seja, a agressividade, a subjugação do alvo e a exploração das diferenças. No século XVII, o de Hobbes e do seu *Leviatã*, o próprio riso caiu em descrédito e um dos seus sintomas mais salientes foi a proliferação dos livros de cortesanias e etiquetas. Tal hostilidade esteve ligada a uma exigência de altos padrões de decoro e autocontrole na nobreza europeia, que foi um importante aspecto do assim chamado "processo civilizador", particularizado, no caso do humor, por um apelo ao controle das várias funções do corpo que tinham sido previamente classificadas como involuntárias. Noutros termos, o riso passou a ser visto como um tipo de grosseria, em dois sentidos do termo: tanto como um exemplo de incivilidade e indelicadeza quanto como uma reação descontrolada e, portanto, bárbara que precisava, numa sociedade educada, ser dominada e, de preferência, eliminada. Para simplificar, diríamos que essa concepção cultural do riso foi predominante nos séculos XVII e XVIII, teve altos e baixos no século XX, e na atualidade, com a mencionada espetacularização do riso e sua disseminação no universo digital ela foi menosprezada e, ao menos para todos aqueles intérpretes do humor, praticamente desapareceu.

Já na teoria do alívio – também apelidada de "teoria da válvula" ou "da liberação" – o motor do universo humorístico localiza-se no sentido prazeroso resultante do alívio da despesa psíquica quando se elabora uma situação conflitiva através da anedota ou do chiste, ou pela substituição de associações objetivas por elaborações verbais que transformam, pela via do cômico, o inusitado em familiar. É quase óbvio que o nome célebre a encabeçar tal teoria é Freud – embora em seus escritos sobre o tema ele tenha dado uma maior amplitude ao humor, não se limitando às suas meras funções catárticas. A despeito de Freud, foi a teoria do alívio ou do efeito catártico que predominou na cultura do riso no século XIX e em grande parte do século XX, sobretudo porque ela não deixou muito espaço para pensar nos aspectos negativos e ridículos do universo humorístico. E hoje, a despeito da profundidade e da riqueza daqueles que pensaram o humor a partir dessa vertente, a teoria do alívio é a que fornece algum fundamento teórico para o atual "positivismo humorístico".

Seguindo nesta breve avaliação, temos o terceiro grupo das teorias sobre o humor, que é genericamente designado como "teorias da incongruência". Embora a tese da incongruência seja a mais importante, em relação às outras concepções – suas primeiras descrições remontam a Aristóteles e Cícero e foi descrita ainda por filósofos como Kant e Schopenhauer –, suas ambiguidades parecem diretamente proporcionais à sua abrangência. Essa amplitude deriva, sobretudo, da tese mais geral de que o humor nasce da dualidade essencial entre a percepção e a representação do mundo. Para resumir, diríamos que o problema da chamada teoria da incongruência é que ela, a rigor, não é uma teoria, é apenas uma técnica, um método que sugere a neutralidade, pois pode ajudar a explicar o significado de qualquer piada, trocadilho ou chiste. Mas é muito mais suscetível de ser utilizado pelo poder – qualquer poder – já que permite minimizar os usos sociais das piadas que, é bom já adiantar, é o principal objetivo de uma história cultural do humor[5].

Por último, a chamada "teoria da violação benigna", desenvolvida no foco da psicologia social, propõe que as coisas se tornam engraçadas quando as pessoas percebem algo como errado, que viola a ordem natural das coisas, às vezes até de forma rebaixada, mas consideram isso aceitável pois, a rigor, não fere ninguém nem algo em especial. O cômico, que deflagrava o riso resultava não de uma normalização ou estereotipagem de uma violação, mas por uma *punch line*, um solavanco mental ou uma estratégia que, de alguma forma, amenizassem seu poder ofensivo. Nessa teoria, "o riso ocorre somente quando algo é visto como errado, agressivo ou perturbador (portanto, como uma

---

5. Este resumo das três teorias clássicas do humor pode ser desdobrado e visto em detalhes em E. Saliba, História Cultural do Humor, *Revista de História*, n. 176.

violação) mas, ao mesmo tempo, como aceitável, seguro – isto é, *benigno*"[6]. O principal problema que aí se revela é que a piada ou a blague só se torna aceitável se houver um certo distanciamento ou um *gancho* que introduza tal aspecto ficcional – ou seja, técnicas que não são garantidas a todos os sujeitos que produzem comicidade ou produtores de humor. Noutros termos, a teoria da violação benigna, apesar de inclusiva e heurística, depende para muito de sua eficácia do comediante ou da comediante, sobrecarregando seu talento e ou criatividade – elementos nem sempre garantidos a todos –, e também da recepção e suas inúmeras variedades de segmentação.

■ ■

Ainda que levemos em conta o alto potencial de polissemia inerente a toda produção cômica, é preciso constatar que no mundo digital da atualidade, piadas e chistes são apresentados como humorísticos dentro de contextos de extrema polarização ideológica, de ressentimento e de ódio e, no limite, de uma radicalização do fanatismo racista. Ora, como diversos estudos vêm analisando, sabemos que esse ambiente hostil e polarizador da mídia digital é inerente às novas gerações de algoritmos, os quais incrementam e estimulam em escala veloz e cada vez mais disseminada, a chamada "economia da atenção"[7]. De qualquer forma, esse humor hostil que prospera nas redes sociais utiliza-se da ideologia positivista do riso para elidir o que realmente ele incentiva, ainda que de forma velada, que é acentuar a diferenciação social positiva de um grupo em relação a outro, arregimentando e reunindo, na concisão da piada e do estereótipo, todos os aspectos negativos. Por trás dessa cortina positivista de que se trata "apenas de uma

---

6. T.C. Veatch, A Theory of Humor, *Humor*, n. 2, p.161-215.
7. Tema a desenvolver em outro momento. Para análises mais detalhadas, ver W. Chun, *Discriminating Data*.

piada", está o reforço de uma percepção de superioridade por parte do emissor ou do produtor da anedota cômica[8].

Claro que o argumento de que possa haver ligações intrínsecas entre o preconceito extremo e o humor não é novo e já apareceu muito antes do advento do universo digital. Sartre sugeriu, em famoso ensaio, que os antissemitas achavam divertido serem antissemitas e sentiam prazer na "alegria de odiar"[9]. Adorno e Horkheimer, numa passagem do seu lúgubre *Dialética do Iluminismo*, descrevendo os protestos dos antissemitas em reuniões políticas fascistas chegaram a designá-los como "riso organizado". Argumentaram que a razão do prazer era que o fascismo "permite o que geralmente é proibido" e, assim, apoiado pela legitimidade da ideologia, o odiador fica livre de restrições normais e pode zombar de vítimas desumanizadas e indefesas[10]. Noutros termos, tais argumentos já apontavam para os vínculos entre o ódio político extremo e o domínio das piadas.

Lembre-se, ainda, de que a própria nomenclatura do humor ofensivo ou da atitude de "rir da desgraça alheia" é uma designação que as sociedades elidem ou recalcam, não existindo uma palavra específica e única para designar tal tipo de riso. Tiffany Smith argumenta o quanto gostamos de saborear aquele prazer risonho com o fracasso e a inferioridade dos outros, mas quando nos pedem para nomear com todas as letras esse prazer, nossa linguagem empaca e recai num silêncio hipócrita. Para cobrir tal recalque, a língua alemã cunhou a palavra *schadenfreude*, a qual num único e singular vocábulo reúne *schaden* (dano) e *freude* (alegria) significando "alegria ou prazer com o dano ou a desgraça alheia"[11]. Aqui, temos um exemplo de como a sociedade atual, que naturaliza o riso sempre como positivo, recalca até mesmo a designação desse tipo de riso.

---

8. Ver, entre outros, D. Benatar, Taking Humor (Ethics) Seriously, But not too Seriously, *Journal of Practical Ethics*, n.1.
9. J.P. Sartre, *Refléxions sur la question juive*, p. 34-39.
10. Ver T. Adorno; M. Horkheimer, *Dialética do Iluminismo*.
11. T.W. Smith, *Schadenfreude*, p. 19-36.

Meu principal argumento é que o humor na forma de ridículo, quando não de insulto, está no coração da vida social contemporânea – mas tal argumento nunca foi muito enfatizado nas principais teorias do humor, as quais, em cada época, iluminam apenas o efeito catártico e a neutralidade da incongruência, obscurecendo a agressividade. É nesse sentido que precisamos de uma abordagem histórica das teorias sobre o riso e dos seus fundamentos ideológicos. Obviamente, tal abordagem não pode ser efetuada nos limites deste capítulo, portanto, apresentaremos apenas algumas breves indicações.

Entre os principais teóricos do humor, até Henri Bergson parecia relutante em considerar diretamente as implicações do ridículo para a compreensão da natureza humana. Já o importante trabalho de Freud superestimou as marcas do humor como evasão, pois enfatizou seus aspectos rebeldes, mas negligenciou, por outro lado, as suas funções disciplinares ou de constrangimento e reiteração das piores (e melhores) condutas sociais.

A análise de vergonha em Erwin Goffman é outro exemplo de percepção relevante do tema do ridículo e de sua subestimação. Sugerindo que o medo do constrangimento é uma espécie de cola do mundo social, ou seja, a substância que mantém o mundo social unido, Goffman não lidou diretamente com a questão da formação dos vocábulos ou, mais propriamente, da linguagem do ridículo. Os bebês nunca ficam envergonhados e as crianças pequenas podem se expressar como querem, porque não dispõem ainda da autoconsciência dos adultos. Goffman, aponta que, em algum lugar ao longo da linha de amadurecimento, temos que "aprender a ficar envergonhados": é aí que entra o humor, ou pelo menos o ridículo, pois é pelo medo ao ridículo que o constrangimento é aprendido. O medo do constrangimento continua relacionado ao medo de que outras pessoas riam de nós[12]. Se

---

12. E. Goffman, *Os Quadros da Experiência Social*, p. 165-178.

o constrangimento está no coração da vida social, como sugeriu Goffman, o mesmo deve ser humor sob o disfarce do ridículo, que está no cerne da teoria da superioridade. Não poderia haver linguagem a menos que os adultos tentassem instilar os códigos de significado estabelecidos na geração mais jovem. Não há igualdade de desenvolvimento entre o tagarelar das crianças e as convenções da linguagem adulta. A criança precisa aceitar as disciplinas da linguagem, a fim de entrar no mundo do diálogo como um orador apropriado. Foi nesse sentido que Roland Barthes, com o exagero característico, alegou que a linguagem era "simplesmente fascista". Se o significado tem que ser socialmente policiado, então zombarias e risadas são os policiais amigáveis que circulam pelo bairro ou pela escola, que alegremente mantêm a ordem. E às vezes eles "empunham e brandem seus cassetetes como um efeito punitivo visual"[13].

Seja como for, se voltarmos às teorias do humor, é necessário aos analistas considerar a piada não apenas em seus conteúdos, mas – reafirmamos – na sua recepção e, sobretudo, em seus usos sociais. Daí a importância de estudos específicos, tópicos ou estudos de caso, como o humor soviético no período stalinista através da revista *Krokodil* – que resultou em nosso próprio ensaio sobre o tema. Ali observamos que o humor funcionou tanto como alívio coletivo, portanto catártico, como também pela via contrária, a *catexia*[14]; mas – também é preciso

---

13. R. Barthes, *Leçon*. É certo que Barthes fez tal afirmação num contexto de análise da linguagem em sua característica de usos inconscientes e autorreferentes, atenuando a afirmação ao completar: "Mas a língua não é nem reacionária nem progressista; ela é pura e simplesmente fascista [...] porque o fascismo não consiste em impedir de dizer, mas em obrigar a dizer."

14. Para Freud, processo pelo qual a energia libidinal da psique é investida na representação mental de uma pessoa, ideia ou objeto. Isso explica nossos apegos, nossas fixações, por exemplo, por que certas memórias e certos objetos têm importância para nós e outros não, e também nossa fixação em alguns daqueles por quem nutrimos sentimentos positivos ou negativos.

ressaltar –, nunca encontramos nos circuitos da recepção apenas e unicamente o elemento catártico do riso. Para nós, catarse e catexia se completam, pois ambas privilegiam diferentes teorias e funções do humor na história cultural das sociedades. Se na primeira predomina a função catártica do humor (como alívio, válvula de escape ou mesmo catarse), na segunda, a atitude que predomina na recepção ao humor é o contrário da catarse: é a catexia, a exasperação das energias e dos impulsos emocionais e sua canalização para algum tipo de solução anárquica. Nos dois casos, o humor trabalha num nível abaixo da consciência, daí por que ele provoca quase sempre emoções de forma muito mais eficaz. Ou seja, a piada faz a nossa consciência voar abaixo do radar, aumentando nossa energia emocional, quase sempre de forma imperceptível[15].

Outros intérpretes do tema também elencaram contribuições importantes a respeito dos usos sociais e culturais do humor. Na área propriamente linguística da análise do humor, Christie Davies apontou que piadas baseadas em *scripts* convencionais, apenas para gerar o efeito cômico, não necessariamente formariam um guia do comportamento diário das pessoas[16].

Vários estudos já constataram, com grande número de dados, que as piadas do tipo *stupid person* substituem apenas os alvos e as personagens, pois valem tanto para povos quanto para algumas profissões, tais como médicos, contadores e advogados. Em 1999, um estudo elencou mais de três mil *sites* na internet construídos com a finalidade exclusiva de compartilhar piadas de advogado, em comparação com 227 para piadas de médicos e 39 para piadas de contadores ou contabilistas. Nesses e noutros casos, os participantes das anedotas, principalmente os contadores de piadas, não necessariamente precisam compartilhar

---

15. Ver E.T. Saliba, "E você chama isto de vida?" O Riso do Krokodil e as Dimensões Controversas do Humor Soviético, *Crocodilos, Satíricos e Humoristas Involuntários*, p. 15-37.
16. C. Davies, *Ethnic Humor Around the World*, p. 15-17.

das premissas que caracterizam os estereótipos, mas os mesmos estereótipos realmente existem nas sociedades, senão ninguém entenderia as piadas e elas não teriam graça.

Obviamente, os usos do humor do tipo agressivo e insultuoso não são novos. Muitos autores reconhecem que o fato de alguém repetir uma piada racista ou de ela rir não é, por si só, uma evidência conclusiva de que tenha ódio ou mesmo desgoste do grupo-alvo em particular. A piada não pode ser a única evidência de ódio. Quanto aos paradigmas ou esquemas formais de piadas e anedotas de fundo racista ou de insulto, podemos dizer que eles, além de se situarem no nível mais baixo das teorias da incongruência, são muito pobres e, quase sempre, se repetem, substituindo apenas os alvos: judeus, negros, gays, ciganos, lésbicas e, sobretudo, das mais diversas nacionalidades, numa listagem quase infinita. Os *frames* são diferentes e os cenários variam mas, seus *scripts* emulam ou parodiam esquemas universais que envolvem a estupidez, constituindo, na verdade, uma espécie de espelho distorcido dos próprios contadores, gerando uma situação de assimetria entre o narrador e o alvo – sendo que o primeiro se situaria numa posição prazerosa de superioridade. Embora leve, nesse caso trata-se literalmente de uma aplicação da teoria da *Schadenfreude*: a hipocrisia encobre o sentimento prazeroso do riso à custa dos outros e, por trás dela, justificando-a e incrementando seu acobertamento, vem a visão positiva do riso, difusamente apoiada nas teorias do alívio, como benéfico em quaisquer situações.

Outra consideração importante ocorre quando o contador transmite ao destinatário a impressão de que são suas as conclusões alcançadas pelo desfecho da piada. Nesse caso, sobretudo, as piadas podem ter a função de reforçar, no ouvinte (ou no auditório), tais preconceitos. Desde que eles existam, é claro, pois se forem repudiados pelos ouvintes, estes sequer irão rir – e o sentimento prazeroso da catarse será substituído pelo riso constrangido ou pelo sentimento contraditório da catexia. No caso do humorismo profissional, quando se narra uma piada obediente a tal *script*, o bom comediante pode inverter a situação e trocar o lugar do alvo, ou seja, em vez do negro, do judeu ou do português, colocar outro estereótipo. Tal substituição certamente terá um efeito de estranhamento ao público, mas, afinal, também extremamente "didático", por assim dizer, mostrando que toda a humanidade se iguala em suas peculiaridades, fraquezas e defeitos. De qualquer forma, os mecanismos que produzem o riso são extremamente variáveis, crivados de polissemia, dependendo de inumeráveis situações de performance, que acabam por negar que aquele que ri obrigatoriamente partilha da mesma opinião que o comediante.

Apesar de tais considerações basearem-se em várias pesquisas e estudos, ainda assim é necessário prosseguir na investigação histórica de casos particulares e situações nas quais o humor possa ser efetivamente nocivo e nas quais mereça ser, talvez não reprimido, mas ao menos, desprezado. David Benatar, ao analisar os limites e as críticas morais ao humor, insistiu nas diferenças entre as críticas contextuais e as críticas não contextuais: as não contextuais apontam problemas de forte estereotipagem e preconceitos numa piada independentemente do seu contexto; as críticas contextuais, em contraste, são as que criticam não a piada em si, mas antes um caso contextualizado de onde surgiu e onde foi contada a mesma anedota. Ocorre que, com o advento do universo digital, o que predomina é o que estamos designando como "positivismo humorístico" e o material se ampliou demasiado, num crescimento vertiginoso. Agora temos até *bots* (robôs) disseminando piadas racistas ou viralizando e replicando *memes*.

Para citar um exemplo radical de contexto, Michael Billig abordou o humor produzido por grupos da extrema direita, principalmente de *sites* da internet vinculados à Ku Klux Klan. É óbvio que tais organizações não operam de forma direta, adotando sempre uma estratégia ambígua: em público, buscam demonstrar respeito pelos ideais democráticos; mas, no domínio privado, esses freios são abandonados, dando rédea solta às piadas racistas de zombaria e de superioridade. Em uma análise dos *sites* de piadas da Ku Klux Klan, verificou-se que mais de 10% das piadas racistas eram violentas, ou seja, constituíam "piadas de agressão pura" com centenas de exemplos semelhantes que podem ser atribuídas a diferentes alvos. Em alguns *sites*, os alvos das piadas são judeus, advogados, mexicanos ou ciganos. As versões que colocam advogados como alvos, diferem das versões racistas, na medida em que brincam com a ideia de violência como uma reação intencionalmente desproporcional à irritação que geralmente se acredita que os advogados causem. Ninguém fora do mundo da piada está defendendo seriamente a violência contra advogados. No contexto irreal da piada, a ideia pode ser divertida e fornece entretenimento[17].

Já as versões racistas, as quais partem dos mesmos *scripts*, já são bem diferentes, pois trazem como motivação para o riso não a ideia de violência inapropriada, mas a violência real. Nesse caso, é necessário considerar ainda o contexto e o suporte de divulgação da piada. É improvável que as vítimas dessa violência racista real considerem isso engraçado – especialmente quando aqueles que estão contando, divulgando e viralizando tais piadas são membros de uma organização racista com uma longa história de atrocidades violentas e, no limite, de massacres premeditados. Nesse caso, então, fica claro que o humor fornece um contexto ideal para a expressão de ódio, sem que exista a necessidade de confrontação com argumentos lógicos e racionais e, ainda, com o afrouxamento das restrições sociais. O humor fornece uma espécie de anistia momentânea ao humorista para tratar

---

17. Ver M. Billig, Humor and Hatread, *Discourse and Society*, n. 3, p. 62 e s.

com o mesmo desprezo grupos sociais (negros, gordos, mulheres, homossexuais, velhos) discriminados e/ou marginalizados nas relações sociais, políticas e econômicas cotidianas. Haveria, então, nesse humor uma espécie de suspensão irônica dos valores éticos.

Percebe-se que no conteúdo discursivo de tal tipo de humor há a apropriação de uma ironia cínica e pretensamente apolítica cujo propósito principal parece ser o de simplesmente sancionar a norma ou o costume. Trata-se de uma espécie de comédia de reconhecimento que estimula o consenso de um grupo ou de uma *paróquia digital*. Lembre-se que por trás do tom pretensamente neutro e apolítico se escondem tanto as teorias da incongruência quanto as teorias do alívio. E por trás delas, como um nebuloso cenário de fundo, aquilo que chamamos provisoriamente de visão positivista do humor.

Pode-se contestar o uso da expressão "paróquia digital" ou, como querem alguns, "bolha ou aldeia digital", mas trata-se, de qualquer forma, de espicaçar preconceitos e a intolerância que já existem em certos grupos sociais. Num dos seus últimos ensaios, Umberto Eco procurou mostrar que a intolerância quase sempre vem antes de qualquer doutrina, ou seja, a intolerância já existe difusamente na vida cotidiana e alcança até alguma popularidade, antes de se constituir em seitas fundamentalistas, como o integrismo ou o racismo pseudocientífico[18]. A intolerância, argumenta ele, chega mesmo a ter raízes biológicas, manifesta-se entre os animais como territorialidade, baseia-se em relações emocionais, muitas delas completamente superficiais, mas renitentes: não suportamos os que são diferentes de nós porque têm a pele de cor diferente, falam uma língua que não compreendemos, ou porque comem rãs, cães, macacos, porcos, alho, ou são tatuados. Assim, não são as doutrinas da diferença que produzem a intolerância selvagem, ao contrário, estas desfrutam de um

---

18. Ver U. Eco, *Migração e Intolerância*, p. 19-22.

fundo preexistente de difusa intolerância. Foi assim que o antissemitismo pseudocientífico surgiu no decorrer do século XIX e acabou transformando-se em antropologia totalitária e na mais perversa prática industrial do genocídio no século XX. Porém, não poderia ter nascido se já não existisse um antissemitismo popular, já fortemente disseminado, e dissimulado, nos séculos anteriores. Com exemplos curiosos colhidos do universo medieval e mesmo do mundo renascentista, Eco demonstra que todas as teorias e doutrinas da intolerância apenas nasceram e exploraram um ódio pelo diferente que já existia. Escrevendo em 2012, Eco observava, de forma presciente, que o novo fenômeno do antissemitismo não é uma doença marginal que afeta apenas uma minoria lunática, mas o fantasma de uma obsessão milenar[19].

Enfim, como em nossa época o senso comum tornou "natural" a função positiva e saudável do humor, a tarefa da crítica é tornar-se negativa, ou seja, chamar a atenção para os aspectos hostis e agressivos do humor, reconstituindo, sobretudo, os contextos de tempo, lugar e situação nas quais o humor se dissemina. É importante ressaltar tal aspecto para introduzir o outro lado dessa crítica que também é um dos seus limites. Como se trata de uma expressão ou de uma produção cultural, o exercício de tal crítica ao humor de ódio não pode confundir-se com o cerceamento à liberdade de expressão, legalmente garantida em todos os regimes democráticos. Trata-se de um terreno delicado, já que aqueles que geralmente produzem o humor hostil na internet ou nas redes sociais, quase sempre acusam qualquer tipo de interferência como censura, esgrimindo o direito à liberdade de expressão, garantido pelas leis.

Aqui entramos no terreno do direito e, apesar de alguns estudos importantes na área jurídica do humor, são poucos

---

19. Ver E.T. Saliba, Ensaios Inéditos de Umberto Eco Antecipam Questão Atual, *O Estado de S. Paulo*, 27 maio 2010, p. H-6.

os trabalhos que analisam diretamente os limites morais do exercício da comicidade. É bem consolidado perante os tribunais que a responsabilidade por eventuais excessos no exercício da liberdade de manifestação do pensamento é subjetiva, isto é, depende da demonstração da ocorrência de dolo ou culpa por parte do agressor. Isso significa dizer que é necessário demonstrar que houve vontade inequívoca de causar dano por parte do ofensor, como enfatiza quem cometeu o excesso. É o que é enfatizado por um desses estudos jurídicos dos limites do humor:

> Quando o que está em pauta é uma manifestação humorística, porém, essa investigação do estado anímico do agressor é mais centrada na sua suposta intenção – de criticar ou fazer uma brincadeira, com intuito de provocar o riso (o que tornaria a manifestação em tese lícita, se não houver algum outro elemento de ilicitude) ou difamar e injuriar a pessoa agredida (o que tornaria, de saída, a manifestação ilícita). É comum que as decisões utilizem as expressões em latim relacionadas a estes estados anímicos: *animus jocandi* e *animus injuriandi*. Como não é possível ao julgador ingressar na mente do ofensor para afirmar qual era a sua intenção ao dizer ou criar determinada manifestação considerada ofensiva, essa investigação normalmente é feita pelo contexto em que ela foi proferida.[20]

Noutros termos, até mesmo nos processos jurídicos envolvendo manifestações humorísticas prevalece, *mutatis mutandis*, a ênfase no contexto e nos usos sociais singulares das piadas e chistes. Uma tal ênfase também é reiterada em outro estudo jurídico, quando ao analisar diferentes exemplos de piadas de teor fortemente depreciativo, conclui o autor:

> Piadas como essas podem gerar diferentes reações nas pessoas, conforme a sensibilidade da audiência e as circunstâncias em que são transmitidas. Há quem não identifique graça em qualquer uma delas, há quem se sinta incomodado apenas em ouvi-las,

---

20. J.P. Capelotti, Processos Judiciais Contra Humoristas na História Brasileira Recente, *Fênix*, n. 1, p.98.

há quem se divirta com elas em silêncio e há aqueles que as contarão somente para alguém com quem tenham intimidade. [...] Esse tipo de humor depreciativo, desde que considerado abstratamente, é juridicamente irrelevante.[21]

Seja como for, no cenário contemporâneo, marcado pela expansão da *web*, os processos judiciais acabaram se transformando num grande palco para a discussão da produção e da censura de humor em vários países. Como dissemos, trata-se de um terreno delicado, pois, sobretudo nos processos por calúnia, injúria ou difamação, a judicialização e seus diversos mecanismos transmutaram-se em meios de controle e censura da produção cultural de humor. Nesse caso específico, a necessidade de análise e reconstituição do contexto de tempo, lugar e usos sociais das piadas são uma tarefa comum ao historiador e ao jurista. A óbvia diferença não é apenas que o historiador da cultura tem de forçosamente reconstruir eventos e produções humorísticas do passado e, ainda que não necessariamente, emitir valores e julgamentos de cunho moral.

Quando mencionamos, portanto, a necessidade de nos voltarmos para uma crítica negativa do humor não se trata, portanto, de impor veladamente uma forma de patrulha e, no limite, de censura a uma produção cultural. Mesmo porque vivemos em sociedades atravessadas por uma forte crise de valores e de padrões morais e o exercício crítico não pode arrogar-se como defensor da moralidade ou como estando acima de tais conflitos sociais. A tarefa central de uma teoria crítica do humor portanto é, em primeiro lugar, analisar os contextos e os usos singulares das produções humorísticas; e, em segundo, chamar a atenção para os aspectos segregadores, preconceituosos e hostis a grupos sociais subalternizados, marginalizados ou vulneráveis contidos em quaisquer formas de produções humorísticas. Tais tarefas são inerentes a uma história cultural do humor, ou seja, *desnaturalizar* estereotipagens e

---

21. T.A. Brandão, *Rir e Fazer Rir*, p. 110.

preconceitos contidos nas piadas, no sentido de mostrar que elas foram (e são) produtos da invenção cultural e que, portanto, podem ser recriadas, invertidas e *desinventadas*. Essa talvez seja a mais difícil tarefa de uma história cultural do humor, pois se reveste, num horizonte mais amplo, de um fundo nitidamente político.

Embora pareça óbvio, é bom insistir numa última observação: não há uma relação clara e unívoca entre o humor e o riso. Noutros termos, o humor não existe apenas para provocar o riso, e isso se altera bastante em cada época da história e em cada contexto cultural. O humor não só é definido em termos de piadas, mas sim como um mecanismo de enfrentamento psicológico. O humor, ainda que assuma muitas formas diferentes, não pode ser reduzido a uma única regra ou fórmula. Em vez disso, devemos vê-lo como um processo de resolução de conflitos. Em outras palavras, o humor as vezes é a única forma de lidar com o turbilhão da vida.

Isso é algo que, no debate sobre os limites do humor e de suas relações com a agressividade e o ódio, devemos ter sempre presente, pois se o ódio não ajuda, o que dizer do ódio à injustiça ou à desigualdade. Afinal, se a comédia der as costas à aversão e ao antagonismo, como poderá confrontar, por exemplo, as forças que criaram a Solução Final? O humor adequadamente rancoroso não é uma arma indispensável no arsenal do satirista político, por exemplo, dos artistas da República de Weimar que travestiram e ridicularizaram Hitler em sua ascensão ao poder? E, afinal, como essa combatividade não seria maculada pela própria inumanidade inerente ao ato humorístico de vituperar?

Aqui, retomo aquela espécie de epitáfio sobre a morte do humor – que mencionei no início deste capítulo. É importante não exagerar na crítica ao humor viperino ou maledicente, pois também existe o perigo de constranger ou inibir a tarefa (hoje cada vez mais difícil) do comediante profissional. Eddie Waters, embora tenha sido uma personagem da ficção de Trevor Griffiths, destacou, com veemência, a antiga vocação do comediante:

> Um comediante de verdade é ousado. Ele ousa ver aquilo que seus ouvintes podem evitar ou temer expressar. E o que ele vê é uma espécie de verdade sobre as pessoas, sobre sua situação, sobre o que as fere ou aterroriza, sobre o que é difícil e, acima de tudo, sobre o que elas querem. Para relaxar a tensão e dizer o indizível, qualquer boa piada serve. Mas uma piada verdadeira, a piada de um comediante, tem que fazer mais do que relaxar a tensão, ela tem que liberar a vontade e o desejo, ela tem que mudar a situação.[22]

É preciso cuidado, portanto, para não incorrer na denúncia pura e simples de que todo humor é promotor do ódio e da maledicência. Daí a necessidade, já apontada, de realizar uma análise de contexto à luz velada da teoria da superioridade. Escreveu Amós Oz: "Nunca vi em minha vida um fanático com senso de humor, nem nunca vi uma pessoa com senso de humor tornar-se um fanático, a menos que ele ou ela tenha perdido o senso de humor – que é, afinal a grande cura."[23] Mas Oz não incluiu, na ampla galáxia dos procedimentos humorísticos – que, por sinal já havia analisado em detalhe no notável *Os Judeus e as Palavras* – a modalidade irônica, sarcástica e maledicente[24]. A *chutzpá* (descaramento, atrevimento) judaica admite o humor indelicado e até mesmo um pouco grosseiro: nada é santo demais, temível demais ou adorado demais que não possa ser satirizado e sujeito à irrisão. Se os judeus são relativamente frouxos em relação à blasfêmia – pergunta Amós Oz – por que haveriam de se preocupar com um pouco de indelicadeza? E conclui: "Dada a escolha entre humor vulgar e fanatismo refinado, nós optamos pelo humor vulgar em qualquer momento."

---

22. T. Eagleton, *Humour*, p. 114-115. A fala é de Waters, um comediante aposentado que dá aulas a um grupo de aspirantes a cômicos, na peça *Comedians*, de Trevor Griffiths.
23. A. Oz, *Como Curar um Fanático*, p. 78.
24. Ver A. Oz; F. Oz-Salzberger, *Os Judeus e as Palavras*.

Na área específica do humor gráfico, várias pesquisas sobre a recepção ao humor, procuram mostrar o quanto o público tende a se identificar com o elemento vulnerável de uma história e não com o dominante. Isto é, parece ser fruto do próprio processo de formação de nossa individualidade, até chegar ao processo de identificação secundária na psicanálise e na narrativa. Noutros termos, é comum que nos identifiquemos com a situação de alguém em estado de vulnerabilidade. Assim, podemos até rir da vítima em uma piada, pegadinha ou anedota – desde que essas narrativas sejam construídas com certa distância, como se estivéssemos apenas observando o desenrolar dos fatos. Porém, no instante em que o narrador se posiciona como parte da história e se coloca em posição de dominância, assumindo de vez a sua superioridade, o espectador e/ou ouvinte tende a simpatizar com a vítima.

Disso tudo decorre que a arte cômica envolve não finitude, mas um curioso tipo de imortalidade, a capacidade, como nos desenhos animados, de sobreviver às mais desastrosas calamidades. Você cai de uma altura imensa, levanta, limpa o pó da roupa e continua fugindo do inimigo. A visão da fragilidade humana faz nossa consciência voar abaixo do radar e gerar alguma empatia. É precisamente o *status* rebaixado, humilde e imperfeito do bobo, do palhaço ou do próprio comediante – o fato de ele desmascarar todo grandioso idealismo, que o investe de certo tipo de imortalidade. Aqueles que não têm como cair mais baixo gozam de uma estranha espécie de invencibilidade. É como se a dura consciência da mortalidade os dotasse de uma sabedoria que lhes permite sobreviver. Aqui entramos no terreno menos conhecido do humor, que ele partilha com a arte – que é o sublime. Aqui chegamos, literalmente, ao território da graça. Graça divina ou humana do riso, cada um pode escolher a sua.

7.
O ANTISSEMITISMO EM MUTAÇÃO: NARRATIVA E REPRESENTAÇÃO NAS CARICATURAS E CHARGES

Maria Luiza Tucci Carneiro

A Essência da Caricatura

A caricatura, por sua essência crítica, panfletária e contestatória, além de ser um gênero expressivo da arte, é também um instrumento propulsor dos discursos de ódio. Em 1855, dois anos após a publicação de *Les Fleurs du mal* (As Flores do Mal), Charles Baudelaire tornou público seu ensaio *De l'essence du rire* (Da Essência do Riso), referência a essa reflexão acerca dos efeitos psicológicos do riso na artes plásticas e na memória coletiva. Suas observações sobre a caricatura dizem respeito a uma "estética que convive com o feio em vez de excluí-lo". Esse elo, a meu ver, continua favorecendo a doutrinação para a propagação do ódio[1].

Retomo aqui o papel da caricatura enquanto um gênero singular capaz de modelar as consciências e, ao mesmo tempo, expressar a mentalidade coletiva modelada por mitos politicos. É exatamente por sua perenidade que a caricatura foi retomada pelos antissemitas da Alemanha nazista, estendendo-se por este século XXI, visto a capacidade que ela detém de doutrinar através do riso e da deformação do real. É nesse sentido que analisarei as charges publicadas em alguns periódicos europeus e brasileiros que, por seu papel doutrinário, deixaram marcas universais no imaginário coletivo. Conteúdos similares continuam sendo (re)editados desde as últimas décadas do século XX, quando as novas mídias abriram fissuras para a divulgação de charges racistas maquiadas pelo humor[2].

Na sua essência, essa iconografia etnorracial tem garantido a propagação dos discursos de ódio contra negros, indígenas, ciganos, judeus e o Estado de Israel. Por intermédio do humor, essa arte abriu espaço para os negacionistas interessados em reforçar mitos antissemitas, investindo contra a história e a memória do Holocausto, além de questionar o direito de Israel continuar existindo como povo e como nação. As imagens antissemitas são, portanto, um dos segmentos propagados pelos discursos de ódio construídos com o objetivo de difundir e inculcar valores racistas. Expressam, pelos seus traços, cores e legendas, as visões de mundo dos grupos racistas que investem contra a coexistência entre os povos. Repletas de ódio, essas imagens alimentam a intolerância, a violência e as propostas de exclusão

Partimos do pressuposto de que a charge é uma representante da grande e velha arte de odiar pelo humor. Valendo-se do riso como fachada, faz uso de símbolos e palavras

---

1. Ver C. Baudelaire, De l'essence du rire et généralement du comique dans les arts plastiques, *Curiosités esthétiques*.
2. Ver M.L.T. Carneiro, *Dez Mitos Sobre os Judeus*.

que se prestam para reforçar estereótipos e instigar o ódio. Favorece a circulação de um discurso intolerante cujas raízes estão calcadas na tradição racista que persiste em vários países europeus e também das Américas, incluindo aqui o Brasil. Podemos afirmar que existe um "consenso" entre os caricaturistas e chargistas que nem sempre saem em defesa dos excluídos. Daí a importância de insistirmos no fortalecimento dos grupos de estudos sobre a história do riso e do escárnio, como muito bem enfatizou George Minois em seu importante estudo publicado no Brasil[3].

A charge tem seus méritos enquanto arte e por nos fazer rir de coisas que, muitas vezes, parecem fúteis, descomprometidas com a realidade e que, nem sempre, é tão "colorida" como parece. Tem o mérito de ser terapêutica, mas não podemos nos abster de considerá-la perigosa, por ocultar as verdadeiras intenções do seu produtor. Ela abre espaço para um humor corrosivo e diabólico que engana por sua ambiguidade e por seus disfarces. Digo disfarces, pois as charges manipulam a realidade, neglicenciando a capacidade que o ser humano tem de investigar e questionar a versão ali representada. No entanto, como nem todos têm conhecimento dos fatos que inspiram as charges, está aberto o caminho para os negacionistas e outros tantos extremistas racistas, partidários tanto da esquerda como da direita.

É fato que nos séculos XIX e XX os cartuns, as caricaturas e charges racistas tinham um público cativo nas revistas ilustradas e na imprensa favorecidas pelo grande interesse nas artes gráficas. Neste século XXI, por estarem mais próximas do jornalismo e por se aterem aos acontecimentos recentes, as charges tornaram-se ainda mais populares graças às facilidades de circulação oferecidas pelas redes sociais. Assim, essa iconografia etnorracial ganhou força enquanto estratégia de resistência e de dominação por parte de grupos racistas que abusam de uma linguagem

---

3. Ver G. Minois, *História do Riso e do Escárnio*.

estigmatizante, excludente. Acobertadas pelo riso disfarçado de *perfomances de variedades* – lembrando aqui as anotadas contadas pelos menéstreis medievais – as charges racistas foram recicladas, aproveitando-se de momentos catastróficos vivenciados pela humanidade: genocídios, guerras, ataques terroristas, desastres naturais e epidemias.

As charges racistas são potencializadas pela força oferecida pela internet: imediatismo na circulação que, por sua vez, favorece o potencial da liberdade criativa e a capacidade que o ser humano tem de adotar o ódio. Ao experimentar novas linguagens, o chargista racista carrega nas cores, exagera ainda mais nos traços estereotipados e compartilha com o mundo a sua (re)criação, ou seja: sem depender da compra de um exemplar impresso adquirido nas bancas de jornais ou por assinatura, a mensagem racista é compartilhada com o mundo. Assim, nas últimas décadas, essa tipologia de charge espalhou-se pelos *blogs* transbordando sangue pelas linhas horizontais e verticais das suas molduras. Em grande parte as personagens e os cenários foram sendo reciclados, mantendo a mensagem de ódio como o fio condutor do propósito que move o criador artista.

Importante: procuramos em nossas análises identificar os argumentos adotados pelo chargista que têm como objetivo doutrinar o seu público-alvo. A escolha das personagens para compor a cena e promover um diálogo deve estar calcada em elementos simbólicos familiares ao receptor, fortalecendo assim o caráter da persuasão, nem sempre de forma sutil. Se a intenção do chargista é difundir uma mensagem (racista ou não), ele deve ter conhecimento de elementos históricos e da memória que marcam o mundo do seu leitor. Daí as charges racistas serem carregadas de elementos símbólicos que, certamente, fortalecem a propagação dos discursos de ódio, como por exemplo o uso de imagens que remetem ao Holocausto nazista (suásticas, arames farpados, guetos, uniformes listrados), à escravidão dos negros africanos (senzalas, grilhões de ferro, pelourinho), à vida itinerante dos ciganos (tendas, cavalos e trailers), ao complô judaico-comunista internacional (serpente, polvo, símbolos maçônicos) etc.

FIG. 7: *Autor não identificado, "El Judaismo", ilustração do livro.* La Guerra del Capitalismo Judio, *Madrid, 1943.*

Por meio desses registros teremos também a oportunidade de reconstituir a história social e política de homens e mulheres que, de alguma forma, foram retratados pelos artistas do humor: ora ridicularizados por sua aparência, caráter e/ou religião, ora heroicizados como "salvadores do mundo em caos". O exagero nos traços estereotipados, marca registrada da caricatura, adotado por um artista racista atrai a atenção do leitor, quase sempre desinformado. Personagens são (re)criadas com o objetivo de exaltar ou difamar alguém, imputando-lhe conquistas gloriosas ou propósitos ofensivos à sua reputação. No caso do judeu, por exemplo, o tom de zombaria, troça ou caçoada sobre as suas vestes ortodoxas ou sua culinária, serve tanto para provocar o riso acerca da sua figura como para "marcá-lo" como um cidadão estranho, desintegrado da sociedade como um todo. Pelas ilustrações em livros, charges e caricaturas ele é retratado como um ser hostil, traidor, indigno de confiança.

FIG. 8: *Fips, pseudônimo de Philipp Rupprecht. Ilustração antissemita publicada no jornal* Der Stümer *com a imagem diabolizada do judeu. Nurembergue [Bavária], 14 de junho de 1936.*

Desde o final da década de 1890, as charges racistas – acobertadas pelo tom cômico e burlesco das imagens e legendas – ganharam espaço nos semanários humorísticos, almanaques e revistas ilustradas da Alemanha, Áustria e França. Servindo como "leitura" de lazer, as imagens satíricas-humorísticas se prestavam para gerar ódio contra as personagens desqualificadas física e moralmente. Segundo John e Selma Appel, em *Comics da Imigração na América*, essas personagens "aparecem como uma ameaça à estabilidade da comunidade resultando em animosidade"[4].

Durante décadas, gerações de cidadãos alemães, austríacos e franceses beberam desse caldo venenoso das imagens "bem-humoradas" impressas nos folhetins, livros

4. J. Appel; S. Appel, *Comics da Imigração na América*, p. 25.

didáticos, almanaques de variedades, jornais e revistas ilustrados dos séculos XIX e XX. O mesmo padrão estético aplicado ao judeu foi replicado em relação ao negro, ao cigano e ao japonês apresentados como perigosos à unidade racial da nação. Nesses casos, a questão que teve maior visibilidade foi sempre a racial, lembrando que esses grupos (exceto os japoneses) eram considerados na Alemanha nazista como representantes de uma raça inferior, degenerada e descartável.

Tais recorrências podem ser facilmente identificadas nas características físicas e de caráter atribuídas aos judeus e aos negros, principalmente, que passavam por um amplo processo de animalização. As charges antissemitas produzidas pelos artistas alemães, austríacos, franceses e brasileiros serviram para os regimes totalitários como instrumento de propaganda e autoritários, com consequências na mentalidade coletiva ainda não devidamente avaliadas. A dimensão do impacto psíquico dessas imagens dificilmente poderá ser avaliada, mas devemos estar atentos aos registros de atos hostis e humilhantes ocorridos simultaneamente a essas publicações.

Da mesma forma devemos estar atentos à produção dos cartunistas que atuavam na resistência e que, certamente, foram censurados e perseguidos por seus libelos. Importantes fontes a serem consideradas são os periódicos publicados pelas associações históricas de imigrantes, muitos dos quais encontraram espaço no Brasil do século XX.

A Multiplicação da Mentira

A proliferação das charges antissemitas deve ser analisada sob o viés da multiplicação da mentira que atravessa séculos. Devemos ter em mente que estamos lidando com a "construção de uma imagem maligna", diabólica. São representações do judeu ou do povo judeu que se valem de imagens metafóricas preexistentes no imaginário coletivo.

São imagens mentais transformadas em imagens visuais facilmente delineadas pela caricatura ou charge, passíveis de manipulação. A partir desses exemplos conseguimos perceber como as mentes podem ser lapidadas por saberes orientados por centros produtores do ódio. Esses saberes – alimentados pela reprodução hoje facilitada pela mídia globalizada – servem para legitimar o poder de grupos interessados em "varrer Israel e os judeus do mapa".

São saberes ricos em estigmas (marcas físicas e de caráter) que, no formato de mentira travestida de verdade, reforçam a imagem antiestética e antissocial do judeu. Até 1950, por exemplo, o judeu era caricaturado como uma figura de nariz adunco, pés chatos, barbudo, sujo e ridicularizado por seu sotaque de estrangeiro "enquistado" no país que o recebeu. Com a presença cada vez mais marcante do judeu ortodoxo nos grandes centros urbanos e em bairros específicos de Israel, essa imagem vem sendo recuperada com o objetivo de identificá-lo como um "estranho". As imagens mentais preexistentes no imaginário coletivo são estimuladoras de atitudes intolerantes, violentas.

Por meio da repetição, essas imagens reforçam as versões (narrativas), fortalecem os símbolos e as ressonâncias afetivas (de repulsa, ódio, agressão física), alimentando visões negativas sobre o Outro. Considerando que o imaginário popular é carente de explicações para os seus problemas imediatos (crise econômica, desemprego, sucesso profissional, violência urbana), a mentira cai como uma luva. Adere, gruda, cresce como um pão fermentado cheio de bolhas que se abrem. Por essas aberturas nascem os novos *aliens*, ETS, anjos e vampiros, valendo-me aqui de algumas imagens exploradas pelo cinema e pela literatura de ficção. Somam-se ainda os fundamentalismos e as filosofias alternativas que se valem da mentira para impor suas versões sobre os fatos[5].

Enfim, o mito é uma construção: organiza-se por meio de uma sucessão de imagens que, de forma dinâmica, têm

---

5. M.L.T. Carneiro, op. cit.

o objetivo de (re)ordenar o mundo ou alguma sociedade em especial. Se o imaginário coletivo da população for rico em imagens metafóricas, por exemplo, será muito mais fácil creditá-lo como verdade. Quase sempre os indivíduos mal informados, com algum desequilíbrio mental ou desencantados com a sua posição socioeconômica, tornam-se alvos fáceis dos mitos racistas. Passam, rapidamente, do estágio de *observação* para o estágio de *fanatismo*, seguido de *paranoia aguda*, crônica. Interessados em encontrar uma resposta para os seus problemas pessoais ou do seu grupo, deixam-se envolver pelo medo e por referências do passado. Tornam-se, facilmente, indivíduos receptivos às teorias conspiratórias e genocidas, perdendo-se nas incertezas e nos meandros de uma sociedade em crise.

Dependendo do lugar por onde a mentira circula, temos variações de intensidade e nuances, sendo que não há necessidade de que ali existam, por exemplo, judeus organizados em comunidade. Basta existir o mito. Aliás, esta é a força do mito: fazer ver as personagens e cenários que se quer ver, ainda que não existam. Daí as citações constantes de complôs, acordos secretos, túneis subterrâneos, fortunas milionárias e, até mesmo, de "indústrias do Holocausto", ainda que invisíveis a olho nu. Nestes séculos XX e XXI podemos dizer que *Os Protocolos dos Sábios de Sião*, uma das maiores fraudes da história, continua a alimentar esses mitos em várias partes do mundo, inclusive no Brasil[6]. Assim, o mito é alimentado pelas relações do indivíduo com os grupos sociais, com a mídia e a propaganda política. Aproveita-se de elementos culturais das realidades locais e, como uma trama invisível, compõem uma rede de significações pela qual "se pensa e se explica a ordem do mundo como um todo", valendo-me aqui do debate aberto por Eduardo Colombo, estudioso do imaginário social[7].

---

6. M.L.T. Carneiro (org.), *O Antissemitismo nas Américas*.
7. E. Colombo, *El Imaginario Social*, p. 47.

No caso dos judeus, existe um terreno fértil que alimenta a germinação dos mitos sobre essa comunidade e povo: o próprio judaísmo, como toda religião, é modelado por ritos que, projetados no imaginário coletivo, favorecem interpretações distorcidas. Um dos mais importantes rituais do judaísmo, a Brit Milá, a cerimônia da circuncisão, por exemplo, além de ser uma obrigação de todos os pais judeus, é também uma *mitzvá*, um ato de conexão com D'us[8], sendo geralmente realizado por um *mohel* ou um médico, profissionais capacitados para fazer o procedimento cirúrgico. Realizado no oitavo dia após o nascimento da criança, é explicado como um símbolo estabelecido na *Torá*, em *Gênesis* 17,11, da Aliança entre D'us e Abraão e seus descendentes que garante a continuidade do povo judeu. Nesse momento, o bebê recebe seu nome em hebraico. E como essa cerimônia de Brit Milá pode servir ao mito? Por implicar em um "pacto" que envolve sangue, por exigir o "sofrimento" de um recém-nascido, por ser um ritual que enfatiza a continuidade do grupo que, segundo a lógica do mito, vai se fortalecendo para impor seu poder ao mundo.

Inúmeras vezes, por exemplo, os inquisidores do Santo Ofício da Espanha e Portugal interpretaram a realização de um *minian*[9] (grupo de dez judeus maiores de treze anos), como um *complô secreto*, realizado às escondidas, com o objetivo de atentar contra o cristianismo. Situações como essas favoreciam as obsessões católicas pelas conspirações, crenças que, ao longo de séculos, irão alimentar a paixão histérica por explicações maniqueístas, atribuindo aos judeus "conspiradores" a articulação de massacres, a transmissão de pestes e vírus e, até mesmo, a responsabilidade

---

8. *Mitzvá* significa mandamento e também conexão: estar conectado a D'us. Quando um judeu cumpre uma *mitzvá*, entende-se que ele está expressando esta conexão (positiva).

9. Certos rituais ou orações judaicas somente podem ser realizadas na presença de uma Congregação que, segundo a *Torá*, deve ter no mínimo dez pessoas adultas que formam o *Minian*. Deve haver um *minian*, por exemplo, para a realização da cerimônia do *Brit Milá*, para a reza do *Kadisch, Bareschú, Keduschá*, leitura da *Torá*, dentre outros.

por terremotos e desgraças maiores. Atualizada nessa direção, essa lógica foi aplicada aos *Protocolos dos Sábios de Sião* e ao discurso hitlerista, como podemos constatar na primeira página da publicação nazista, *Der Stürmer*, cuja manchete alerta para o "Assassinato Ritual: O Maior Segredo do Judaísmo Mundial". Ilustrando o texto está a reprodução de uma representação medieval de um assassinato ritual, acompanhada da seguinte legenda: "Em 1476, os judeus de Regensburg assassinaram seis meninos. Eles extraíram seu sangue e os mataram como mártires. Os juízes encontraram os corpos dos falecidos em um espaço subterrâneo, que pertencia ao judeu Josfal. Em um altar, havia um prato de pedra salpicado de sangue."[10]

Em algumas edições atualizadas dos *Protocolos dos Sábios de Sião*, publicadas no Brasil pela editora Revisão, a presença dos judeus foi relacionada à proliferação da Aids e das drogas, o que demonstra a capacidade que os mitos políticos têm de se atualizar e sobreviver valendo-se de vestígios do passado. Daí a persistência da "diabolização" dos judeus nas charges enquanto eternos "bodes expiatórios"[11]. Como disse o grande físico e humanista Albert Einstein (1879-1955):

Os demônios estão em toda parte; é provável que, de maneira geral, a crença na ação demoníaca se encontre na raiz de nosso conceito de causalidade.

É a pessoa humana, livre, criadora e sensível que modela o belo e exalta o sublime, ao passo que as massas continuam arrastadas por uma dança infernal de imbecilidade e de embrutecimento.[12]

A Construção do Perigo Judaico

O perigo das charges contra as minorias étnicas (judeus, ciganos, negros, indígenas etc.) é que elas, pela dinâmica

---

10. *Der Stürmer*, 1939, p. 1.
11. L. Poliakov, *A Causalidade Diabólica 1*.
12. Ver A. Einstein, *Como Vejo o Mundo*.

de imagens que desencadeiam, preparam as mentes para autorizar qualquer outro tipo de violência física ou simbólica. Instigam os movimentos de "caça às bruxas", transformando os argumentos em forças mobilizadoras. Muitas vezes, um fragmento da realidade é o suficiente para detonar o ódio, incitar perseguições, prisões, torturas, deportações e massacres. A carga emocional torna-se tão forte que parte da população acredita na mentira, como aconteceu durante a Era Inquisitorial Ibérica (Espanha: 1478-1834; Portugal: 1536-1821) e a Era Nazista (1935-1945). Sabe-se que tanto a doutrina católica como as propagandas totalitárias e autoritárias contribuíram imensamente para a criação de vítimas "virtuais", acelerando o processo de "demonização" dos judeus tratados ora como monstros, ora como raças degeneradas, inferiores ou infectas[13]. Expressiva é a caricatura antissemita publicada por Julius Streicher no seu *Der Stürmer*, em outubro de 1936: a imagem retrata o judeu como o diabo que ameaça a Mãe Europa. A legenda diz: "Mãe Europa: Se eu tivesse que deixar um dos meus filhos para este demônio, seria a minha morte."

Considero difícil estudar e compreender a história do antissemitismo sem avaliar o imaginário coletivo que se faz povoado por arquétipos que não devem ser negligenciados, ignorados. As imagens estereotipadas dos judeus que ali coexistem – judeu errante, judeu capitalista, judeu egoísta, judeu degenerado, judeu assassino etc. – se prestam para gerar forças capazes de alterar a ordem de uma sociedade, como aconteceu no Império Colonial Ibérico e na Alemanha nazista. As imagens míticas favorecem a criação de heróis salvadores da nação, a instituição de hierarquias e de modelos de relações sociais modeladas pelo maniqueísmo. O chargista procura "vender" ao seu leitor a ideia e a imagem da existência de uma sociedade dividida entre forças opostas: bem *versus* mal.

---

13. M.L.T. Carneiro, *Preconceito Racial em Portugal e Brasil Colônia*.

Dessa forma, as ilustrações, alimentadas pelos mitos, transformam-se em forças reguladoras de uma determinada sociedade, servindo para controlar as massas, situação comum aos regimes totalitários e autoritários. No caso da Alemanha nazista, os judeus eram apontados pelas lideranças nacional-socialistas como elementos de "desvios" na ordem instituída e que, como tais, deveriam ser exterminados. Os mitos ofereciam uma explicação para os "males que acometiam a nação alemã", enquanto as charges oferecem as imagens que se prestam para controlar as condutas da população predisposta a endossar a narrativa e a mentira. Ao utilizar-se dos mais diversos meios, tais como charges, cinema, rádio, fotografia, livros infantis, desfiles e hinos nacionais, os mitos ganharam espaço e conseguiram canalizar as energias para a formação de um consenso: a salvação da sociedade alemã dependia do seu líder (Adolf Hitler, o "salvador") e da divisão da população em puros e impuros, culminando com o endosso às práticas genocidas. Segundo Pierre Ansart, o mito "participa da renovação de uma certa ordem, da instituição de uma certa hierarquia e, em consequência, da eliminação dos dominados [leia-se, dos párias]: o mito potencializa a violência até então enrustida, sendo legitimado pelo Estado"[14].

As Caricaturas e as Receitas Antissemitas

Os chargistas das Américas "importaram" dos impressos europeus do século XVIII e XIX alguns indícios básicos para representar o judeu ganancioso. Em geral, apresentam-no grandalhão, barrigudo e narigudo, gesticulando com as palmas das mãos abertas. Segundo John e Selma Appel, estudiosos dos *comics* da imigração na América, os "chargistas alemães acrescentaram os pés chatos, as pernas

---

14. P. Ansardt, Ideologias, Conflictos e Poder, em E. Colombo, op. cit., p. 101-102.

curvas e o gosto pelo alho". Da mesma forma, os chargistas estadunidenses não partiram de imagens novas: os judeus aparecem sempre: "segundo as referências europeias e cristãs, sempre desfavoráveis ou hostis em relação aos judeus intrusos, cristocidas, estranhos ou representantes da nova e emergente sociedade capitalista baseada no intercâmbio impessoal de bens e dinheiro"[15].

A partir do século XIX, centenas de charges antissemitas foram produzidas nos Estados Unidos que, apesar de abrigar uma das maiores comunidades judaicas do mundo, não pouparam os judeus da zombaria ímpia. Como sabemos, o humor é uma arma diabólica, reveladora de variações de mentalidade ao longo dos séculos. A liberdade de expressão, defendida pelos regimes democráticos, abriu um canal favorável para a proliferação dos mitos sobre os judeus que continuam a ser o alvo preferido da zombaria sarcástica dos antissemitas. Carregadas de ideologias, as charges incitam o ódio, aproveitando-se das fissuras culturais, da ignorância e das dúvidas que permitem a persistência dos estigmas. Acusados de escravizar seus empregados, os judeus são apresentados como exploradores do trabalho feminino, assim como de assédio sexual. A ilustração criada pelo artista James Albert Wales (1852-1886) mostra uma linha de mulheres em busca de emprego, diante de um judeu lascivo, enquanto três homens atrás de uma mesa observam o processo de seleção; três vinhetas complementam a narrativa descrevendo as condições degradantes para mulheres trabalhadoras.

No Brasil, a figura do judeu avarento encontrou interlocutores antissemitas na literatura e na caricatura em distintos tempos históricos e, mais especificamente, durante o Estado Novo, então presidido por Getúlio Vargas (1937-1945). Reproduziram a receita gráfica dos atributos físicos-vestuais daquele judeu caricato comumente representado nos impressos antissemitas europeus. As revistas

---

15. J. Appel; S. Appel, op. cit., p. 127-128.

FIG. 9: *James Albert Wales*, Os Escravos dos Judeus, *9 de dezembro de 1882. Cromolitografia.*

ilustradas, dentre as quais *Careta, Cultura* e *Vamos Ler*, apelaram para os mesmos elementos simbólicos usados na Europa para identificar o judeu avarento, explorador do povo: sacos de dinheiro, chapéus e casacos negros, olhar e garras de ave de rapina[16].

Assinadas por Théo, Nássara, Storni, Belmonte e outros, as charges assumem dimensão histórica, transformando-se numa das principais fontes de informação para os estudos sobre esse controvertido período que antecedeu a eclosão da Segunda Guerra Mundial. As charges publicadas pela revista *Careta*, antes do golpe que instituiu o Estado Novo, direcionavam-se em função da conjuntura política interna: posse de Vargas, Constituinte de 1934, o Plano Cohen e o complô-judaico-comunista, o perigo da revolução comunista, questionamento sobre as ideias liberais etc. Tudo isso coincide com o desenrolar da Guerra Civil Espanhola (1936-1939) e com o recrudescimento do antissemitismo na Alemanha nazista endossado pela Itália fascista.

16. M.L.T. Carneiro, *Preconceito Racial em Portugal e Brasil Colônia*, p. 323-360.

Em 1935, a figura estigmatizada do judeu reapareceu em um magistral desenho do caricaturista conhecido como Belmonte, pseudônimo de Benedito Carneiro de Bastos Barreto (1896-1947). Em *Ideias de Ninguém*, o paulista Belmonte reafirma a figura sinistra do judeu que, sentado sobre um saco de moedas, assemelha-se a um morcego cujas garras não negam suas intenções. Esse livrinho reúne algumas das crônicas e imagens publicadas pelo chargista na *Folha da Noite*, em 1933 e 1934, acompanhadas de um breve histórico. Apesar de o autor afirmar que tinha o "objetivo altruístico de distrair os seus possíveis leitores, com comentários alegres em torno de episódios sérios que teriam ficado sepultos na vala comum das coleções de jornais", não foi muito feliz. Referindo-se à "invasão" pacífica do antissemitismo nazista na França, Belmonte cita frases do escritor Clement Vautel, que afirmava também que "os judeus estão fomentando a guerra e que, quando esta explodir, eles exclamarão: 'Aux armes, Français, allez delivrer nos frères!' [Às armas, franceses, libertem nossos irmãos!]"[17]

Belmonte acreditava que, onde "existisse um 'semitismo' – não como denominação racial, mas como expressão política que é – deveria haver, fatalmente, inexoravelmente [sic] um antissemitismo", pois "toda ação provoca reação". Em todo o caso, o certo é que a campanha contra os judeus, iniciada na França, é um dos acontecimentos mais desnorteantes desse desnorteante ciclo de confusões. Em seguida comenta:

Mas o mais complicado nisso tudo é que os judeus da França não são apenas os fugitivos da Alemanha. São milhões. E não vegetam melancolicamente nos "ghettos". Dominam. Tanto que o deputado Fougère enviou à mesa uma indicação sobre o caso, na qual se leem estas observações estuporantes: '[…] eles (os judeus), num propósito contrário aos interesses do país e da paz exercem influência sobre a direção da política exterior da França e desorientam a opinião pública com as suas propagandas e campanhas de imprensa'.

17. Ver Belmonte, *Ideias de Ninguém*.

Isso vem dar razão ao articulista da *Revue Critique*, o qual declarou: "A imprensa que eles dominam, e o cinema que eles controlam, convidam-nos ao sacrifício." O "Lu", de onde extraímos essas notas, não está de acordo com tudo isso e chama essa campanha de "invasão" pacífica do antissemitismo nazista[18].

FIG. 10: *Belmonte, O Perigo Mysterioso...*

Unindo a ideia estereotipada à imagem deturpada do judeu avarento e ganancioso, a caricatura reforçou junto aos leitores do jornal atitudes de repulsa e desprezo pela figura do imigrante judeu. Essas formas de representação iam ao encontro do discurso [confidencial e/ou secreto] sustentado pelos órgãos de imigração e repressão do governo Getúlio Vargas durante o Estado Novo. Como exemplo, citamos um ofício encaminhado pelo Ministério das Relações Exteriores para o Ministério da Justiça e Negócios Interiores. Em abril de 1938, por exemplo, Hildebrando Accioly, secretário-geral do chanceler Oswaldo Aranha,

18. Ibidem.

classificou os judeus como: "inassimiláveis, inúteis à sociedade, destituídos de escrúpulos, sem pendor algum para a agricultura, além de constituírem-se em fatores de desintegração étnica e religiosa"[19].

Lembramos que tanto a caricatura como a charge serviam (e ainda servem) como uma faca de dois gumes: ora como instrumento de crítica política, ora como instrumento de doutrinação racista. Alguns caricaturistas brasileiro tiveram a sensibilidade e a persistência de deixar "vazar" suas opiniões sobre os regimes autoritários valendo-se de desenhos de cunho essencialmente internacionalista. Expressiva dessa postura de combate pode ser observada pelo testemunho do caricaturista Djalma Pires Théo, que, sob a forma de carta ao presidente Dutra, criticou a ditadura implantada por Getúlio Vargas: "Quando durante o Estado Novo, combatemos Hitler e Mussolini, nós o fizemos burlando a inepta censura e, se hoje, combatemos Stálin, não o fazemos levados pela vesga propaganda oficial. Ontem, como hoje, nós combatemos os ditadores, todos eles, porque, nas ditaduras, se suprime a liberdade."[20]

No entanto, a crítica ao antissemitismo político assumido pelo governo Vargas foi minada pela prática da tirania e da censura que tolheu a liberdade de expressão. E, como muito bem lembra Mateu Hodgard, referindo-se à sátira política: "aos tiranos desgosta qualquer forma de crítica, porque nunca sabem em que desembocará; e em um ambiente intolerante, a crítica é considerada subversiva da boa ordem e da moral"[21].

Como já demostrei em meu livro sobre o antissemitismo na Era Vargas, a natureza agressiva da caricatura e da charge políticas permite reflexões que extrapolam o riso e o desenho plástico. Expressando uma realidade

---

19. *Ofício de Hildebrando Accioly, Secretário Geral, Para Oswaldo Aranha, Ministro das Relações Exteriores*, p. 3-4.
20. Ver Depoimento de Théo, 1948, em H. Lima, *História da Caricatura no Brasil: 1400-1402*.
21. M. Hodgard, *La Sátira*, p. 33-34.

aguçada pela lente específica de um pesquisador mais atento, tais imagens transformam-se em síntese dos principais momentos sociopolíticos e dos perfis das grandes personalidades, homens símbolos do poder.

Ainda hoje, é comum ouvirmos a acusação de que uma minoria judaica domina o setor bancário brasileiro, esquecendo-se de que existem outras potências bancárias cujos proprietários são católicos. Existem bancos onde os proprietários são judeus? Sim. Mas quem são os "outros"? A versão que persiste é sempre generalizada, tentando passar a ideia de que convivemos com uma "judeocracia na democracia". Aqui está o fato: o mito mente, aproveitando-se da verossimilhança atribuída a uma realidade portadora de uma aparência (probabilidade de verdade). Enfim, para o mito tudo é possível e tais acusações não são exemplos dos tempos medievais: estão por aí, na boca dos desinformados, presas fáceis e passíveis de manipulação.

Mais recentemente, essa imagem estigmatizada do judeu avarento foi incorporada pelo ator brasileiro Marcos Plonka (1939-2011), que interpretava o sovina judeu Samuel Blaustein na "Escolinha do Professor Raymundo", programa humorístico comandado por Chico Anysio na TV Globo. Quem não se lembra do bordão que tornou-se uma marca registrada do "judeu avarento": "fazemos qualquer negócio!" Importante para a comunidade judaica mundial é reavaliar a apropriação que ela tem feito de expressões estigmatizadas como essa que, negativamente, interferem no imaginário coletivo. Zombar de si mesmo, considerando aqui que Marcos Plonka era de origem judaica, é como enterrar um "ferro no próprio peito". Muitas vezes, o riso carrega um tom amargo, favorecendo a transgressão dos tabus, ou seja: do direito de rir de tudo, incluindo da morte e do sagrado, como muito bem relatou Georges Minois. Hoje, diante do poder alcançado pela mídia por meio das redes sociais e da internet, o riso pode transformar-se em um poderoso instrumento de manipulação das mentes: ele seduz, ao mesmo tempo que favorece a crença no absurdo e a admiração pelo grotesco. Enfim, o riso faz parte da vida assim como faz parte da sobrevivência dos mitos: "o humor está sempre nos calcanhares da dúvida, ou seja, é uma faca de dois gumes"[22].

A silhueta do judeu na caricatura brasileira assemelha-se, em muitos pontos e traços, à figura do "judeu alemão" retratado em pôsteres e cartazes que circularam na Alemanha nazista dos anos 1930 e 1940. O mesmo casaco preto e largo, barbas longas sustentando a expressão de homem "explorador e mau", tendo nas mãos um saco de dinheiro, moedas de ouro e o mapa-múndi, por onde se estende seu poder. Ele sempre é um estrangeiro, homem de negócios, aproveitador de situações, ganancioso e, até mesmo, financiador de guerras, como enfatizam algumas charges estadunidenses e alemãs. Nesse sentido, basta compararmos o catálogo da exposição *Der Ewige Judeu* (O Judeu Eterno, 1939) com os desenhos de judeus estampados no jornal integralista *Acção* e na revista *Careta*[23].

Os diálogos das charges e das piadas apresentam-nos o judeu sempre como o estrangeiro, o homem de negócios aproveitador de situações difíceis, ganancioso, e até mesmo como provocador de guerras[24]. É sempre tratado como indesejável, cuja entrada no Inferno se faz sob condições, conforme charge publicada na revista *Careta*[25]. Essa mesma figura do judeu pode ser reconhecida na página do jornal *Acção*. A representação pictórica do israelita, sentado em uma cadeira com um saco de dinheiro na mão, ilustra uma auspiciosa notícia sobre os judeus do bairro paulistano do Bom Retiro[26]. Dessa forma, alguns caricaturistas reforçavam certos aspectos caricatos da personalidade do judeu, então amplamente explorados pela propaganda e pela literatura antissemita em circulação no Brasil. Nesse

22. G. Minois, op. cit., p. 393, 632.
23. Respectivamente, em 24 jun. 1937; e 10 out. 1936.
24. *Careta*, n. 1477, out. 1936, capa; n. 1580, out. 1938, p. 37.
25. *Careta*, abr. 1938, p. 23.
26. *Acção*, 24 jun. 1937, p. 1.

sentido, a imagem completava o texto (a ideia) dando-lhe forma, cor e caráter[27].

FIG. 11: *(à esquerda) O "Faz Tudo", charge publicada na revista* Careta, *out. de 1936 [capa]*.
FIG. 12: *(à direita) Hanise, autor do pôster* Por Trás do Poderoso Inimigo, o Judeu, *c. 1941-1942*.

Essa personalidade é sempre carregadas de atributos negativos, facilmente identificada nos diálogos, O judeu é sempre aquele que entrega a mulher ao amigo em troca do seu peso em ouro[28]; que acerta o casamento com a filha do banqueiro "pela metade do preço"[29], ou que assiste, friamente, a uma cena de naufrágio na qual se afoga a mulher de um amigo[30]. Essa mesma conotação foi identificada nas piadas publicadas pelas revistas *Cultura* e *Vamos Ler?*, que, entre 1938 e 1942, dedicam grande atenção e espaço a esse tipo de sátira. Nada mais fazem do que acompanhar o assunto do dia[31].

27. M.L.T. Carneiro, *O Antissemitismo na Era Vargas*, p. 343-344.
28. *Careta*, maio 1936, p. 43.
29. *Careta*, mar. 1936, p. 50.
30. *Careta*, mar. 1936, p. 14.
31. *Cultura*, 1939, p. 9; nov. 1938, p. 38; jan. 1940, p. 27; *Vamos Ler?*, jan. 1938, p. 27; set,. 1939, p. 31.

Nesse mesmo tom, a revista *Careta*, em abril de 1936, assim definiu ironicamente o sionismo: "Fala-se muito em sionismo. Uma religião? Um plano de ação social? Que diabo então? Eis a definição: sionismo é o fato de um judeu, com dinheiro dum segundo judeu, querer mandar um terceiro judeu à Palestina. E a definição é de um quarto judeu."[32]

A Renovação dos Mitos Antissemitas Pelas Novas Tecnologias

Em pleno século XXI, devemos avaliar a persistência e a revitalização do antissemitismo sob o prisma das novas tecnologias e do impacto das mesmas sobre a construção do conhecimento sobre os judeus. Fazendo uma retrospectiva histórica, percebemos que os mitos, por sua dinâmica e capacidade de renovação, passaram da tradição oral medieval aos modernos meios de comunicação de massa. Hoje, modernizados, circulam com maior rapidez pelos computadores, *softwares*, jogos interativos, *smartphones* e internet. Incitam o ódio por intermédio de mentiras globalizadas, sem fronteiras e sem identidade, veiculados pelos *blogs* neonazistas e antissemitas. Favorecidos pelo direito à liberdade de expressão e pela facilidade de anonimato oferecido pela internet, os blogueiros apelam para a liberdade de compor e ilustrar o seu repertório com imagens mentais e visuais inspiradas no passado próximo. Seduzidos pelos mitos, oferecem aos seus leitores o "reino da felicidade".

As notícias sobre o Oriente Médio, que têm Israel como foco das críticas políticas, permitem atualizar as narrativas mitológicas, contribuindo para insuflar situações de insegurança à paz mundial e ampliar o ódio aos judeus e ao Estado de Israel. A mídia sensacionalista – valendo-se

---

32. *Careta*, abr. 1936, p. 49.

amplamente da força da fotografia como documento e verdade – intensifica, como muito bem colocou Gilles Lipovetsky, as possibilidades "de um mundo repleto de catástrofes e de perigos"[33]. Apelando para a emoção, as caricaturas e as charges favorecem a construção de uma segunda realidade e fortalecem os mitos. A crise de paradigmas que abala o século XXI abre espaço para a circulação e a revitalização dos mitos. Não podemos nos esquecer que a mente, valendo-se da mentira e da distorção dos fatos, ainda é prisioneira da lógica totalitária.

Do ponto de vista do mental coletivo, podemos considerar que o mito do complô judaico internacional persiste nos dias de hoje enquanto um dos paradigmas do antissemitismo moderno. Ao mesmo tempo, o ódio milenar aos judeus sobrevive, patrocinado pelos segmentos da mídia que alimentam opiniões distorcidas sobre a crise no Oriente Médio. Por exemplo: na esteira do atentado terrorista ao World Trade Center (New York) e ao Pentágono, sede do Departamento de Defesa dos Estados Unidos (Washington, DC), no 11 de Setembro, intelectuais, jornalistas e universitários (incluindo brasileiros) celebraram o terror com boas doses de antissemitismo. E, em outras situações, ao tentarem revelar a vulnerabilidade do imperialismo estadunidense e acusarem Israel de "terrorismo" e "genocídio nazista" contra os palestinos, esses cidadãos quebraram novamente o ovo da serpente. Infelizmente não conseguimos adentrar ao século XXI ilesos desse veneno que continua a encantar os inimigos da democracia.

---

33. G. Lipovetsky, *Metamorfoses da Cultura Liberal*, p. 76-77.

8.
HUMOR E CULTURAS POLÍTICAS: UMA REFLEXÃO ACERCA DA OBRA DE SÉRGIO BONSON (1949-2005)

Emerson César de Campos

> *Procuro dar meu recado através do humor.*
> *Humor pelo humor é sofisticação, é frescura.*
> *E nessa eu não tou: meu negócio é pé na*
> *cara. E levo o humorismo a sério.*
>
> HENFIL, *O Baixinho Sou Eu*,
> Veja, *n. 138, p. 23.*

O excerto colocado acima me possibilita inscrever as ações de escrita deste texto em ordem quase tautológica: a dimensão nacional de uma cultura política local, junto a outra local de uma cultura política nacional. Nós, os historiadores, por cautela ou zelo, nos dedicamos pouco aos estudos sobre humor, e menos ainda a pesquisas que o relacionem às culturas políticas. No jargão profissional, diz-se que ninguém leva o humor a sério[1]. E quando se toma por referência um dos grandes da arte nacional, Henfil (1944-1988), certamente impacta os estudiosos (mesmo que em número parco, como exposto). Exímio crítico e combatente da ditadura militar brasileira (1964-1985), Henfil certamente não esteve sozinho nessa frente[2]. Uns bem conhecidos, outros pouco, alguns desconhecidos do grande público, e quase sempre entendidos como artistas locais, acompanharam a luta e produziram arte crítica e muito bem-humorada das culturas políticas brasileiras[3].

Um daqueles pouco conhecidos do grande público é o artista e historiador Sérgio Luiz de Castro Bonson (1949-2005), que foi um artista plástico, caricaturista, chargista e cartunista catarinense, nascido em Florianópolis. Iniciou a sua carreira como chargista no jornal *O Estado* em Santa Catarina, no ano de 1974. Dedicou-se aos desenhos de humor, passou a trabalhar como chargista no *Jornal de Santa Catarina* e a atuar como *freelancer* na *Folha de S.Paulo* e em *O Estado de S. Paulo* entre os anos de 1980 e 1985. Além disso, colaborou com o *Diarinho do Litoral*, *A Semana* e algumas edições dos periódicos alternativos *Bernunça* e *Afinal*. Além das caricaturas, charges e cartuns que elaborou para esses periódicos, possui uma coletânea de charges políticas, *Bonson Sem Censura* e diversas expressões gráficas de humor publicadas[4], em parceria

---

1. "Ninguém Leva o Humor a Sério" é o título de um artigo de minha autoria, a ser publicado em revista científica, do qual recupero parte da argumentação aqui.

2. A dimensão política e bem-humorada pode ser encontrada nos trabalhos inspiradores de Henrique de Souza Filho, o Henfil. Para excelentes discussões produzidas por Henfil, entre outros, ver: M. da C.F. Pires, *Cultura e Política entre Fradins, Zeferinos, Graúnas e Orelanas*; os trabalhos de M.A. da Silva, *Humor e Política na Imprensa*; e idem, *Prazer e Poder do Amigo da Onça*; ou ainda, idem, Machos & Mixos, *Revista de História*, v. 139.

3. Em todo o texto, abordo a cultura política brasileira em sua dimensão plural, ou seja, culturas políticas.

4. "O termo 'expressões gráficas de humor' é utilizado para caracterizar o conjunto de desenhos que possuem como objetivo alcançar o ▶

com André Freitas, Frank Maia e Zé Dassilva, na revista de humor 4-3-3, de 1997. A cultura política acionada por Sérgio Bonson em sua obra vai se apresentando cada vez mais engajada e afinada com os segmentos populares, e como esses lidam e entendem seus representantes políticos, ainda contrária ao militarismo posto em sua forma autoritária (incluindo a de governo) e antidemocrática. Soma-se a isso a resistência política aliada ao acionamento do riso. Para Bonson, assim me parece, quanto mais "fortes" as personagens políticas a serem satirizadas, maior a força de resistência fomentada pelo humor. O artista realizou um extenso trabalho de produção de quadrinhos e charges de cunho político. Segundo o relato de Zenir Maria Koch, que foi companheira de Sérgio Bonson:

> Bonson sempre foi um crítico, com posição de esquerda que era claramente evidenciada no seu trabalho diário como cartunista, e não filiado a partido político. A luta política, por uma sociedade livre, justa e igual, sempre esteve presente na vida de Bonson. Inicialmente, participando do movimento estudantil secundarista e universitário e, posteriormente, nos seus traços de desenhos de humor, fazia críticas à política e aos políticos do contexto nacional e local. Na sua trajetória de vida, Bonson sofreu perseguições durante a ditadura militar, razão pela qual, requereu e lhes foram concedidas indenizações, pelo governo de Santa Catarina (Lei n. 10.719/1998) e pelo Governo Federal (Leis n. 10.559/2002 e n. 9.140/1995), por ter sido detido sob a acusação de ter participado de atividades políticas.[5]

▷ humor, mas que se distinguem entre si por suas especificidades, a saber: caricaturas, charges e cartuns – e, no âmbito desse último, as tiras cômicas e as histórias em quadrinhos", ver E.C. de Campos; M.B. Petry, Um Artista em Trânsito, *Anos 90*, v. 28, p. 3; e idem, *Histórias Desenhadas*.

5. Z.M. Koch, Entrevista Concedida a Emerson César de Campos. Agradeço sobremaneira toda a disposição e solicitude com as quais Zenir Koch sempre me tratou. Também por essa entrevista que me concedeu formalmente e outras tantas conversas que tivemos, bem como sua presença e engajamento em nosso campo político e nos desafios que as universidades nos colocam diariamente.

Em 1968, Bonson foi preso por policiais militares em duas oportunidades. A primeira em 5 de dezembro, como impedimento à sua participação nas manifestações programadas contra o então presidente, marechal Artur da Costa e Silva. A sua libertação se deu após a visita do referido presidente, com um inquérito instaurado contra ele, na Secretaria de Segurança do Estado de Santa Catarina – Instituto de Identificação. A segunda prisão ocorreu em 14 de dezembro, no seu local de trabalho como escriturário na Reitoria da Universidade Federal de Santa Catarina (UFSC), quando um funcionário do Departamento de Ordem Política e Social (DOPS), acompanhado de outro policial, o prendeu para averiguações relacionadas com as suas atividades políticas no Grêmio Estudantil Professor José Brasilício do Instituto Estadual de Educação (IEE) de Florianópolis. Sobre essa e outras prisões, continua Zenir Maria Koch:

> Eu também era integrante do Grêmio Estudantil. Sei através de documentação que mais tarde [em 1998] me mostraria Bonson, que a sua detenção foi acompanhada de interrogatórios de um dia todo, o suficiente para prejudicar a sua vida profissional, pessoal e familiar. Em 17 de dezembro de 1968, Bonson foi demitido, pelo reitor Ferreira Lima, da função de escriturário que exercia na Reitoria da UFSC, ficando assim, impedido de prosseguir a sua carreira profissional naquela universidade. Em 1969, ele foi atingido pela inelegibilidade decretada pelo mesmo reitor, que o impediu de concorrer à eleição para membro do Conselho Executivo do Diretório Central dos Estudantes da UFSC. Em 10 de abril de 1978, mais uma vez Bonson foi vítima da censura da ditadura militar, ao ser demitido do cargo de chargista no jornal *O Estado*, por ter publicado uma charge alusiva ao então presidente da República general João Batista Figueiredo.[6]

São relevantes as contribuições do artista e historiador na produção de expressões gráficas de humor inscritas na ambiência política, em particular destaque para o período aqui aludido. O humor costuma despertar e potencializar

---

6. Ibidem.

o interesse em temas, os quais, para a maior parte das pessoas, costumam ser mais dados aos especialistas e, nesse sentido, o humor político encerra mesmo essa perspectiva crítica e analítica do mundo que nos cerca. O humor político que aqui apresento é datado, majoritariamente, das décadas de 1980 e de 1990, e deve por elas ser entendido e referenciado. Mais ainda, neste texto de apresentação de Sérgio Bonson relacionado ao humor político, não tenho a pretensão de ser engraçado (embora admita que ficaria satisfeito caso o escrito e apresentado pudesse liberar algum riso). Segundo o que nos apresenta o livro *Humor in America*, organizado por Lawrence E. Mintz: "Tornou-se convencional começar os estudos escolares do humor com duas renúncias: é necessário um pedido de desculpas pelo fato de que o estudo do humor não é, por si só, engraçado, e a atenção é dirigida para a aparente ironia de que embora o humor seja trivial e superficial, o estudo dele é necessariamente significativo e complexo."[7]

Para além dos espaços nomeadamente públicos nos quais foram veiculadas as imagens e edições aqui citadas, Bonson contribuiu como ilustrador em publicações, boletins, jornais e informativos de movimentos de esquerda, sempre que era solicitado por sindicatos e associações de trabalhadores de Florianópolis. Participou ativamente na produção do *Bernunça*, um jornal alternativo de esquerda, inspirado em *O Pasquim*[8], veiculado em Santa Catarina entre 1987 e 1988 (investigação que realizo atualmente), e realizou também alguns trabalhos para o *Afinal*, que circulou entre 1980 e 1981. A criação artística de Sérgio Bonson vai se realizando no aprimoramento de um traço inconfundível, a partir de referências diversas. Como exposto

---

7. L. Mintz, *Humor in America*, p. 7. (Tradução minha.)
8. *O Pasquim* foi um semanário alternativo, em formato de tabloide, editado entre 1969 e 1991, e reconhecido por sua crítica ferina à ditadura militar brasileira (1964-1985). Um trabalho bastante denso e competente sobre *O Pasquim* pode ser encontrado em M. da C.F. Pires, op. cit. Como abordado no início, Henfil sabidamente influenciou o trabalho de Sérgio Bonson.

por Zenir Maria Koch, em sua trajetória de vida pessoal e profissional, sua maior dedicação foi ao estudo e à produção artística como ilustrador, cartunista, chargista, desenhista e pintor de aquarelas. Na entrevista que gentilmente me concedeu Nelson Rolim, proprietário da editora Insular na cidade de Florianópolis, que desde a década de 1970 teve contato com Bonson e a obra do artista ilhéu, comentou: "Bonson tem um traço absolutamente original, o que lhe confere a importância que tem como artista. Todos os chargistas catarinenses de alguma forma foram influenciados pelo Bonson, pois o que não lhe faltava era irreverência e espalhafato em suas atitudes, uma personalidade que, com sua produção artística genial, lhe conferia a condição de 'mestre'. Frank Maia é um dos seus herdeiros, e muitos outros."[9]

O espalhafatoso na obra de Bonson, com efeito, é facilmente percebido. Como um artista profundamente conectado à dimensão sociocultural – que alimentava sua criação artística – ele materializava em arte as chamadas culturas do povo, mantendo nelas o escracho bem-humorado, mesmo quando era fatalista, e a perspectiva de crítica profunda à cultura política catarinense, em particular, e à brasileira, em geral.

É necessário entender que as expressões gráficas de humor, como charges e quadrinhos, precisam sempre da dupla inscrição: temporal e cultural. Somente nesse expediente de dupla inscrição é que uma obra de arte plástica, charge ou quadrinhos, se torna compreensível à "jaula" de significados que todas as culturas encerram. Trabalhando nessa perspectiva é que a historiadora Natalie Zemon Davis, ainda em 1990, indicava sobre as razões do desgoverno na França do século XVI, as manifestações da cultura popular que artistas do período, Hieronymus Bosch (1450-1516) na pintura e François Rabelais (1494-1553) na literatura, tão bem exibiram. Do ponto de vista

---

9. Ver N. Rolim, Entrevista Concedida a Emerson César de Campos.

da administração governamental formal, as manifestações populares, sobretudo de caráter profano e/ou obsceno, são permitidas como válvula de escape desviando a atenção da realidade. Sabemos, pois, que as manifestações populares, festivas ou não, auxiliam, por um lado, a manutenção de certos valores de uma comunidade – até garantindo a sua sobrevivência – e, por outro, fazem a crítica à ordem social[10]. O suposto desgoverno popular quase sempre é rigoroso na sua análise do político e do Estado.

Sérgio Bonson é um artista que soube bem compreender as nuanças de nosso desgoverno. Ainda que neste texto e nessa oportunidade eu não tenha condições de adensar discussão teórico-metodológica, preciso apresentar alguma, ainda que mínima, sobre as formas que o grotesco toma historicamente. Em Bakhtin, ou por meio do revigoramento que ele promoveu à obra de François Rabelais, sabemos que a carnavalização, a inversão da ordem estabelecida, o baixo material e corporal, caracterizam e são diacríticos do grotesco[11], ontem e hoje presentes nas expressões gráficas de humor.

Poucas são as manifestações populares que colocam e produzem sínteses tão expressivas como adágios populares.

Aqui coloco um adágio holandês (ou flamengo) a partir do qual Hieronymus Bosch teria produzido – ainda uma querela não resolvida – o tríptico *O Carro de Feno*. Diz o adágio: "O mundo é como um carro de feno e cada um pega o quanto pode." Em rápida interpretação sobre o tríptico de Bosch pode-se inferir que, no painel da parte central, o carro de feno, que em holandês indica insignificância, exibe personagens que perseguem e mesmo tentam nele subir, o carro do fútil, do passageiro e do transitório. No cortejo retratado por Bosch estão na balada o papa, o rei e a nobreza, proprietários do carregamento

---

10. Ver N.Z. Davis, *Cultura do Povo*.
11. Ver M. Bakhtin, *A Cultura Popular na Idade Média e no Renascimento*.

de feno, acompanhados, cercados por objetos e pessoas caricatas, numa mesma esfera terrena, todas e todos desejantes dos valores terrenos, caminhando para a danação[12].

Aqui indico fontes ainda não trabalhadas sobre a obra de Sérgio Bonson. As próximas charges e caricaturas que são apresentadas mostram um pouco do trabalho que Bonson realizou para *Afinal* e *A Bernunça*.

Afinal foi criado em maio de 1980 e se manteve em circulação até julho de 1981; foram, portanto, treze edições. Sua linha editorial seguia caminhos que possibilitavam crítica firme ao regime militar que grassava país afora naqueles tempos sombrios; e ainda empreendeu ali uma autêntica – mesmo que incipiente – problematização daquele árido tempo presente, circulando pelo estado de Santa Catarina. Na excelente dissertação que desenvolve sobre *Afinal*, afirma Arielle Rosa Rodrigues: "durante a sua existência [jornal *Afinal*], procurou [...] em suas reportagens, matérias e notas, [...] denunciar o que considerava serem ações arbitrárias e que prejudicassem de algum modo a população catarinense"[13]. Nos poucos trabalhos que Bonson realizou em *Afinal*, destaco o que foi publicado nas páginas 14 e 15, em maio de 1980, sob o título *O Golpe do Cardeal*[14]. Dom Alfredo Vicente Scherer, em maio de

---

12. Em meu entendimento, Bosch é o mestre do período que melhor exibiu e expressou na arte a tensa relação do homem com o transcendente. A religião é um dos principais motes de Bosch, presente em todos os seus trabalhos, mais ainda no conhecido *Jardim das Delícias* ou na *Tábua dos Sete Pecados Capitais*. Embora estimulante, a discussão suscitada extrapola os limites deste texto.

13. A.R. Rodrigues, *Os Alternativos da Ditadura*, p. 9. Deixo aqui meu especial agradecimento à Arielle Rosa Rodrigues, que me disponibilizou todos os números digitalizados do jornal *Afinal*, por essa ajuda de "última hora" que me concedeu, sem a qual seria impossível a materialização deste texto.

14. Segundo N. Rolim, op. cit., Bonson teria realizado quatro trabalhos para o *Afinal*. Segundo A.R. Rodrigues, op. cit., p. 38, "O conselho editorial [de *Afinal*] foi constante até a 8ª edição e era composto pelas seguintes pessoas: Eloy Peixoto Gallotti, Flávio Espedito Carvalho, Jurandir Pires de Camargo, Ney Vidal Filho, Nelson Rolim de Moura e Sérgio A.F. Rubim.

1980, era autoridade eclesiástica máxima em Porto Alegre, capital do Rio Grande do Sul, distante 462 km de Florianópolis, onde estava situada a sede do *Afinal*. A matéria muito bem escrita – e bem-humorada – de Ney Vidal diz que o cardeal mais conservador do país (o citado Scherer), que havia ocupado as páginas policiais em 31 de dezembro de 1979 em função de uma insólita aventura[15], desta feita, já em maio de 1980, estava às voltas com uma missão pouco ou nada referente ao mundo divinal. Antes, ao contrário. Havia pouco (janeiro de 1980), Scherer declarara apoio à aprovação da pena de morte no Brasil. A matéria de Ney Vidal ainda indica as ações de Scherer em relação ao manifesto que ele lançara em repúdio à maior e mais organizada greve dos operários metalúrgicos de São Paulo, ocorrida em 1º de abril[16], com duração de 43 dias. A matéria de Vidal comenta, pois, um evento que acabara de ocorrer. Ativo junto às frentes conservadoras do país, naquele maio de 1980, em determinada noite, o cardeal ligou para Afonso Ribeiro Neto, conhecido por Al Neto, escritor, jornalista, e uma figura emblemática, tanto por seus hábitos formais quanto pela atividade pecuarista e a posse de terras no Planalto Catarinense, sobretudo nas cercanias de Lages. Al Neto em si é mote suficiente para outro texto. Aqui, penso que duas palavras podem melhor elucidá-lo: caudillho e "coroné". Na ligação feita

---

15. Em 31 de dezembro de 1979, quando saía dos estúdios da Rádio Difusora, onde acabara de gravar seu programa, o cardeal foi sequestrado por dois homens ainda no centro de Porto Alegre. Golpeado a faca várias vezes, foi humilhado pelos assaltantes que o obrigaram a se despir completamente e o abandonaram numa estrada da zona sul da cidade. O episódio repercutiu fortemente no Brasil e mundo afora, sendo o violento e bárbaro ato bárbaro condenado por várias personalidades e autoridades no país. À época, havia uma onda de violência, quase sempre praticada por grupos armados de extrema direita contra autoridades eclesiásticas e que já haviam atacado os bispos dom Adriano Hipólito (em 1976), dom Luciano Mendes de Almeida e dom Estêvão Avelar.
16. O 1º de abril no Brasil é uma data emblemática: dia nacional da mentira, no sentimento popular, e o primeiro dia do Golpe Militar ocorrido no Brasil em 1964.

por Scherer a Al Neto, o cardeal solicitou ajuda ao pecuarista no sentido de requerer envolvimento dele com as bases rurais e políticas conservadoras no apoio ao manifesto citado, contra os operários do ABC paulista. Scherer, em realidade, marcava posição única entre o cardealato e o bispado brasileiro, organizados na Conferência Nacional dos Bispos do Brasil (CNBB). Segundo o manifesto de Scherer e seguindo o verdadeiro espírito cristão, seria necessária uma frente ampla para combater o comunismo que franqueava junto à CNBB, a qual o cardeal via como um antro de comunistas. Assim, Al Neto, além dele, conseguiu mais oito líderes signatários à "carta dos fazendeiros" cantada por Scherer ao pecuarista. Juntos, os oito signatários detinham mais de quinze mil hectares de terras, numa região onde milhares de camponeses não os têm[17]. A carta citada, publicada na íntegra nas duas páginas da matéria de Ney Vidal no *Afinal*, indica o profundo respeito e sincero amor filial dos quais os signatários estão imbuídos e a forma contundentemente contrária à posição "subversiva" que havia tomado a CNBB. Segundo ainda os signatários, a verdadeira Igreja Católica teria em Scherer seu último representante do cristianismo no sul do Brasil.

De posse de todas essas informações, Sérgio Bonson, no estilo que o caracteriza, coloca as personagens do imbróglio numa charge muito perspicaz e criativa. Num cortejo semelhante ao retratado por Bosch em *O Carro de Feno* e possivelmente influenciado pelo artista flamengo, Bonson coloca o grotesco[18] a serviço da cultura

---

17. São eles: Ivo Tadeu Bianchini, Célio Camargo Vieira, Milton Tadeu Barroso Ganborgi, Júlio César Ribeiro Ramos, Francisco Valio Vaz, Luiz Renato Krebes, Paulo Oswado Ramos e Gracílio Felipe de Morais.

18. Magistral síntese acerca do grotesco pode ser encontrada em M.B. Petry, História em Quadrinhos, em E.C. de Campos; L.F. Falcão; R.L. Lohn, (orgs.), *Florianópolis no Tempo Presente*. Em sua Dissertação, a partir dos trabalhos do também flamengo artista Pieter Bruegel, o velho, Petry indica caminhos e descaminhos para se pensar historicamente o grotesco. Muito sedutora a ideia de adensar discussão e diálogo a respeito do grotesco, aqui, a desenvolver.

popular, humoristicamente satirizando a situação social de modo competente, como escrito na matéria de Ney Vidal. Na charge, estão em cortejo o cardeal Scherer, Al Neto e a figura zoomorfizada do diabo, os três montados num bovino mocho, como se chamam no sul do Brasil os bois girolandos e/ou angus, que não possuem chifres e, no caso das fêmeas, são excelentes produtoras de leite. Nesse sinal[19], colocado por Bonson (o boi mocho), nosso bardo artista faz uma profunda crítica à postura conservadora encenada pelo cardeal e Al Neto. Ambos, junto do diabo, em realidade deveriam estar montados num cavalo puro-sangue marchador (raça originalmente brasileira, desenvolvida há mais de duzentos anos, a partir do sul do estado de Minas Gerais), mas Bonson, no melhor estilo grotesco que encerra toda charge de excelência, os coloca montados num mocho, ressaltando as funções pecuaristas de Al Neto e as terrenas e nada celestiais de Scherer.

FIG. 13: *Sérgio Bonson. Al Neto e o Diabo.* Afinal, *Florianópolis, n. 2, p. 14, 1980. Fotografia de Arielle Rosa Rodrigues.*

19. Suscito brevemente a abordagem descrita por C. Ginzburg, *Mitos, Emblemas e Sinais.*

Noutro trabalho feito para *Afinal*, Sérgio Bonson narra graficamente em sua charge o curto texto de Orlando Tambosi posto na seção "Feira Livre" (páginas 4 e 5). O texto da matéria é o seguinte: "Um obscuro vereador de Itajaí (do PDS é claro) sugeriu a decretação da pena de morte aos bandidos e corte das mãos para os ladrões. Se essas medidas entrassem em vigor, certamente veríamos muitos manetas à frente de nossas instituições."[20]

FIG. 14: *O político e o carrasco. Sérgio Bonson. Sem título. Charge.* Afinal, *Florianópolis, 1980.*

Bonson seguiu a mesma dimensão do deboche ao que nos assombra: corrupção política, desvio de recursos públicos para fins privados, isso naquele momento, o quarto final da Ditadura Militar no Brasil. Entre esses elementos que assustam quaisquer perspectivas democráticas, estava também a pena de morte[21]. A pena capital é ainda hoje assunto bastante tenso no Brasil, e estão envolvidos

---

20. *Afinal*, n. 11, p. 4-5.
21. Para uma análise bem articulada sobre a pena de morte no Brasil, a partir de dois processos-crimes, ver F. Abal; A.L. Reckziegel, A Pena de Morte na Ditadura Civil-Militar Brasileira, *Tempo e Argumento*, n. 25.

com ele, sobretudo, os setores mais conservadores da nossa sociedade. Naquele primeiro semestre de 1980, mais precisamente em 31 de janeiro, fora fundado o Partido Democrático Social (PDS), o mesmo citado por Tambosi em seu texto. O PDS foi praticamente um desdobramento da Aliança Renovadora Nacional (Arena), que sustentou politicamente o governo da ditadura militar no Brasil. Em 1980, espalhava-se tal ideia, principalmente entre parlamentares da base autoritária governamental. É o caso, entre outros, de Amaral Netto, deputado federal pelo Rio de Janeiro sempre por partidos como Arena e PDS, que fazia campanha ostensiva pela pena de morte no país.

Agora, já em outro momento da sua carreira e após ter trabalhado para a *Folha de S.Paulo*, visto que "Entre os anos de 1980 e 1985, Bonson, que se dedicava aos desenhos de humor, passou a trabalhar como chargista no *Jornal de Santa Catarina* e a atuar como *freelancer* nos jornais *Folha de S.Paulo* e *O Estado de S. Paulo*"[22], Sérgio Bonson se envolve com a criação de *A Bernunça*. O periódico ainda não me está plenamente identificado (até o fechamento deste texto), visto que consegui apenas dois números dele, mas posso afirmar que foi criado em 1986, provavelmente no mês de agosto. Depois de alguma pesquisa, encontrei o expediente em que se lê: "*Jornal a Bernunça* – o jornal de boca grande – é uma publicação da Rede Bernunça de Comunicação – RBC – sediada à rua [sic] Madre Benvenuta, 26, Trindade, Florianópolis, Santa Catarina. Conselho Editorial: Dario de Almeida Prado Júnior, Eloi Galotti Peixoto, Márcio Dison e Sérgio Luiz de Castro Bonson."[23]

Em realidade, e voltando ao envolvimento de Bonson com as motivações socioculturais que a todos se colocavam, o artista bem manifesta muito da chamada cultura popular tradicional e não folclorizada, felizmente, da

---

22. M.B. Petry, Histórias em Quadrinhos, op. cit., p. 45.
23. *A Bernunça*, n. 2, p. 2. (Grifo meu.)

Ilha de Santa Catarina. A bernunça é uma figura zoomorfizada, o que é muito comum encontrar na obra do artista ilhéu[24]. Segundo Nereu do Vale Pereira (95 anos de idade em agosto de 2024) – folclorista em sua plenitude, economista e doutor em Ciências Humanas (UFSC, 1974), que assumiu uma vaga de deputado estadual em 1965 (até então era suplente desde 1963) e ajudara a fundar o Partido Democrático Cristão (PDC), ainda em 1946 – a bernunça é uma "espécie de dragão ou bicho-papão que engole tudo o que encontra pela frente [...] e tem origem em tradições ibéricas e espanholas da região da Galícia, onde existem desfiles de um monstro folclórico muito semelhante, denominado 'coca'"[25]. Com corpo humano e cabeça de dragão, a bernunça é uma manifestação cultural legítima da cultura catarinense, folclorizada ou não[26]. O boi de mamão, que tem a bernunça como uma de suas personagens, é cultura ainda bem viva no litoral de Santa Catarina e em algumas cidades interioranas, basicamente uma encenação cômica e dramática sobre a morte e a ressurreição do boi, retratado, também, como vimos, por Bonson (Figura 1).

Seja como for, *A Bernunça* traz matéria assinada por Marcio Dison sob o título: *Bernunça Essa Moda Pega e Califa do Palácio*, em que se lê: "A boca grande da BERNUNÇA está sendo de grande valia para a política de contenção de despesas que o coronel Pedro Ivo Figueiredo de Campos afirma estar empenhado em executar no governo de Santa Catarina."[27] Resumidamente, a matéria, em suas duas partes citadas, atribui ao então governador de Santa Catarina, entre 1987 e 1990, uma série de atos que privilegiavam

---

24. Entre outros, ver: L. Roberge; V. Broering, Da Cozinha ao Congresso, em *Anais do Encontro Nacional De Estudos Da Imagem*, 4.

25. N. Pereira, *O Boi de Mamão*, p. 2.

26. Para problematização sobre o papel do folclore na cultura brasileira e sua aproximação e/ou afastamento das Ciências Humanas a partir do olhar do sociólogo progressista Florestan Fernandes, ver S. Garcia, Folclore e Sociologia em Florestan Fernandes, *Tempo Social*, n. 2.

27. *A Bernunça*, a. 2, n. 2, p. 2.

altos salários aos cargos comissionados do Governo do Estado, a exemplo de seu sobrinho, Sérgio Veríssimo Ribeiro. A matéria é fechada com a cobrança de comprometimento imediato por parte do governador e dos seus secretários, com a devolução aos cofres do estado de tudo que eventualmente fosse recebido "indevidamente". Bonson utiliza o expediente da zoomorfização, tanto para a bernunça, pelas razões aqui demonstradas, quanto para os políticos referenciados na matéria, que em forma de cobras ou serpentes, assustados pela possibilidade de serem engolidos pela bernunça, dizem: "Calma! Calma! A gente vai devolver a grana" (Figura 3):

FIG. 15: *Charge em* A Bernunça. *Sérgio Bonson. Sem título*, A Bernunça, *Florianópolis, a. 2, n. 2, p. 16, 1987.*

O último trabalho que apresento aqui neste texto, com provável autoria de Sérgio Bonson[28], é também uma charge

---

28. Bonson foi editor de *A Bernunça* e sempre assinou seus trabalhos. Na charge exposta aqui, "o trenzinho", não há assinatura de nenhum artista. Até onde consegui levantar, Bonson era o único chargista de *A Bernunça*. O jornal já havia passado por algumas ameaças de processos por causa das notícias e charges, na realidade, um chegou a ser formalizado um pouco depois, no mês de agosto de 1987, sobre outra charge assinada por ele. É possível inferir, com chances quase absolutas de acerto, que é uma charge de Bonson, por seu traço característico, e em particular pela personagem posta em segundo plano na charge, que diz: "Que trem que nada! Olhólhólhó! [preste atenção, veja] isso é a turma da penca", o qual se repete com expressões corporais muito semelhantes, em outros trabalhos, a exemplo de *Impressions de France*. Assim, é bem possível que não tenha assinado a charge a fim de evitar processo ou mesmo algum outro tipo de censura, pois, afinal, embora a partir de 1985 a censura tacitamente deixara de existir, uma formalização do ▶

publicada em *A Bernunça*, na qual, como colocado anteriormente, era um dos editores. No mesmo número, em matéria assinada por Nunzio Briguglio[29], somos convidados a conhecer um pouco da gênese do Estado e da nação brasileira, a partir de uma análise histórico-psicológica, como faz, entre outros, Cornelius Castoriadis. Em sua matéria, Briguglio explicita uma série de traumas vividos pela nação brasileira, em particular em sua cultura, e pelos políticos que tentam representá-la, invariavelmente sem muito sucesso. Segundo Briguglio:

> É muito trauma. Aí veio aquele mesmo coronel símbolo da pior escória política da história deste país e virou o salvador do povo brasileiro [vindo do Maranhão]. Pobre povo brasileiro, abandonado pela mãe [a corte portuguesa], furnicado pelo primeiro pai [Dom Pedro I], devasso na infância e juventude, colocado no meretrício pelo terceiro [República Velha], o quarto se suicidou [Getúlio Vargas], o sexto o rejeitou [Jânio Quadros], o sétimo o traiu [Ditadura Militar] e o oitavo [José Sarney] o recriminou dizendo que a culpa de tudo é dele. Diabos! Queria que fosse de quem?[30]

A síntese artística apresentada por Bonson na charge referente ao texto de Briguglio é perspicaz, mordaz, obscena e absolutamente precisa, ao invocar expressões da cultura local e relacioná-la à cultura política nacional, sendo ambas resultado de uma sacanagem[31] política coletiva. Partindo do seu tempo presente, datado de 1987, Sérgio Bonson coloca à frente e puxando um trenzinho, desses que se faz em brincadeiras ou festas de carnaval, ninguém menos (tampouco mais) que José Ribamar Ferreira de Araújo Costa ou,

---

▷ fim desse repressor dispositivo seria consolidada apenas em 3 de agosto de 1988 e, posteriormente, inserida na Constituição Brasileira, promulgada em 5 de outubro do mesmo 1988 e vigente até hoje.

29. À época editor do *Correio Braziliense* e correspondente de *A Bernunça* em São Paulo e em Brasília.

30. N. Briguglio, *A Bernunça*, n. 2, p. 3.

31. Para uma abordagem detalhada do sentido de obscenidade e sacanagem presentes na obra de Bonson, ver V. Broering, *Cenas de Humor Explícito*.

simplesmente, José Sarney, presidente do Brasil entre 1985 e 1990. Na sequência do trenzinho, está Ulysses Guimarães, à época presidente da Câmara dos Deputados no Congresso Nacional e, também, da Assembleia Nacional Constituinte (1987-1988) instaurada em 1º de fevereiro de 1987, que produziria a atual e vigente Constituição Brasileira. Guimarães foi conhecido opositor à ditadura militar, e se pode inferir que, naquele perído, era tão ou mais influente na política nacional que José Sarney. Na charge realizada, todas as personagens completam a ordem do trenzinho, todos em forma caricata e nus (assim como Sarney e Guimarães, um militar, um rico cartola – seria um banqueiro?) e o Tio Sam, a personificação nacional dos Estados Unidos. José Sarney efusivamente cantarola: "Se não for para o Maranhão vai pro Piauíííí", em franca alusão ao estado do Piauí, que a exemplo do Maranhão, terra de Sarney, é um estado da região Nordeste, mas também aludindo à onomatopeia de um trem. Em segundo plano, vê-se um transeunte qualquer – quase sempre caricaturado da mesma forma nos trabalhos de Bonson – fumando despreocupadamente e afirmando: "Que trem que nada! Olhólhólhó! [preste atenção, veja] isso é a turma da penca"[32]. Nesse momento, a criatividade de Bonson é magistral, quando articula a sacanagem política presente na capital catarinense – e nela se entende a expressão "turma da penca" – com aquela de base nacional, colocando a política como uma grande sacanagem.

---

32. Bonson realizou alguns trabalhos para o *Diário do Litoral*, conhecido por *Diarinho*, da cidade de Itajaí (SC). O *Diarinho* tem linha editorial que segue a linguagem popular, na maioria das vezes, obscena e com forte concepção escrachada e humorística. Em 30 de junho de 2006, comentando os arranjos políticos feitos às pencas pelos políticos para as eleições em outubro daquele ano, em sua coluna no *Diarinho* e, também, em seu blog *De Olho na Capital*, o jornalista César Valente diz que: "A penca tá formada! Tal e qual na penca do Ribeirão (uma espécie de trenzinho lendário e profano, onde um ia engatado no outro), PMDB, PSDB, PFL e PPS trancaram-se em um hotel (hum...) e depois de horas a portas fechadas decidiram que irão mesmo juntinhos pras eleições." Ver C. Valente, Um Dinheiro Que Nunca Veremos?, *De Olho na Capital*, 30 jun. 2006.

À guisa de título e no rodapé da charge, o artista coloca: Sarney e os miquinhos amestrados: "Vamos nesta festa fazer um trenzinho."³³

FIG. 16: *Sarney e os miquinhos amestrados. Sem título. Charge.* A Bernunça, *Florianópolis, a. II, n. 2, p. 3, 1987.*

Considerações Finais

Sérgio Luiz de Castro Bonson tem uma obra artística e uma arte engajada que vai muito além do que aqui tentei demonstrar. Em função dos limites colocados ao texto para essa ocasião, não foi possível adensar nem apresentar mais detalhadamente trabalhos que se constroem de forma precisa e competente sobre a sua obra³⁴. Conforme

---

33. Referência ao cantor, compositor e ator Léo Jaime, ex-integrante do grupo João Penca e Seus Miquinhos Amestrados. Ele compôs a música "Sônia", lançada em seu álbum de estreia solo, *Phodas "C"*, em 1983. Parte da letra, citamos aqui: "Sônia, chega mais aqui e fica bem juntinho/Sônia, vamos nessa festa fazer um trenzinho, você na frente e eu atrás, e atrás de mim um outro rapaz,/Sônia, que loucura!"
34. A exemplo de M.B. Petry, *Entre Desenhos, Aquarelas e Expressões Gráficas de Humor*.

tratado aqui (e em outros trabalhos referenciados), sua obra está simultaneamente relacionada às especificidades do local em que é produzida e à dimensão nacional, sobretudo, ao incorporar realidades mais amplas acerca dos momentos que retratava[35].

Importa ressaltar o alcance das narrativas mais elaboradas sobre o cotidiano da cidade de Florianópolis entre 1974 e 2004, ano que antecede o falecimento do artista e historiador Sérgio Bonson. Ele soube como poucos capturar a polissemia das urbanidades, onde elas ocorreram e, em particular, na capital catarinense. É proposital a polissemia com a qual discuti urbanidade, termo que vem sendo utilizado até mesmo na esfera do direito, no sentido de que seria necessário tratar a todos de forma igual, respeitosa e discreta. Nos trabalhos de Bonson aqui apresentados pode-se verificar essa multiplicidade de sentidos da urbanidade por meio das diferentes personagens elencadas pelo artista: seja nos livros publicados e nos trabalhos realizados para a grande imprensa, a exemplo de *O Estado* e da *Folha de S.Paulo*; seja em *Afinal* e *A Bernunça*. Necessário lembrar que os dois jornais alternativos de esquerda em que trabalhou Bonson estão separados por sete anos, não é conta da mentira, e sim um período (1980-1987) em que sua obra amadurece à medida que entra 1980 em plena ditadura militar, e sai em 1987, em plena abertura democrática e com o fim – ao menos formalmente – da censura patrocinada pelo Estado brasileiro ao longo dos anos de chumbo.

Por último, lembro de um poema de Fernando Pessoa: "é preciso não ter filosofia nenhuma. Com filosofia não há árvores: há ideias apenas. Há cada um de nós como uma cave. Há uma janela fechada, e todo mundo lá fora; e um sonho do que se poderia ver se a janela se abrisse, que nunca é o que se vê quando se abre a janela"[36]. E não é um artista como Bonson um exímio abridor de janelas?

---

35. E.C. de Campos; M.B. Petry, Um Artista em Trânsito, op. cit.
36. F. Pessoa, *Obras em Prosa*, p 27.

**HERANÇAS DO PASSADO:
OS DISCURSOS "ANTI"**

9.
A PERSISTÊNCIA DO ANTICIGANISMO

Marcos Toyansk

Introdução ao Tema

Por este texto pretendemos apresentar algumas expressões do fenômeno do anticiganismo a partir de uma perspectiva estrutural exemplificada pela maior tragédia da história cigana – o genocídio perpetrado pelos nazistas –, por algumas ações violentas conduzidas por grupos extremistas na atualidade, além dos processos de securitização produzidos pelos Estados nacionais e da ampla rejeição que a sociedade mais ampla impôs ao grupo. Complexo e multifacetado, o anticiganismo impede que os ciganos participem da sociedade em condições de igualdade e tenham seus direitos respeitados e garantidos. Entendemos que o anticiganismo precisa ser analisado em suas múltiplas dimensões e expressões cotidianas, sendo este um ensaio inicial para futuras abordagens à luz dos estudos sobre genocídio e crimes contra a humanidade. Aliás, esse tem sido um dos caminhos trilhados pelo grupo de Estudos Ciganos desenvolvido junto ao LEER-USP, sob a nossa coordenação.

Dentre as atividades já realizadas no âmbito do laboratório estão o seminário internacional "Ciganos: História, Identidade e Memória", em 2013, a publicação das comunicações na coletânea *Ciganos: Olhares e Perspectivas*, a criação do grupo de estudos Ciganos: Narrativas Diaspóricas e Transnacionalismo, em 2021 e o evento *on-line* "Ciganos: Relações Intra e Interétnicas", em 2021. Temos também a intenção de criar um acervo sobre os ciganos brasileiros e realizar futuros eventos para a apresentação de pesquisas. O grupo de estudos Ciganos: Narrativas Diaspóricas e Transnacionalismo busca conhecer e analisar as narrativas diaspóricas dos grupos ciganos, identificando as nações de origem, vínculos territoriais e projetos transnacionais. Múltiplas são as rediasporizações, sem lugar de retorno, conduzindo a novas formas de pensar sobre diásporas e territórios e problematizando a questão do enraizamento. O grupo é composto por pesquisadores brasileiros e estrangeiros dedicados ao tema que são, em sua maioria, pesquisadores de origem cigana (rom e calon).

Perseguição e Extermínio Durante o Regime Nazista

Os ciganos compõem a mais numerosa minoria étnica da Europa e, no entanto, a sua história desperta ainda pouco interesse. Representados por imagens paradoxais e distantes da realidade, os ciganos são frequentemente retratados como criminosos, indolentes, trapaceiros, por um lado, e livres, alegres, criativos, por outro. Estigmatizados por clichês racistas e estereótipos que impossibilitam a aceitação social plena, os indivíduos pertencentes a esse grupo são perseguidos até os nossos dias e alvos de violência, estatal ou não.

A perseguição desempenha um papel importante para os ciganos em decorrência de terem sido submetidos a severos preconceitos, discriminações e políticas de extermínio, delineando os limites simbólicos também pelas relações entre perpetradores e vítimas. E dentre os inúmeros episódios de perseguição, o Holocausto Romani[1], o mais trágico evento da história cigana, tornou-se um componente importante da identidade romani e um símbolo da opressão pela amplitude dos assassinatos e pelas políticas de reparação e compensação muito inadequadas e injustas e o tardio reconhecimento do genocídio que se seguiram.

A história dos ciganos perseguidos e exterminados como "raça impura" pelo Estado alemão e por países colaboracionistas, conhecido como Holocausto Romani ou por termos em romani, como *Porrajmos* e *Samudaripen* – em paralelo ao termo hebraico *Schoá*, que designa o extermínio de judeus –, ainda é um capítulo em aberto, visto não ter sido exaustivamente estudado. Cabe ressaltar também que a ausência de políticas públicas de preservação da memória do povo cigano e, ao mesmo tempo, programas sistemáticos propostos por organizações não governamentais prociganas no Brasil. Carecemos, tanto no Brasil como em outros países, de ações pedagógicas que informem, com detalhes, sobre o Holocausto cigano enfatizando a importância de levarmos até as escolas informações sobre este povo que continua alvo de discursos de ódio nas redes sociais e nos espaços públicos.

Lembro aqui que os ciganos já enfrentavam medidas discriminatórias antes mesmo da ascensão do nazismo na

---

1. O uso do termo "Holocausto" busca equiparar o genocídio de ciganos ao genocídio de judeus durante o regime nazista como parte de um mesmo projeto político, racial e ideológico conduzido pela Alemanha e países colaboracionistas. O termo tem sido cada vez mais utilizado por ativistas e intelectuais ciganos porque traduz de forma clara a amplitude do genocídio, as intenções e a motivação racial dos crimes nazistas contra os ciganos, o contexto em que o extermínio se deu e as atuais aspirações por reconhecimento da tragédia.

Alemanha: proibições de uso do espaço público, registros compulsórios, espaços de segregação entre outras medidas já acompanhavam a vida dos ciganos na Alemanha[2]. Como escreve Julia von dem Knesebeck:

> Os campos para ciganos não eram inteiramente novos; eles foram propostos ou existiram antes do Terceiro Reich. Durante a República de Weimar houve um debate sobre a criação de campos de concentração para estrangeiros e criminosos. Em abril de 1920, o governo bávaro expulsou os chamados *ostjuden* (judeus orientais), um ato imitado pela Prússia pouco depois. O ministro do Interior da Prússia, Alexander Dominicus, do Partido Democrático da Alemanha (DDP) propôs em janeiro de 1921 o aprisionamento de estrangeiros indesejados (por exemplo, judeus orientais) nos chamados campos de concentração [...]. Por conta dos protestos de organizações judaicas, esses dois campos de concentração foram fechados em dezembro de 1923, mas outros campos onde criminosos e ciganos estavam presos permaneceram em uso.[3]

Embora os ciganos já enfrentassem medidas discriminatórias na Alemanha antes de 1933, o nazismo trouxe uma nova dimensão ao buscar aniquilar os indivíduos ciganos com base em teorias eugenistas e conspiratórias. Durante o Terceiro Reich, os ciganos foram considerados parte de uma "raça estrangeira" e rotulados de associais e criminosos genéticos pelos nazistas e colaboracionistas, que entendiam a suposta "criminalidade" cigana como um traço genético hereditário. Mais ainda, havia também uma associação ao mito do complô judaico para conquistar o mundo, em que os ciganos foram considerados informantes a serviço do "bolchevismo judaico", conforme enfatizou o historiador alemão Michel Zimmermann: "No Reich, era parte da criminosa visão eugenista de eliminar o crime e o atraso da *Volksgemeinschaft* [comunidade nacional alemã] por meio de assassinatos. Nos territórios ocupados

---

2. Ver I. Hancock, *We are the Romani People*.
3. J. Knesebeck, *The Roma Struggle for Compensation in Post-War Germany*, p. 40.

pelos alemães, isto era uma parte integral da guerra de aniquilação travada contra o bolchevismo-judaico, já que os ciganos eram frequentemente considerados pelos alemães como espiões dos judeus."[4]

O projeto nazista previa o reordenamento racial e político da Europa, que envolvia a perseguição e a aniquilação de judeus e ciganos, assim como a repressão e assassinato de oponentes políticos ou ideológicos, homossexuais, grupos cristãos e deficientes físicos. Além disso, povos eslavos, como poloneses, eslovenos e tchecos eram considerados inferiores, razão pela qual deveriam ser escravizados ou mortos. A ideologia nacional-socialista visava os indivíduos considerados inferiores do *Volk* alemão e ao mesmo tempo os estrangeiros e as raças "inferiores", isto é, os judeus e os ciganos. O regime nazista buscou anular as diferenças e as ameaças ao seu projeto homogeneizador germânico por meio do extermínio de opositores políticos e dos "inferiores", buscando assim construir a "raça superior ariana". Dentro desse projeto étnico alemão, os indivíduos estigmatizados como anomalias (físicas ou raciais) deveriam ser eliminados para o surgimento de uma nação "limpa de raças degeneradas". Para isso, buscavam identificar os indivíduos indesejáveis, realizar estudos pseudocientíficos e utilizar um aparato legal mais severo e discriminatório para promover a esterilização, a prisão e o extermínio em massa:

A discriminação racial foi o resultado de preconceitos sociais e étnicos, justificado por argumentos pseudocientíficos e dirigido e implementado pelo aparato policial. Essa colaboração entre os cientistas e a polícia era a quintessência da perseguição aos ciganos. Os assim chamados cientistas raciais forneceram a "pesquisa" que mais tarde seria usada como prova de que os supostos traços de caráter negativos dos ciganos eram traços raciais, justificando assim as medidas contra eles.[5]

---

4. Ver M. Zimmermann, Jews, Gypsies and Soviet Prisoners of War, em R. Stauber; R. Vago (eds.), *The Roma*.
5. J. Knesebeck, op. cit., p. 40.

Os principais pesquisadores dedicados a esse campo descrevem a ação genocida de larga escala engendrada pela Alemanha nazista contra os ciganos, trazendo análises variadas e, por vezes, complementares quanto à natureza dessa perseguição e seu significado mais amplo. Além dos judeus, apenas os ciganos foram designados para o extermínio com base em critérios raciais e étnicos[6]. A perseguição dos ciganos durante a guerra racial dos nazistas é um campo de estudo recente. Há poucos trabalhos. A ruptura veio nos anos 1970, como resultado dos esforços do Primeiro Congresso Romani em 1971 e da primeira publicação de Donald Kenrick e Grattan Puxon. Dentre os principais investigadores estão Sybil Milton, Gilad Margalit, Guenter Lewy, Michael Zimmermann, Ian Hancock e Henry Friedlander, com diferenças com relação à interpretação e o alcance da perseguição.

Há divergências quanto ao número de vítimas ciganas atingidas direta ou indiretamente pelos nazistas e colaboracionistas. As estimativas indicam que em torno de meio milhão de ciganos pereceu em consequência das ações dos nazistas – este sendo o número comumente citado por ativistas ciganos. Contudo, esse número é contestado por diversos pesquisadores. Kenrick e Puxon, por exemplo, estimaram em cerca de 219 mil vítimas ciganas do nazismo, mas sugerem que, se adicionarmos os ciganos mortos como soldados, durante os bombardeios e ataques aéreos esse número pode chegar a 500 mil[7]. Sybil Milton, por sua vez, afirmou que o número estaria entre meio milhão e um milhão e meio de vítimas ciganas na Alemanha nazista e Europa ocupada entre 1939 e 1945[8].

Apesar de ter sido a mais brutal e avassaladora tentativa de aniquilar os ciganos em toda a história, o genocídio dos ciganos é muitas vezes tratado de forma marginal: foi ignorado por décadas na Alemanha Ocidental e as vítimas

---

6. I. Hancock, op. cit.
7. Apud J. Knesebeck, op. cit., p. 2.
8. Milton apud I. Hancock, op. cit., p. 48.

de atrocidades durante a guerra não tiveram seus direitos à compensação garantidos[9].

A política de reparação pelas injustiças e atrocidades em relação aos ciganos foi durante muitas décadas de discriminação e negação[10]. Excluídos dentro da sociedade, os ciganos também foram marginalizados como vítimas de perseguição e tiveram que lutar durante décadas pelo reconhecimento da motivação racial pela perseguição que sofreram.

Historiadores relatam que a primeira fase do pós-guerra – quando os Aliados assumiram o comando na qualidade de vencedores da Segunda Guerra – foi marcada por reconhecimento, reparações e compensações. Knesebeck sustenta que as atitudes e medidas tomadas com relação aos ciganos no imediato pós-guerra foram mais favoráveis do que o tratamento que receberam sob as Leis Federais de Compensação[11]. Com a desnazificação e a absolvição de muitos nazistas, o tratamento discriminatório aos ciganos voltou a prevalecer, deixando muitos deles desmoralizados e submetidos a discriminações. As práticas e as políticas mudaram em escala, mas o tom e a linguagem permaneceram inalteradas, dando um senso de continuidade, mesmo com a mudança de significado e implementação. A discriminação contra os ciganos não acabou com o colapso da Alemanha nazista em 1945. Após 1945, o assédio pela polícia e autoridades (habitação, saúde,

---

9. "A história não é inteiramente de recusa e preconceito. Arquivos e material biográfico do período imediato do pós-guerra mostram que as atitudes – e até certo ponto as ações – durante o período imediato do pós-guerra foram mais favoráveis e que os ciganos receberam alguma ajuda direta, compensação e restituição. Foi a legalização dessas medidas, consagrando certas categorizações, que restringiram o acesso dos ciganos à compensação: os benefícios iniciais não levaram a um reconhecimento explícito de que os ciganos foram vítimas de perseguição racial." J. Knesebeck, op. cit., p. 11.

10. Ver G. Margalit, *Germany and its Gypsies*; S. Milton, Persecuting the Survivors, em S. Tebbutt (ed.), *Sinti and Roma*; J. Knesebeck, op. cit.

11. Ver J. Knesebeck, op. cit.

bem-estar) do Estado era rotina. Medidas repressivas continuaram no imediato pós-guerra[12].

Um exemplo da continuidade é Josef Eichberger, que teve um papel central na deportação de ciganos: foi o responsável pelo transporte de ciganos para Auschwitz – uma posição similar à de Adolf Eichmann para os judeus. Após a guerra ele foi designado chefe do "Departamento Cigano" da polícia da Baviera em Munique, onde era o encarregado dos "arquivos ciganos"[13]. Gilad Margalit também destaca a continuidade da forma como os ciganos eram retratados na Alemanha, trazendo o exemplo do livro infantil *Onkel Knolle* que descreve os ciganos de forma bastante negativa[14].

*Entraves Para o Reconhecimento,
as Compensações e Reparações*

A falta de uma evidente ruptura com relação às atitudes ou o uso de uma linguagem discriminatória, juntamente com a continuidade do pessoal administrativo e judicial após 1945[15], é uma das principais razões para a enorme demora do governo da Alemanha Ocidental em reconhecer a perseguição aos ciganos. Em muitos casos, as leis que tratavam dos ciganos eram anteriores ao nacional--socialismo e não foram abolidas após a guerra porque não caíram no grupo de leis anuladas pelos Aliados[16].

Desde o início do período pós-guerra, foi estabelecido que as vítimas tinham que merecer a compensação e as autoridades negavam o direito de reconhecimento

---

12. Ibidem.
13. J. Knesebeck, op. cit., p. 48.
14. Ver G. Margalit, op. cit.
15. Em 1948, cerca de trinta por cento dos juízes titulares e oitenta a noventa por cento dos juízes assistentes dos Tribunais Distritais Superiores na Zona Britânica eram ex-juízes membros do Partido Nazista, ver J. Knesebeck, op. cit., p. 26.
16. Ibidem.

como vítimas do nazismo aos classificados como "criminosos e antissociais", como foi o caso dos ciganos sinti e roma. Embora os ciganos se considerassem vítimas de perseguição racial empreendida pelos nacional-socialistas desde o início do período pós-guerra, foram tratados como uma questão policial, o que os impedia de requerer com êxito qualquer compensação financeira do Estado alemão[17]. Assim, o principal obstáculo para que pedissem indenizações era provar que as políticas nacional-socialistas tinham sido motivadas racialmente em vez de terem sido medidas policiais de combate ao crime. Os ciganos foram marginalizados dentro da sociedade, mas também o foram na condição de vítimas de perseguição.

Friedlander comenta que a exclusão dos ciganos da categoria de "racialmente perseguidos" nas Leis Federais de Compensação foi resultado de uma falha na compreensão de como o regime nazista também perseguiu grupos não judeus – os judeus eram o único grupo onde a perseguição racial foi categoricamente assumida[18]. Isso significava que um pretendente judeu não tinha que provar que a deportação tinha sido motivada por motivos raciais, enquanto os ciganos deportados a partir dos anos 1930 tinham que fornecer tal prova.

O sistema judiciário alemão utilizou o decreto de Auschwitz (*Auschwitz Erlass*) de dezembro de 1942, em que Himmler ordenou a deportação dos ciganos para o campo de concentração de Auschwitz-Birkenau para negar a possibilidade de indenizar os ciganos perseguidos antes dessa data. Em geral, a maioria dos tribunais considerou a perseguição aos ciganos antes do decreto de Himmler como parte dos esforços policiais, argumentando que os ciganos eram antissociais e, portanto, que as medidas policiais seriam justificadas. O historiador Zimmermann descreve a diretiva de Himmler de dezembro de 1938 para combater

---

17. Ibidem.
18. Ver H. Friedlander, *The Origins of Nazi Genocide*.

a "peste cigana" – baseada no trabalho pseudocientífico do médico Robert Ritter – como um sinal claro do início da perseguição racial[19].

Os juízes raramente questionavam se os ciganos eram realmente antissociais ou se classificar grupos inteiros assim não era uma categorização racial em si. Aceitavam, então, a linha de argumento racial dos nazistas[20]. Além disso, as autoridades alemãs pediam ajuda aos "especialistas em ciganos" da polícia criminal (alguns deles responsáveis por deportar e esterilizar ciganos durante o Terceiro Reich) para checar o passado dos requerentes. Como escreve o pesquisador israelense Gilad Margalit:

> Absurdamente, essas pessoas passaram de criminosos nazistas para supostos especialistas isentos, oferecendo suas opiniões "imparciais" às autoridades de compensação sobre os motivos para a deportação de ciganos para os campos de concentração. Como os motivos, em vez da perseguição, determinavam a elegibilidade da vítima, os antigos perseguidores geralmente exploravam os seus *status* para negar o reconhecimento oficial e, consequentemente, compensação para as suas antigas vítimas.[21]

Ao atribuir a perseguição ao comportamento supostamente antissocial e criminoso das vítimas, os tribunais alemães responsabilizaram os ciganos pela perseguição que sofreram, invertendo completamente a culpa. O rótulo trouxe um impacto ainda mais devastador e amplo para os ciganos, já que os ex-prisioneiros rotulados como "criminosos" ou "antissociais" eram marginalizados até por outras vítimas que desejavam se distanciar desse grupo, enfraquecendo ainda mais a posição dos ciganos[22]. O pesquisador Yaron Matras, da Universidade de Manchester, considera que o principal obstáculo para a solicitação de compensação pelos ciganos era que:

19. M. Zimmermann apud J. Knesebeck, op. cit., p. 27.
20. Ver J. Knesebeck, op. cit.
21. G. Margalit, op. cit., p. 97.
22. Ver J. Knesebeck, op. cit.

a perseguição que sofreram deveria ser documentada em casos individuais, já que não tinham o reconhecimento *prima facie* como vítimas de perseguição racial, que era concedida às vítimas judias. Esse reconhecimento não se aplicou aos ciganos por conta de preconceitos enraizados que sugeriam o envolvimento deles em atividades "criminosas" e "antissociais" e, portanto, o aprisionamento deles poderia ser justificado por razões de segurança e manutenção da ordem social. Além disso, os solicitantes ciganos encontraram obstáculos específicos colocados tanto pelas autoridades do Estado quanto pelos tribunais: a compensação por danos físicos decorrentes da esterilização foi rejeitada assim como as demandas por danos psicológicos, pedidos pela perda de bens foram rejeitados com base no preconceito generalizado de que os ciganos não tinham bens, e reivindicações por compensação em decorrência de renda perdida com base na redução da capacidade de ganhos (como resultado de danos físicos e psicológicos, mas também pelos tempo perdido durante o aprisionamento) foram negados sob o argumento que os ciganos provavelmente não buscariam emprego mesmo em circunstâncias mais favoráveis[23].

Reconhecimento e Integração na Europa

Nos anos 1980 finalmente o governo alemão reconhece o genocídio perpetrado contra os ciganos e a motivação racial. Porém, muitas questões ainda não foram superadas na Europa. Apesar do (tardio) avanço percebido com relação ao reconhecimento da tragédia pela qual os ciganos passaram nos anos 1930 e 1940, o anticiganismo continuou presente nas sociedades europeias (e em outras partes do mundo, claro). As notícias negativas e boatos circulam mais rapidamente em variadas mídias do que notícias positivas, ampliando o alcance da visão anticigana. Exemplos não faltam. A pesquisa publicada em 2014 pelo Pew Research Center revela que 85% dos italianos e 66% dos franceses têm uma visão negativa dos ciganos.

---

23. Y. Matras, The Roma Struggle for Compensation in Post-War Germany, *Romani Studies*, n. 1, p. 72.

Na Alemanha, o berço do nazismo, o sentimento desfavorável em relação aos ciganos é de 42%[24].

O *site* Human Rights Watch traz uma série de relatos de violência contra ciganos, como os ataques de nacionalistas ucranianos em 2018 contra a minoria. Surgem denúncias de que os refugiados ciganos da Ucrânia têm recebido tratamento discriminatório em outros países em meio à crise deflagrada pela invasão russa. Outro importante exemplo é o caso Maria de 2013, em que uma menina loira de olhos azuis foi "descoberta" num bairro cigano na Grécia e retirada à força pela polícia porque suspeitaram que ela havia sido "sequestrada" pelos ciganos. A notícia circulou pelo mundo, acompanhada do mito dos "ciganos que roubam crianças". Descobriram que a criança era de fato cigana, mas o impacto negativo na imagem dos ciganos foi enorme. No mesmo ano, uma garota cigana kosovar de quinze anos fora retirada de um ônibus escolar, na frente dos colegas de classe, durante um passeio de escola na França. O caso veio na sequência de uma série de perseguições e deportações conduzidas pelo governo francês. Em maio de 2008, uma mulher cigana foi acusada de sequestrar crianças na Itália, sem que nenhuma evidência tenha sido apresentada. Alguns dias depois, cerca de sessenta cidadãos italianos atacaram ciganos em Ponticelli, perto de Nápoles, em retaliação pelo suposto sequestro[25]. Relata Huub van Baar: "Em 2012, a revista suíça *Die Weltwoche* publicou em sua capa uma fotografia de um menino cigano apontando uma arma para o espectador com a manchete 'Os Roma estão chegando – invasões na Suíça'. O artigo relacionado era intitulado 'Eles vêm, roubam e vão.'"[26] Uma falsa acusação de sequestro de crianças em 2019 resultou no ataque a ciganos nas ruas de Paris.

---

24. Ver Chapter 4, *Pew Research Center*.
25. Ver H. van Baar, The Emergence of a Reasonable Anti-Gypsyism in Europe, em T. Agarin (ed), *When Stereotype Meets Prejudice*.
26. Ibidem.

Essas histórias, o modo como foram apresentadas e o espaço que receberam na mídia dizem muito sobre o estado atual, tanto institucional como das práticas cotidianas, do anticiganismo. Muitos ainda acreditam que os ciganos são viajantes ou pessoas que vivem de forma irregular, ilegal, numa situação excepcional, sem cidadania dos países onde nasceram. A realidade é que os ciganos são geralmente cidadãos dos países onde nasceram e muitas vezes dos países onde vivem. Contudo, quando exercem o direito de livre circulação, os ciganos da Europa oriental se deparam com deportações e ataques. A expulsão e estigmatização dos ciganos iniciada por Sarkozy e continuada por Hollande na França, a discriminação, o segregacionismo em guetos, os ataques violentos e planos de expulsão na Itália e a silenciosa expulsão de milhares de ciganos apátridas da Alemanha para o Kosovo são alguns exemplos do comportamento dos países líderes da União Europeia. Fica evidente que o racismo não é mais restrito apenas ao campo de ação de extremistas; ao invés disso, os sentimentos anti-imigrantista e anticigano se tornaram muito presentes, talvez até dominantes na Europa. E quando não viajam, especialmente os mais pobres e segregados, os ciganos enfrentam muitas barreiras ao pleno exercício de cidadania por conta de formas persistentes de racismo institucional, que os impede de ter acesso a serviços públicos, como habitação, emprego, assistência médica, educação, proteção policial e justiça.

Ao mesmo tempo, os ativistas transnacionais conseguiram apresentar a situação como uma crise humanitária (pobreza, desemprego, analfabetismo), inserindo os ciganos na agenda europeia. Como resultado, os ciganos têm sido associados a uma noção de perigo e/ou anormalidade, não restando muito espaço para formas mais produtivas de ver e abordar essa minoria, impedindo-os de vivenciar uma condição de igualdade com os demais europeus. Em muitos locais os ciganos têm sido considerados como uma ameaça no contexto da segurança nacional e da ordem pública.

As estratégias para promover a mobilidade forçada de ciganos não são novas e permanecem mesmo no contexto legal de liberdade de circulação da UE. Como Huub van Baar argumenta, os ciganos – particularmente os pobres e segregados – foram submetidos a vários mecanismos e práticas intra-UE de fronteira e policiamento, sendo confrontados com mobilidade forçada e imobilidade forçada[27]. Essas práticas de controle minaram a forma como os ciganos podem exercer sua cidadania. O autor oferece vários exemplos de como esses processos de securitização afetam os ciganos em um conceito que operacionaliza as fronteiras – e sua proteção – em um espaço de fronteira expandido. Van Baar acrescenta que "também mudou a própria noção de fronteira e transformou as fronteiras – entendidas como linhas de demarcação nacional – em zonas fronteiriças"[28]. A inclusão da origem étnica dos ciganos nos documentos de segurança interna da UE; o acordo secreto do governo do Reino Unido com as autoridades tchecas para a realização de "triagens preventivas" no aeroporto de Praga a fim de evitar a entrada de passageiros de origem cigana no território do Reino Unido, a conhecida expulsão da França de cidadãos ciganos da União Europeia e outras tentativas de acusá-los sem provas de conexão ao crime, sustentando e reforçando o anticiganismo, são alguns exemplos oferecidos pelo pesquisador holandês em seus trabalhos[29].

A repressão transnacional tem acontecido por meio de novos métodos de controle de fronteiras e gestão de pessoas. Nesse sentido, afirmam Adamson e Tsourapas: "Estratégias de repressão transnacional podem atingir indivíduos no exterior por meio de assédio, vigilância,

27. Ver H. van Baar, The Perpetual Mobile Machine of Forced Mobility, em Y. Jansen; J. de Bloois; R. Celikates, (eds), *The Irregularization of Migration in Contemporary Europe*.
28. Ibidem, p. 73.
29. Ver H. van Baar, The Emergence of a Reasonable Anti-Gypsyism in Europe, op. cit.; The Perpetual Mobile Machine of Forced Mobility, op. cit.

restrições de mobilidade, ou ainda casos mais graves de sequestro, ataque físico ou assassinato […] podem alimentar a criação de um clima maior de medo e controle na diáspora, afetando não apenas indivíduos, mas populações inteiras."[30]

Embora as fronteiras dos Estados continuem sendo percebidas como rígidas, seus controles podem ser muito mais flexíveis. Alguns estados poderosos estão estendendo os controles fronteiriços para além de suas linhas formais, transcendendo a estrutura territorial do sistema de Estados-nação, o que produz uma grande desigualdade em termos de livre circulação. Novas técnicas de controle, vigilância e monitoramento que afetam grupos alvo como os ciganos devem surgir durante e após a calamidade global causada pelo surgimento da Covid-19. A propagação do vírus provavelmente também reforçará as fronteiras nacionais, representando um revés para o projeto europeu ou o de um mundo cosmopolita[31]. Afirma Haas: "Os países responderam principalmente de modo individual à pandemia e seus efeitos econômicos […]. As principais respostas à pandemia foram nacionais ou mesmo subnacionais, não internacionais. E assim que a crise passar, a ênfase será na recuperação nacional."[32]

Conclui o pesquisador holandês Van Baar que os ciganos são a última minoria na Europa que pode ser discriminada sem qualquer constrangimento, limite ou punição. No Brasil, geograficamente distante da Europa, mas compartilhando vários estereótipos e práticas em relação aos ciganos, algumas autoridades, desde o início da pandemia, retrataram os ciganos como uma ameaça à saúde pública. Alguns calons itinerantes foram acusados de disseminar o novo

30. F. Adamson; G. Tsourapas, At Home and Abroad, em N. Schenkkan et. al., *Perspectives on "Everyday" Transnational Repression in an Age of Globalization*, p. 9, 11.

31. Ver M. Toyansk, Romani Stateless Diaspora, em H. Kyuchukov; S. Zahova; I. Duminica (Eds.), *Romani History and Culture*.

32. Ver R. Haas, The Pandemic Will Accelerate History Rather Than Reshape It, *Foreign Affairs*.

coronavírus, embora não estivessem comprovadamente doentes, resultando em expulsões de pequenas cidades[33]. Organizações e ativistas ciganos e seus aliados reagiram imediatamente pedindo a intervenção do Governo Federal para conter a violência e o racismo contra os ciganos e implementar políticas sociais para eles durante a pandemia. Além disso, uma organização dedicada a proteger os ciganos locais processou um município, mas os que haviam sido expulsos tinham medo de retornar.

Os estereótipos e o racismo historicamente construídos enquadraram os ciganos como uma ameaça pública. Observa-se, portanto, uma atualização da tradicional visão dualística romântica povo livre *versus* criminosos, que está firmemente ancorada na cultura das sociedades mais amplas para pessoas perigosas *versus* pessoas em perigo. As fronteiras entre as duas percepções estão desaparecendo, assim a representação de vítimas intersecta com a criminalização dos ciganos. Como resultado, eles são vistos como os únicos responsáveis pela própria situação.

O enquadramento dos ciganos como uma questão de segurança está relacionado com a persistência de estereótipos que relacionam os ciganos à criminalidade, origem estrangeira e nomadismo, permitindo que os Estados os tratem de forma discriminatória. Esses estereótipos ganharam força durante a pandemia da Covid-19 de variados modos. Tratados de forma diferente, os ciganos muitas vezes têm os direitos de cidadania negados.

---

33. Ver P.R Vilela, Em Vulnerabilidade, Ciganos Temem Efeitos da Pandemia em Comunidades, *Agência Brasil*.

10.
VISÕES OCIDENTAIS DA ÁFRICA E O ESTIGMA DO NEGRO

Marina de Mello e Souza

O seminário "Discursos de Ódio: Racismo Reciclado no Século XXI" ocorreu em um momento no qual, mais do que um tema, esse era um comportamento que eclodiu com força inesperada na sociedade brasileira. As eleições presidenciais de 2018 e a avalanche de *fake news*, que foram decisivas para os resultados eleitorais então obtidos, além da veiculação de informações falsas, trouxe para primeiro plano a questão do negacionismo, ou seja, a negação de verdades plenamente aceitas pelo conhecimento científico, acadêmico e mesmo por grande parte do senso comum. Análises posteriores mostraram como o comportamento que então aflorou, e que surpreendeu a muitos, estava latente em segmentos sociais que se sentiam perseguidos e alijados das decisões e que acumulavam frustrações atiçadas por discursos religiosos de natureza bastante duvidosa e manipuladores dos fiéis. O apogeu dessa posição materializou-se no que passou a ser chamado de "gabinete do ódio", instalado no Palácio do Planalto, no mesmo andar da sala do presidente da República, e voltado exclusivamente para disparar mensagens falsas estimuladoras do fanatismo e sectarismo, que de estratégia de campanha tornou-se discurso oficial. Entre os vários alvos desse grupo, destacam-se os negros, tomados em conjunto. Apesar de muitas pessoas admitirem a existência de preconceito racial no Brasil e criticarem as afirmações que inferiorizam os negros, são essas as posições mais frequentes no discurso oficial e que no governo Bolsonaro passaram a nortear as políticas públicas.

A Constituição do Estigma

As posturas que inferiorizam os africanos e as sociedades por eles criadas têm uma história milenar e, com a crescente movimentação das pessoas por diferentes regiões do globo, tornaram-se, além de largamente presentes e difundidas, também criticadas. O racismo atual, consolidado na segunda metade do século XIX, decorre da maneira como o olhar ocidental percebeu o africano ao longo da história, e desde então passou por transformações e apropriações diversas. Indicarei aqui rapidamente a gênese da visão ocidental sobre o africano e sobre seus descendentes no Brasil, país que incorporou o racismo voltado para aqueles de pele preta presente no contexto mais geral. Evoco a ideia de estigma na medida em que diz respeito a marcas visíveis, geralmente presentes nos corpos, nos espíritos, na saúde das pessoas, que em razão delas são vistas negativamente, são marginalizadas e com frequência internalizam essas avaliações emitidas pelo outro, que recorre à construção da diferença para afirmar sua própria identidade.

Para os gregos clássicos, matriz do pensamento ocidental, os africanos eram povos bárbaros, aliás como todos os não gregos. Nos textos antigos, de tempos anteriores à era cristã, há referências apenas ao Norte e ao Chifre da África, a parte do continente então conhecida pelos povos mediterrânicos, chamada de Etiópia em referência a Aethiops, ou Vulcano, na terminologia romana. Filho de Júpiter e Juno, que o teriam rejeitado devido à sua feiura e por ser manco, era ferreiro e tinha o rosto queimado pela lida com o fogo e o carvão. Os homens de pele escura foram a ele identificados, e a parte setentrional do continente africano, que era a então conhecida, foi chamada de Etiópia até a costa mediterrânea cair sob domínio romano no início da era cristã, quando recebeu o nome de Ifriquia, ou África. Antes disso, para Heródoto (século v antes de Cristo), a pele negra dos habitantes daquela parte do mundo devia-se ao clima tórrido, e as terras ao sul do Egito eram consideradas as fronteiras da própria humanidade. Por muito tempo, atribuiu-se a cor da pele dos africanos a fatores climáticos, como a intensidade do sol, o calor e a natureza inóspita do ambiente. Sua cultura era vista como bárbara e eles como selvagens, destituídos de linguagem articulada[1].

Também para os árabes, outra importante, embora subestimada, matriz do pensamento ocidental, os africanos negros seriam bárbaros, diferentes dos africanos de origem semita e islamizados do norte do continente, espaço sobre o qual os árabes estenderam sua influência logo após a morte de Maomé, no século VII da era cristã. As primeiras notícias escritas mais consistentes sobre povos subsaarianos foram dadas por viajantes e estudiosos muçulmanos, geralmente nascidos em cidades do norte da África, que destacaram os benefícios da conversão de governantes africanos ao islamismo e as características

---

1. Para uma discussão mais detalhada sobre o tema, ver A.R. Oliva, *Reflexos da África*.

negativas de alguns costumes de povos negros, como a nudez das mulheres e a antropofagia, por séculos indício máximo de barbarismo[2]. Sendo negociantes e usuários de escravizados africanos, principalmente mulheres, apoiaram-se no *Antigo Testamento* para justificar tal prática, no que foram seguidos por judeus e cristãos. A narrativa acerca da embriaguez de Noé, que após o dilúvio plantou a uva, colheu-a, fez o vinho e com ele se embriagou, sendo então desrespeitado por Cam, um de seus três filhos, que chamou os irmãos para verem a nudez do pai, o que rendeu uma maldição sobre seu filho Canaã, que deveria tornar-se escravo de seus tios, serviu para justificar a escravização de africanos, entendidos como descendentes de Canaã que teriam migrado para o continente africano.

Essa justificativa, corrente no mundo islamizado, apesar de conhecida e também debatida por estudiosos cristãos europeus, foi por estes tardiamente incorporada, tornando-se mais corriqueira a partir do século XVII com a intensificação da escravização de africanos com vistas à exploração econômica das Américas. Em um primeiro momento, a partir do maior contato dos europeus com o continente africano e com as populações subsaarianas resultante da exploração do Atlântico, além de bárbaras e primitivas, adotando a perspectiva em vigor desde os tempos pré-cristãos, os pensadores europeus veriam nelas pessoas dominadas pelas forças das trevas, demoníacas, por oposição à luz divina. Desde são Tomás de Aquino (1225-1274), foi estabelecida uma relação entre o branco e a luz, a pureza, a verdade e a perfeição espiritual, e o preto e as trevas, a perdição, a falsidade e o demônio, por oposição à luz divina. As práticas religiosas das populações africanas com as quais os exploradores e comerciantes europeus entraram em contato a partir da segunda metade do século XV foram vistas como tratativas com o demônio,

---

2. Alguns desses autores são Ibn Battuta (1304-1357, natural de Tânger) e Ibn Khaldun (1332-1406, natural de Túnis). Para mais detalhes, ver A. da C. e Silva, *Imagens da África*, p. 49 a 64.

por oposição às práticas cristãs, dirigidas a Deus e seus agentes. A essa perspectiva, que a princípio predominou, foi somada a justificativa baseada na maldição lançada por Noé sobre a descendência de Cam. No início da Idade Moderna, era o discurso religioso que justificava a escravização de africanos. Em Portugal e em suas colônias, vigorou o argumento de que a salvação de suas almas seria garantida pela purgação dos pecados em vida e pela conversão ao cristianismo, que abriria as portas do paraíso. Escravização e conversão ao cristianismo tornaram-se as duas faces de uma mesma moeda, e o sofrimento do escravizado foi muitas vezes aproximado ao sofrimento de Cristo na Terra.

A partir do final do século XVIII, com o avanço do racionalismo e do pensamento científico, e da propagação das formulações de Darwin acerca da evolução das espécies, os europeus passaram a ver os africanos como biologicamente inferiores, como estando em estágios menos desenvolvidos da evolução do homem. No século XIX, foram até mesmo identificados como um possível elo na evolução do macaco ao homem. Essa perspectiva evolucionista, em um contexto internacional no qual a escravidão estava sendo questionada devido aos novos interesses econômicos e ao desenvolvimento das ideias humanistas, lançou as bases para o avanço imperialista sobre o continente africano, colocando-se o homem branco europeu como elemento civilizador dos povos por ele vistos como primitivos. De escravizado, o africano foi transformado em mão de obra barata, e as riquezas do continente passaram a ser saqueadas por companhias estrangeiras.

Além de considerar as conceituações ideológicas que justificaram a escravização de pessoas cuja pele era preta, ou de diversos tons de marrom, oriundas de sociedades vistas como bárbaras, primitivas, que cultuavam forças diabólicas, sendo além de tudo biologicamente inferiores, é bom lembrar que a escravização e os regimes escravistas foram fundados acima de tudo na violência, com vistas à exploração econômica. Após serem sequestradas e retiradas de seus ambientes de origem, as pessoas eram levadas para longe e postas a trabalhar em benefício daqueles que se tornavam seus proprietários, depois de terem sido negociadas como mercadorias.

Se no mundo antigo qualquer estrangeiro poderia ser submetido à escravidão, cuja legitimidade não era dada pela cor da pele, a partir da expansão muçulmana pelo Norte da África e Península Ibérica, e da introdução do comércio de africanos como prática contínua, disseminou-se, como mencionado, o mito da maldição de Cam para justificar a escravização de africanos. Antes do século XVIII, a justificativa dada pelos europeus para a escravização dos africanos também tinha feições eminentemente religiosas, mas girava em torno da possibilidade de salvação de suas almas dada pela conversão ao cristianismo. Além dos aspectos espirituais, a escravização também era vista como salvadora das vidas daqueles que poderiam ser mortos em seus lugares de origem, devido a rituais ligados a práticas religiosas e de poder, ou a condenações judiciais. Para o caso brasileiro, os sermões do padre Antônio Vieira (1608-1697) são o exemplo máximo da argumentação que defende a purificação dos africanos escravizados por meio do sofrimento em vida, que lhes abriria as portas do paraíso[3]. A associação entre pele preta e escravidão configurou-se plenamente com a montagem dos empreendimentos coloniais nas Américas, fundados na exploração do trabalho dos africanos escravizados, cujo comércio, legitimado por uma argumentação religiosa, depois científica, era fonte de lucros importantes.

A reorganização da economia ocidental que levou à supressão da exploração da mão de obra escrava é concomitante ao desenvolvimento do discurso científico. No século XIX, os africanos passaram a ser vistos como seres biologicamente inferiores pelos europeus, que ao

---

3. Ver R. Vainfas, *Antônio Vieira: Jesuíta do Rei*.

ocuparem a África se colocaram como filantropos a distribuir civilização, quando de fato exploravam uma força de trabalho barata na extração e transporte de matérias-primas, retirando recursos naturais do continente. Alguns governos europeus impuseram uma administração colonial recorrendo à força das armas e abriram mercados consumidores, impulsionando desse modo a crescente industrialização em curso na Europa e na América do Norte. Naquele momento, algumas nações justificaram a dominação, exercida principalmente por meio da violência policial e cultural, com o argumento de que levariam a civilização aos povos africanos, considerados primitivos, que, ao entregar a riqueza de suas terras e de seu trabalho aos interesses estrangeiros, seriam pagos com o ingresso no mundo moderno e civilizado existente na Europa. É isso que as migrações africanas que hoje rumam para os antigos centros coloniais estão cobrando.

Há um percurso histórico de longa duração, durante o qual o pensamento de matriz ocidental atribuiu aos africanos características negativas, continuadamente acumuladas. Ou seja, na história do Ocidente os africanos de pele preta, e todas as pessoas de pele preta e suas gradações, foram estigmatizadas: pelo mito da maldição de Cam, pela demonização de suas práticas culturais, ao serem colocadas em uma escala primitiva da evolução humana. Estigmas construídos para justificar a escravização em massa, a ocupação colonial, a exploração do trabalho e a marginalização dos africanos e seus descendentes espalhados pelo mundo, em especial pelas Américas, onde sua maior presença é no Brasil.

Esse processo de estigmatização do negro escravizado, africano ou seu descendente, considerado uma propriedade que se diferenciava das outras apenas pela sua capacidade de raciocinar, está na base da construção de nossa sociedade, tanto no que diz respeito à sua organização econômica como à sua formação social. Entretanto, só recentemente começou a ser admitida de forma mais ampla a marca que o regime escravista deixou em nossa formação, especialmente a violência embutida nas relações de classe. Hoje, discute-se de forma menos restrita a questão do negro na sociedade brasileira devido principalmente à pressão exercida pelo ativismo dos diretamente atingidos pelo preconceito e pela discriminação, e não devido a uma conscientização acerca das questões relativas ao preconceito racial, seja das cabeças bem pensantes do país, seja do conjunto das pessoas e do senso comum. Houve quem já atentasse para as questões relativas aos conflitos interétnicos, derivados dos preconceitos raciais, como Florestan Fernandes, Abdias Nascimento, Beatriz Nascimento, Lélia González, Kabengelê Munanga, Muniz Sodré, Ney Lopes, Alfredo Sérgio Guimarães, e mais recentemente Silvio de Almeida e Djamila Ribeiro. Pensadores que mostraram que as marcas das relações escravistas, e a segregação baseada na cor, foram apenas nominalmente ultrapassadas pelo que ficou conhecido como democracia racial. Uma democracia que pressupunha a eliminação de uma das partes, equivalente a mais da metade da população, que seria idealmente absorvida pela outra, cuja suposta superioridade garantiria a vitória do mais adaptado, do mais forte, conforme Darwin disse que acontecia com os seres vivos.

Afastamentos e Reaproximação da África

Diante da evidência inescapável da dimensão de sua população afrodescendente, um dos maiores dilemas da identidade nacional brasileira foi como garantir um lugar no conjunto de nações entendidas como civilizadas, construído a partir da Europa. Como alcançar o padrão civilizacional almejado com mais de 50% da população de origem africana? Como ser parte do mundo branco, eurocêntrico, civilizado, sendo um país construído a partir da mestiçagem? Para sair dessa situação contraditória, o pensamento social brasileiro ao invés de entender a mestiçagem como fator de enfraquecimento, como era corrente na época, elaborou a ideia, já anunciada entre os antigos colonizadores lusos, de que na miscigenação inter-racial o elemento branco passaria a predominar, pois era o mais avançado na escala do desenvolvimento social[4].

No nascimento da sociologia, as análises acerca das organizações sociais inspiraram-se bastante nas ciências da natureza, e no final do século XIX o darwinismo social tinha encontrado campo fértil no Brasil, onde deu sustentação a políticas públicas. Tais ideias, que ficaram posteriormente conhecidas como ideologia do branqueamento, legitimaram ações governamentais como o estímulo à imigração europeia e a interdição da imigração africana. No início do século XX, havia quem acreditasse, e demonstrasse por meio de cálculos estatísticos, que em um futuro próximo a população brasileira seria branca, conforme a lógica da sobrevivência do mais adaptado. No processo de miscigenação, à superioridade intelectual do branco seria acrescido o vigor físico do corpo africano, gerando o homem ideal ao meio ambiente brasileiro[5].

Para os donos do poder e dos recursos econômicos que então definiam os rumos da nação, os traços que uniam Brasil e África deveriam ser minimizados, se possível apagados. Na virada do século XIX para o XX, as relações com partes do continente africano, em especial regiões da costa ocidental, centro-ocidental e índica, estavam reduzidas a quase nada depois de mais de três séculos de intensos contatos comerciais e culturais. A integração das pessoas pretas dependia em boa parte de que assumissem os valores e comportamentos de matriz europeia e abandonassem suas tradições. Especialmente nas cidades

---

4. Para uma discussão minuciosa acerca das perspectivas pelas quais a raça e a mestiçagens eram entendidas no século XIX, ver T. Lotierzo, *Contornos do (In)visível*.

5. João Batista de Lacerda (1846-1915) acreditava que a população brasileira se tornaria branca em um século, posição que defendeu em 1911 em Londres, no I Congresso Internacional das Raças. Ibidem, p. 116-119.

maiores, entendidas como centros irradiadores de civilidade, tudo que lembrasse origens africanas era reprimido pelos órgãos públicos e pela moral dominante.

Nas regiões mais interioranas foram mantidas as tradições afro-brasileiras relativas a práticas culturais, ao cotidiano, a formas de organização social, a maneiras de pensar e de sentir. Mas nas cidades maiores, em especial nos grandes centros da vida econômica e política regional e do país, prevaleceu a perseguição e desqualificação das práticas de matrizes africanas, que quando permaneceram tiveram de se vestir com roupas ocidentais. No início do século xx, para ter alguma possibilidade de ascensão social, as pessoas de pele preta tinham que incorporar o modo de ser do senhor branco, agente da opressão que recaía sobre elas.

A partir de meados do século xx, ocorreram ações de resgate das relações com o continente africano e de valorização e recriação de práticas ancestrais, ligadas especialmente a empreendimentos culturais. Na música, no cinema, no teatro experimental do negro, organizado por Abdias Nascimento, a presença do negro e sua voz começaram a ser mostradas de forma mais ampla para a sociedade brasileira. Essa afirmação do ser negro e a reaproximação do continente africano foram processos correntes nas áreas atingidas pela chamada diáspora africana, resultante do comércio de escravizados, onde tomava corpo um sentimento de unidade dado pela cor da pele, indicadora de uma ancestralidade africana, cada vez mais evocada pelos descendentes dos que haviam sido arrancados de suas famílias e de seus ambientes em séculos anteriores. A origem étnico-racial, que havia sido motivo de inferiorização, passou a ser evocada para despertar um sentimento de união contra a opressão resultante da escravização, das relações escravistas e depois imperialistas. Um sentimento de união que, ao se apoiar na raça, invertia os sinais até então em vigor e buscava identificar elementos de positividade nas populações negras e nas sociedades africanas e afro-americanas.

No contexto das relações construídas a partir das trocas atlânticas, surgiram pessoas e grupos aglutinadores desse sentimento comum, geralmente produtores de arte e de conhecimento, abrigados pelo grande guarda-chuva do movimento da negritude, conectado ao pan-africanismo, de cunho político. Essa busca de união entre todos os negros e negras do mundo expôs de forma mais ampla a violência das relações inter-raciais, a natureza da dominação imperialista europeia sobre o continente africano e principalmente as barbaridades dos sistemas escravistas americanos. De meados do século XX até hoje, os estigmas relativos às populações negras vêm gradativamente perdendo sua eficácia, tanto no que diz respeito à legitimidade dos argumentos que os sustentam quanto à sua incorporação por parte dos estigmatizados.

No caso do Brasil, os trinta anos de ditadura militar interromperam um processo de reaproximação política e cultural de algumas regiões do continente africano, iniciado no final da década de 1950. Com a redemocratização da sociedade brasileira na década de 1980, os movimentos sociais voltaram a se fazer ouvir e muitas reivindicações da população afrodescendente foram garantidas pela Constituição. Nos últimos trinta anos, ou seja, na última década do século XX e nas duas primeiras do século XXI, ocorreram mudanças importantes nas instituições visando maior integração de parcelas da população brasileira tradicionalmente segregadas, marginalizadas, para as quais não era dada a possibilidade de ascensão na escala social, condenadas pela cor da sua pele a serem fornecedoras de mão de obra barata.

No contexto político brasileiro recente, as conquistas obtidas em favor das pessoas de pele preta, como cotas nas universidades públicas e obrigatoriedade de ensino de assuntos relativos à África e aos afrodescendentes no Brasil, estiveram sob ameaça diante da ascensão de uma extrema direita radical, que por quatro anos controlou a administração federal. Se ensinar a história dos povos africanos, muitos dos quais compuseram nossa sociedade mestiça, é fator de elevação da autoestima daqueles que são historicamente representados de forma predominantemente negativa, ainda são muitas as dificuldades encontradas para a implantação da lei 10.639/2003, que tornou obrigatória a inclusão de tais assuntos no currículo escolar. Desde a promulgação da lei, resultante do empenho de grupos organizados e do apoio de técnicos e políticos, muitas mudanças ocorreram, havendo nítida ampliação do debate sobre as questões raciais no Brasil. Segmentos da sociedade civil atingidos pelo preconceito racial estão mais organizados, mas a estrutura social vigente no Brasil leva a que os negros continuem em sua maioria marginalizados, invisibilizados e, principalmente, explorados.

Concluindo

A novidade que emergiu na sociedade brasileira atual é que o preconceito, que até há pouco era predominantemente negado, apesar das inúmeras evidências cotidianas em contrário, muitas vezes se transformou em ódio. Para o senso comum, o negro continuou sendo preferencialmente identificado à preguiça, indolência, alcoolismo, malandragem, contravenção, como o discurso racista do século XIX difundiu e que penetrou o tecido da sociedade brasileira do século XX, vigorando até hoje. Os conflitos herdados das relações escravistas e consolidados por um discurso cientificista tendem a se acentuar com a crescente divisão maniqueísta dos grupos sociais entre bons (nós) e maus (eles), em um contexto de crescente desigualdade, no qual poucos têm tudo, alguns têm alguma coisa e a maioria quase nada. A exacerbação dos antagonismos em um ambiente no qual a violência é corriqueira, naturalizada, instrumento primeiro da ação e justificada como meio de enfrentamento das diferenças, seja de que ordem forem, certamente leva a um aumento da violência contra as pessoas de pele negra, historicamente associadas a características negativas. Na medida em que a relação com o diferente se transforma em uma relação de ódio, fenômeno ao que tudo indica alimentado pela natureza das redes sociais digitais, o negro, entre nós considerado um diferente pela cor da sua pele (por mais sem fundamento que isso possa ser, na medida em que somos um país majoritariamente negro e miscigenado), torna-se um alvo privilegiado desse ódio.

O verniz do mito da democracia racial, que vigorou sem rachaduras significativas por boa parte do século XX, começou a ser contestado pelo pensamento social brasileiro, que recebeu ecos de discursos como o da negritude e do pan-africanismo, a partir das independências dos países africanos e principalmente a partir da redemocratização do Brasil. Durante os governos militares, a denúncia da discriminação racial era considerada ameaça à segurança nacional, na medida em que contestava a natureza da nossa identidade, que era oficialmente entendida como repousando sobre a tranquilidade que a democracia racial garantia. Com o fim da ditadura, os movimentos sociais, que contribuíram significativamente para a sua derrocada, passaram a ser mais ouvidos, e as reivindicações relativas à igualdade étnico-racial levaram a conquistas importantes que permitiram a inclusão, mesmo que incipiente, de setores da população afrodescendente. Isso foi entendido como um ganho por parte da população, mas sentido como um roubo de lugares conquistados por outros setores. Esse é, por exemplo, o caso da implantação de cotas raciais nas universidades, que gerou uma acalorada polêmica sobre os direitos universais, ou direitos das minorias, acerca de atos de reparação histórica, por alguns vistos como motivadores de injustiças com brancos preteridos por essas políticas.

Abrir mão de privilégios não é fácil. Dividir espaços com pessoas até então estigmatizadas e marginalizadas pelas políticas públicas e pelos comportamentos preconceituosos socialmente sancionados foi sentido por muitos como: afronta, agressão, invasão, roubo de direitos adquiridos. Esse sentimento, alimentado pelo chamado "discurso de ódio", fortalece, e mesmo legitima, um processo que já estava em curso e que ficou conhecido como "extermínio da juventude negra". Não restrita ao Brasil, essa prática ocorre em especial nos Estados Unidos, importante fonte de inspiração de políticas públicas brasileiras, como a política carcerária. Assim como nos Estados Unidos, no Brasil há uma criminalização do jovem negro, o que nos faz perceber como há pontos em comum entre os dois países no que diz respeito às relações inter-étnicas, a despeito de nossa tradição frisar a diferença entre a nossa escravidão suave e a violenta deles, entre a nossa democracia racial e a política segregacionista estadunidense.

A ideia de uma escravidão branda no Brasil foi ultrapassada pelos estudos mais recentes que desnudaram a violência das relações escravistas, cujas marcas profundas deixadas na nossa formação ainda não foram enfrentadas de fato. Somos fruto de uma sociedade fundada na violência da escravização do indígena e principalmente do africano, na exploração do seu trabalho, na rotina dos castigos físicos quando a vontade do senhor era contrariada. Por bastante tempo, ignoramos essa nossa face, assim como fechamos os olhos para as injustiças sociais, políticas, econômicas, vividas por homens, mulheres e crianças negras, até que os principais interessados fizessem alarde suficiente sobre sua condição de marginalizados e passassem a ser ouvidos por setores da sociedade com acesso aos instrumentos de mando, o que ganhou força, como mencionado, a partir do final da década de 1980.

Mas embora hoje em dia vozes sistematicamente silenciadas sejam mais ouvidas, há uma intensificação das diferenças sociais, um aumento da distância entre os pouquíssimos mais ricos e os outros, entre os quais as pessoas negras ocupam as posições mais vulneráveis. No ambiente instaurado no Brasil a partir das eleições de 2018 e do governo Bolsonaro, regado a ódio, cuja disseminação é potencializada pelas redes sociais, voltou a se intensificar a desconfiança com relação à pele preta, vista como uma transgressão em si, dada a história em torno dela, alvo da desconfiança nos melhores casos e da violência irracional nos piores, que não são minoritários: "A carne mais barata do mercado é a carne negra."[6]

A atual onda reacionária, crítica aos direitos das minorias e à aceitação da diversidade, entre outras coisas promove uma volta à demonização do outro, em especial dos africanos e afrodescendentes, talvez também por suas religiões ameaçarem a hegemonia neopentecostal junto à população mais desassistida, para a qual a fé é elemento central da vida. Exemplo disso é o aumento da violência contra os sacerdotes e templos de cultos afro-brasileiros, uma das manifestações da face violenta da sociedade brasileira, tida como condescendente, mas ligada a uma elite essencialmente segregadora, em especial a partir de critérios raciais. O sistema escravista está na essência da nossa formação, portanto somos uma sociedade fundada na violência, em especial a manifestada nas relações chamadas de raciais: relações inter-raciais violentas são constitutivas do nosso tecido social. Por quatro anos, sob o governo Bolsonaro, existiu uma equipe paga com dinheiro público e alojada no Palácio do Planalto, sede do Governo Federal brasileiro, que teve como um dos seus alvos a população negra do Brasil. Com a alimentação dos antagonismos pelo chamado discurso de ódio, a estigmatização da população negra tornou-se uma política do Estado brasileiro, apesar do seu descompasso com a atual natureza do pensamento acerca da África e dos africanos. O governo que o sucede terá a tarefa de neutralizar essa posição de antagonismo, retomando o movimento anterior de inclusão[7].

---

6. "A Carne", de Marcelo Yuka, Seu Jorge e Wilson Capellette, gravada por Elza Soares.
7. Este texto foi finalizado depois da vitória de Lula nas eleições presidenciais de 2022, mas antes do início do seu governo.

Olhar sem receio para nós mesmos, entender melhor nossa sociedade, deve nos ajudar a contribuir para que ela exista conforme modelos, padrões e valores que avaliamos positivamente. Na universidade, espaço onde atuo profissionalmente, no qual aplico o conhecimento acumulado ao longo da vida, contra o preconceito oferecemos o conhecimento e a compreensão de processos históricos e de discursos construídos ao longo de séculos. Contra o ódio ao diferente, oferecemos o empenho no diálogo. Contra a violência das armas, oferecemos o saber dos livros. Quem viver verá o que o futuro nos trará, mas enquanto estivermos aqui agiremos a favor do conhecimento e de uma sociedade mais igualitária, atitudes para nós óbvias, mas que no Brasil recente podiam ser consideradas altamente subversivas. Contra a barbárie, a linguagem da violência, o discurso de ódio, a defesa dos privilégios de alguns poucos em detrimento dos direitos da maioria, investiremos na força da sociedade civil organizada como principal forma de defender os direitos de cidadania que as ideias humanistas sacramentaram e os grupos sociais organizados conquistaram, principalmente ao longo do século xx. Diante da onda de violência explícita contra os mais pobres, e os negros em especial, nos fortaleceremos com a união entre as pessoas, entre grupos que se formam e se articulam em rede, em organismos acionados por grandes interesses comuns.

11.
AS "RAÇAS DEGENERADAS" NA LITERATURA: UMA ANÁLISE DAS PERSONAGENS NO ROMANCE "PALMARES" (1885), DE JOAQUIM DE PAULA SOUZA[1]

Jaqueline Martinho dos Santos

Publicado pela primeira vez no rodapé do jornal paulista *A Constituinte* entre maio e julho de 1880, o romance *Palmares*, de Joaquim de Paula Souza, ganharia sua primeira e única versão em livro cinco anos depois, em 1885. Como muitas obras literárias do século XIX, esse foi assinado sob pseudônimo, sendo "Jorge Velho" escolhido em referência a Domingos Jorge Velho e recorrentemente utilizado por Joaquim de Paula Souza para assinatura de seus textos e folhetins publicados nos jornais. Dessa forma, já no uso

1. Parte deste texto foi anteriormente publicado na *Revista Simbiótica*, v. 9, n.2, mai.-ago. 2022, sob o título "A Questão da Raça no Século XIX e no Romance *Palmares* (1885), de Joaquim de Paula Souza".

do pseudônimo, percebe-se uma identificação do autor – proveniente de uma das mais tradicionais famílias de Itu, localizada no interior de São Paulo – com o bandeirante que liderou a destruição do maior e mais longevo quilombo do Brasil, depois de este ter resistido a diversas investidas militares por parte das forças coloniais, entre o final dos séculos XVI e XVII.

Além disso, embora o título da obra possa remeter à ideia de que o foco do romance seja a população de Palmares, esta aparece somente na segunda parte da obra, quando é relatada a guerra entre os paulistas e os palmarinos. O enredo concentra-se, sobretudo, nos paulistas dos tempos coloniais, buscando explicar de que maneira seus costumes – como as caçadas e o gosto pelos perigos que delas provinham –, seu estilo de vida, suas características morais, bem como sua constituição genética, possibilitaram-nos a dar cabo do quilombo, restituindo, segundo a visão predominante por muito tempo entre os historiadores e as elites colonial, imperial e republicana brasileiras, a segurança do Brasil e reforçando a escravidão negra como mão de obra, ambas ameaçadas por Palmares, um "Estado dentro do Estado", como o classifica Paula Souza. Sendo assim, ainda que temporalmente a história se situe no final do século XVII, a obra dialoga com seu contexto de produção e de circulação da década de 1880, marcada pelo movimento abolicionista em sua fase de maior radicalização; pela metropolização da cidade de São Paulo, que se expandia e se enriquecia cada vez mais com a produção cafeeira; e pela presença cada vez mais constante das teorias cientificistas nos discursos de intelectuais, estadistas e mesmo entre os literatos brasileiros.

A própria temática presente no romance remete às épocas finais do século XIX e início do século XX, uma vez que, com o crescimento de São Paulo, os bandeirantes eram retomados e apresentados em obras de artistas plásticos, de historiadores e de romancistas como os verdadeiros heróis nacionais – cuja façanha, bravura e coragem, com as quais adentraram o território agreste do interior em busca de indígenas ou de negros aquilombados, de ouro e de pedras preciosas, fundando vilas e cidades por onde passavam, eram responsáveis pela expansão do Brasil e da integração de suas diferentes partes. Para a construção desse símbolo que se tornou o bandeirante, não era incomum que esses escritores e artistas falsificassem a realidade histórica e criassem uma imagem totalmente idealizada desses desbravadores, conforme o interesse daqueles que os estivessem retratando. Assim, no contexto de expansão das teorias raciais no Brasil, em muitas obras houve variações entre o bandeirante caboclo, mestiço de branco com indígena, e aquele puramente branco, descendente de portugueses, mas jamais misturado com sangue negro ou puramente indígena.

De acordo com a antropóloga e historiadora Lilia Schwarcz, as diferenças entre os homens sempre suscitaram debates acerca da origem da humanidade[2]. Contudo, foi somente no século XIX que ocorreu a "naturalização da diferença", com a formulação de teorias que, embasadas em estudos antropológicos, defendiam a existência não de uma espécie humana, mas de diversas espécies humanas, originárias a partir de núcleos distintos. Antes desse período, o que se observou no mundo ocidental, na perspectiva europeia, foram falas isoladas ora defendendo os "selvagens", isto é, os povos não europeus, como modelos para a civilização, ora enfatizando seu lado "decaído" e "degenerado", não obstante prevalecesse a opinião de que todos os homens provinham de uma única origem, conforme pregava a *Bíblia* e podia se depreender da visão humanista da Revolução Francesa.

Utilizadas para explicar o desenvolvimento material da Europa, que vivia a segunda fase da Revolução Industrial, e justificar as políticas imperialistas na África e na

---

2. L.M. Schwarcz, As Teorias Raciais em L.M. Schwarcz; R.S. Queiroz (orgs.), *Raça e Diversidade*, p. 163.

Ásia, essas teorias oitocentistas apontavam também as diferenças raciais e geográficas como causa para o progresso e o atraso das sociedades. Assim, basicamente, "os europeus do Norte eram raças 'superiores' e gozavam do clima 'ideal'. O que, por certo, implicava em admitir, implicitamente, que raças mais escuras ou [de] climas tropicais nunca seriam capazes de produzir civilizações comparativamente evoluídas"[3].

Entre os expoentes do determinismo geográfico do século XIX, está o inglês Henry Thomas Buckle que, em sua *História da Civilização da Inglaterra*, idealizou a exuberância da natureza brasileira – descrita como pomposa, luxuriante e fulgurosa, com "florestas emaranhadas" e "aves de esplendorosa plumagem". Essa riqueza natural, no entanto, longe de se constituir em vantagens, parecia "desregrar-se na ostentação do seu poder", não deixando nenhum espaço ao homem, que ficava "reduzido à insignificância"[4]. Buckle nunca havia vindo ao Brasil, assim, a análise da geografia física do território brasileiro feita por ele foi baseada nos relatos de viajantes, extensamente citados em sua obra. De acordo com as considerações desse historiador, em "nenhum outro lugar" houve tão difícil "contraste" entre a exuberância do meio ambiente e a insignificância do mundo interno. Nesse sentido, a "mente, acovardada por essa luta desigual", foi impedida de avançar, necessitando do auxílio das nações europeias e de seu desenvolvimento técnico antes para não regredir do que para evoluir, já que nenhum progresso significativo havia sido observado em pleno século XIX[5].

Entre os propagadores das ideias de Buckle no Brasil, está o crítico literário Silvio Romero, o qual traduziu as oito páginas de *História da Civilização da Inglaterra* que abordavam o clima e a vegetação brasileiros e as publicou em diversos artigos lançados na *Revista Brasileira*, entre

---

3. T. Skidmore, *Preto no Branco*, p. 44.
4. Buckle apud T. Skidmore, op. cit., p. 44-45.
5. Ibidem, p. 45.

1879 e 1880, e em sua obra *História da Literatura Brasileira*, de 1888. Segundo Romero, "raça e meio" eram fundamentais para refletir sobre a criação artística. Dessa forma, embora não concordasse com o argumento de Buckle, que via nas chuvas copiosas e nas florestas impenetráveis o problema do Brasil, quando, na verdade, o principal desafio do país seria a seca e o solo árido, os intelectuais que se dispusessem a pensar o destino da sociedade brasileira deveriam conhecer as ideias do historiador inglês[6].

Além do estudo de Buckle, outra obra amplamente consumida no Brasil foi *A Origem das Espécies*, de Charles Darwin, cujo sucesso alcançado pode ser explicado, entre outras razões, devido à linguagem acessível, permitindo sua leitura por um público amplo. Com base nesse trabalho, monogenistas e poligenistas defenderam seu ponto de vista acerca da origem una ou múltipla dos seres humanos, e conceitos como "evolução" e "seleção natural" acabaram sendo extraídos do campo das ciências naturais e introduzidos nos estudos sobre as sociedades[7]. Por um lado, surgiram os evolucionistas sociais, que estudavam comparativamente os aspectos culturais humanos e, a partir de suas análises, classificavam os povos entre mais e menos desenvolvidos. Apesar dessa hierarquização, segundo esses teóricos, ainda que nem todas as nações tivessem atingido o estágio mais avançado do desenvolvimento social dos países europeus, nenhuma sociedade estava impedida de alcançar o progresso, pois, em sua visão monogenista, toda a humanidade surgiu de uma única origem e caminhava para uma única direção[8].

Por outro lado, os teóricos das raças viam os grupos raciais humanos como espécies distintas, ou seja, "fenômenos finais", "imutáveis", cujas distâncias entre umas e outras equivaleriam à mesma entre o cavalo e o asno. Nesse sentido, a miscigenação era vista como um "erro";

---

6. T. Skidmore, op. cit., p. 49.
7. L.M. Schwarcz, op. cit., p. 54-55.
8. Idem, *O Espetáculo das Raças*, p. 57.

e os mestiços, comparados a mulas, seriam inférteis ou perderiam sua capacidade reprodutiva em algumas gerações futuras. Acreditava-se que os tipos humanos ideais eram aqueles considerados racialmente "puros" e que o comportamento das pessoas estava condicionado à raça a que pertenciam, excluindo, dessa maneira, a possibilidade de livre-arbítrio[9].

Entre os poligenistas, a noção de perfectibilidade – inicialmente idealizada por Rousseau, que defendia a capacidade humana de se sobrepor à natureza, podendo seguir seja em direção às virtudes, seja em direção aos vícios – perde o sentido negativo e passa a ser vista como um atributo somente das "raças civilizadas", as quais caminhariam sempre para o progresso. O oposto da perfectibilidade seria a degeneração, para a qual estariam direcionadas as raças "não perfectíveis", como os negros e os amarelos[10]. Um dos mais conhecidos teóricos poligenistas no Brasil foi o conde francês Arthur de Gobineau, que defendia a incapacidade de desenvolvimento de países nos quais a miscigenação foi intensa, abrangendo todas as camadas da sociedade. Dessa forma, de acordo com sua visão, a sociedade brasileira estava condenada ao desaparecimento, já que era composta por uma população degenerada (essencialmente mestiça), incrivelmente feia, semelhante a macacos. A possibilidade de regeneração e do progresso do país estava unicamente condicionada à introdução de elementos racialmente superiores, que, na sua interpretação, eram nada menos do que imigrantes provenientes da Europa[11].

Mais uma vez, um estudioso europeu apresentava seu prognóstico negativo sobre o Brasil. Agora, porém, no lugar da natureza tropical – que para Gobineau era um aspecto favorável –, o elemento negativo era a constituição genética do povo. Para Skidmore, o determinismo

9. Ibidem, p. 58.
10. Ibidem, p. 61-62.
11. T. Skidmore, op. cit., p. 47.

racial foi mais bem aceito nos Estados Unidos, "onde a separação das raças 'superior' e 'inferior' era um sistema muito bem institucionalizado"[12]. No entanto, as teorias raciais, assim como o evolucionismo social e o determinismo geográfico, penetraram a sociedade brasileira a partir da década de 1870, recebendo calorosa acolhida dos intelectuais que fizeram um "uso inusitado" delas, combinando-as e procurando disseminá-las não somente em artigos e revistas científicos, mas também em obras literárias[13]. Entre os literatos, além dos nomes já conhecidos do naturalismo – a exemplo de Aluísio Azevedo e Júlio Ribeiro –, encontra-se Joaquim de Paula Souza, que, como médico de formação, esteve a par das teorias oitocentistas, conforme é possível perceber a partir da análise da natureza brasileira, bem como das personagens brancas, negras, indígenas e mestiças em *Palmares*. No entanto, essa influência não deve ser compreendida como uma mera reprodução de ideias estrangeiras. Com relação a Paula Souza, seria impossível classificar o romancista como adepto de uma ou de outra corrente teórica – ainda que, na ficção, prevaleça a ideia de mestiçagem como fator desfavorável, pois o indivíduo resultante do cruzamento entre duas raças tenderia a receber as características negativas de seus pais, tal como pensavam os poligenistas.

Firmo e Gangazona, por exemplo, são duas personagens do romance identificadas como "mestiços" e que teriam herdado o "pior das duas raças" das quais descendiam, isto é, a branca e a negra. No caso de Firmo, ainda seria possível considerar uma herança indígena, pois ele não só pertencia à famosa aldeia dos Pinheiros, em São Paulo, de onde havia partido obrigado juntamente com outros indígenas para guerrear contra os palmarinos, mas também foi descrito como "tendo mais de mulato que de caboclo"[14], o que sugere uma ascendência também

12. Ibidem, p. 45.
13. L.M. Schwarcz, *O Espetáculo das Raças*, p. 32 e 65.
14. D.J. Velho, *Palmares*, p. 167.

indígena. Nessa personagem, "baixo e grosso e de nariz chato", está representado o vil vingativo e traidor, que abandona o terço dos paulistas para se juntar aos quilombolas. Já Gangazona, visto como imponente, incorpora a figura do anti-herói, sendo, assim, o contraponto ao belo e jovem Manoel de Barros, paulista que vai à guerra no terço de Domingos Jorge Velho para lutar contra Palmares, acompanhado de sua fiel cadela Pinduca e de seu "amigo" Brasílio, o qual, mais tarde, revela-se ser uma bela jovem cabocla. Irmão de Zumbi por parte de pai e chefe das armas em Palmares, Gangazona era um "colosso", apresentado como "um produto africano, ainda aumentado no país, tão notável pela imensa fertilidade e selvageria"[15]. Na representação do palmarino, Paula Souza parece aproximá-lo de um primata:

> O Gangazona era um preto alto e robustíssimo. Seu corpo enorme, os membros compridos e grossos, a cara grande, os traços grosseiros, pareciam talhados a machado. Juntava à grandeza uns modos e ar tão asselvajados, que de primeiro golpe infundiam espanto e medo. A cabeça era pequena, mas a carapinha era tão alta que parecia ela grande; a testa era curta, e fugia para trás, os olhos pequenos, as maçãs do rosto salientes, nariz chato, os lábios grossos, boca grande, com dentes alvos. O que sobretudo dava uma expressão singular ao rosto eram os olhos. Eram estes tão pequenos e cobertos pelas pálpebras caídas e empapuçadas, que quase de todo os vendavam, que fazia-se preciso levantar ele o rosto, para ver bem o que lhe ficava na sua altura; entretanto nada lhe escapava.[16]

De acordo com a craniometria do século XIX – ciência que se dedicava ao estudo das proporções do cérebro humano, a fim de determinar a capacidade intelectual dos indivíduos –, a cabeça pequena de Gangazona, desproporcional ao restante do corpo, juntamente com a testa curta, que "fugia para trás", seria indicativo de baixo nível

---

15. Ibidem, p. 201.
16. Ibidem, p. 200.

de moralidade e de qualidades intelectuais. Não foi à toa, portanto, que a aparência física do "rei negro" refletia seu comportamento soberbo, que levava tudo à maneira de um brutamontes, não compreendendo nada de estratégias militares e, por isso, colocando em risco o Quilombo dos Palmares.

A mestiçagem seria indesejada até mesmo entre os cães criados pelos paulistas para acompanhá-los no exercício da caça. Segundo Paula Souza, eram os cães de raça pura muito superiores a todos os demais que possuíam mistura de raças. Por isso, aqueles que apresentavam "mancha de bastardia, que não eram de raça inteira e os que tinham defeitos que os tornassem impróprios à caça, iam à água com uma pedra ao pescoço"[17]. Os paulistas orgulhavam-se de conhecer a linhagem de seus cachorros, "de certo mais antiga do que a dos cavalos ingleses, pois data de pouco depois de povoada a capitania de S. Vicente", e, assim, utilizavam-se de muito critério para estimular o cruzamento entre eles. Como resultado, os cães adquiriam "boas qualidades físicas e morais", evitando-se a reprodução de "defeitos e más partes"[18].

Entretanto, era possível encontrar mestiços que, fugindo à regra, possuíssem grandes qualidades, confundindo-se com os elementos de raça branca ou de raça pura (no caso dos animais), tanto entre os humanos quanto entre os cães. Com relação aos cães, o exemplo é a própria Pinduca, a cadelinha resgatada da morte por Manoel de Barros. Durante as caçadas, ao contrário do que previa Pedro Vaz, pai de Manoel, ela se mostrou bastante inteligente e ativa, sem que "levantasse imundícia", caça que não era veado ou anta[19]. Entre os seres humanos, está Brasílio, ou Brasília – embora fosse mais branca do que indígena –, dotada não apenas de nobres qualidades morais como também de grande beleza física.

17. Ibidem, p. 53.
18. Ibidem.
19. Ibidem, p. 52.

Quando se compara os exemplos de Brasília, de Gangazona e de Firmo, pode-se verificar que a visão negativa a respeito da mestiçagem prevalece quando se trata da mistura de negros e de brancos, e não de brancos e de indígenas. Apesar disso, Paula Souza preferiu a morte da "caboclinha" no final da trama ao seu casamento com o herói Manoel de Barros, mantendo, assim, uma suposta pureza racial que teria sido cultivada pelos antigos habitantes de São Vicente, com exceção de João Ramalho e de alguns outros primeiros colonos portugueses no início da fundação da capitania[20]. Na "Carta Dedicatória", o autor chega a fazer um elogio aos mestiços – representados, segundo ele, por Gonçalves Dias, Pombal e o duque de Saldanha –, distanciando-se, nesse momento, da visão prevalente no romance e do pensamento de teóricos poligenistas.

Se é simpática a caboclinha Brasília, que simboliza essa raça mestiça, é que quanto mais conhecida, mais estimada há de ser. Esse sangue que deu à língua portuguesa o escritor de mais coração, como foi Gonçalves Dias, e a Portugal o maior político e o maior guerreiro dos tempos modernos, como foram Pombal e o duque de Saldanha, merece mais atenção. Se me fosse a alongar [sic] neste sentido, muito podia apresentar, que faria apreciada a raça mestiça, que forma a maior parte da classe inferior de S. Paulo. Amigos do seu amigo, bondosos e dedicados em excesso, no caboclo, e no descendente do português que mora na roça, é que está a poesia que Alencar, apesar do grande talento, não pode encontrar nos homens e mulheres da corte.[21]

Em outros momentos da Carta, porém, Paula Souza nega ter havido "sangue branco pelos matos" e que os mestiços existentes tivessem constituído o Brasil, que seria "filho de Portugal"[22]. Se os mestiços eram vistos de forma ambígua pelo autor, o mesmo se pode dizer dos negros e dos indígenas. Zumbi foi descrito como um belo homem entre

20. Ibidem, p. 155.
21. Ibidem, p. 11.
22. Ibidem, p. 106.

seus 36 e 38 anos, de "agradáveis feições", "de boa estatura" e "bem proporcionado", apesar da cor preta retinta, dos lábios muito rubros, dos dentes e do branco dos olhos serem excessivamente alvos. De acordo com o narrador, era "crioulo", o que, no dicionário do século XIX, significa "negro nascido no Brasil"[23].

Nascera nos Palmares.
    Filho do Gangassuma e neto do Zumbi, general negro que fora ferido em uma perna nos combates de 1678, herdara ele as qualidades guerreiras do avô, do qual tomara o nome, e o valor. Desde pequeno, o chamavam Zumbi, porque Zumbi, ou general de guerra, era seu avô; e mais que tudo porque suas inclinações, coragem e mais partes guerreiras, fizeram com que lhe pegasse o nome, e fosse por ele conhecido, mesmo depois de rei dos Palmares. Nenhum outro se lhe avantajava nos exercícios ginásticos, e além da força, possuía tal inteligência, que reconheciam-o [sic] todos como o mais hábil general de guerra.[24]

Na criação de sua personagem, Paula Souza nega que o Zumbi com quem Domingos Jorge Velho lutou fosse o mesmo que, em 1675, na Campanha de Manuel Lopes, conforme afirma Edson Carneiro – em vez de 1678, como aponta o romancista –, havia sido baleado e ficado "aleijado em consequências de ferimentos na perna"[25]. No entanto, de acordo com a historiografia, Zumbi era sobrinho, e não filho do rei Ganga Zumba, o qual, após os ataques de Fernão Carrilho em 1678, buscou promover a paz com a Coroa portuguesa, sendo, por isso, envenenado pelos apoiadores de Zumbi, desfavoráveis à paz. Este, por sua vez, então "general das armas do quilombo", passou a governar Palmares até o fim da guerra com a tropa liderada por Jorge Velho. Após esse acontecimento, Zumbi refugiou-se em um esconderijo – com quatorze homens

---

23. Ibidem, p. 224; V. De Beaurepaire-Rohan, *Diccionario de Vocabulos Brazileiros*, p. 52.
24. D.J. Velho, op. cit., p. 224.
25. E. Carneiro, *O Quilombo dos Palmares*, p. 40.

em "postos de emboscada" e seis homens, além dele próprio, em um sumidouro –, mas em 20 de novembro de 1695 acabou descoberto e morto por alguns homens do terço paulista[26].

Não é possível afirmar se Paula Souza desconhecia todos esses detalhes sobre a história dos Palmares ou se intencionalmente os modificou, a fim de idealizar Zumbi, aproximando o perfil do chefe negro com o de um verdadeiro herói romântico e, com isso, assemelhando-o, em certa medida, a seu adversário paulista, também romantizado na história. Essa idealização, no entanto, teria o principal efeito de exaltar Domingos Jorge Velho, o qual teria derrotado tão ilustre adversário. Isso porque, apesar da imagem positiva de Zumbi, para Paula Souza a "raça preta" nada havia feito até então e, sendo "tão inferior", seria impossível desejar que os palmarinos tivessem levado a melhor na guerra dos Palmares, como ele sugere que teriam pensado alguns de seus contemporâneos. Assim, não seria de admirar que tivessem sido apresentados no romance "brancos tipos distintos como a família de Pedro Vaz de Barros, o padre Belchior de Pontes e Brasília [aqui vista como branca, e não como mestiça]"; e, entre os negros, "tão cheio de defeitos como o Zumbi e Gangazona". Zumbi, no entanto, teria como único defeito apreciar em demasia o "belo sexo", comportamento que Paula Souza acaba relevando[27].

Denominado "filho de Cam", o negro seria "petulante, cheio de si" e "sempre disposto a elevar-se por ignorância", pois seguiria "a paixão do momento, obedecendo a fetiches", sem saber o que fazia. "Preguiçoso, amigo de gulodice", teria "noção obscura do meu e do teu" e, como criança grande, sem senso de responsabilidade, gastaria "tudo para trazer brincos à mulher", contudo sofreria de "falta de alimento por descuido". Prefera os feiticeiros,

26. Ibidem, p. 69, 165.
27. D.J. Velho, op. cit., p. 9.

que tudo lhe prometiam de pronto, à religião, da qual não via benefício imediato. O negro também não teria a "inteligência lógica da raça branca", e sim grande imaginação, que lhe fazia exaltar-se e acreditar nas qualidades que imaginava em si próprio: "Os pretos e mestiços, em toda a parte inferiores aos outros homens, sempre se supõem superiores."[28] Em relação às manifestações culturais de origem africana, as críticas não seriam menores. Segundo o narrador de Palmares, "a música e o canto dos negros" apenas poderiam "dar prazer às raças atrasadas", já que se comprazíam com "instrumentos grosseiros e primitivos", como o tambor e tambaque, e possuíam um canto repetitivo, de "monótona toada que para os outros seriam um martírio". Na mímica, porém, os negros revelavam-se como os mais hábeis, graças a um corpo "flexível e destro", que "a custo" poderiam os "melhores brancos" rivalizar[29].

Como muitos teóricos do período oitocentista, Paula Souza considera brancos, negros, indígenas e mestiços possuidores de habilidades e defeitos de acordo com cada raça – sendo os brancos aqueles de menores defeitos e maiores qualidades. Os adjetivos depreciativos utilizados para se referir aos negros não refletem, portanto, um pensamento exclusivo de Paula Souza, e sim de boa parte dos intelectuais do século XIX, incluindo literatos e políticos que se posicionavam abertamente contra a escravidão, a exemplo do escritor Júlio Ribeiro e do abolicionista Joaquim Nabuco, imbuídos da leitura de teóricos do evolucionismo e do darwinismo social. No capítulo dez de *A Carne*, romance de Júlio Ribeiro, é descrita uma festa de escravos, ocorrida após uma carpa, e os qualificativos dos quais o narrador se utiliza para retratar a cena não foram mais simpáticos do que aqueles observados em *Palmares*. Tanto Paula Souza quanto Júlio Ribeiro usaram o termo "grosseiro" para se referir aos instrumentos

---

28. Ibidem, p. 231.
29. Ibidem.

musicais usados nas festas dos negros. Além disso, ambos os autores chamaram a atenção para a flexibilidade do corpo dos escravos e dos quilombolas, com seus excessos de movimentos, que seriam supostamente impossíveis de serem reproduzidos por indivíduos da raça branca:

> Ao som de instrumentos grosseiros dançavam: eram esses instrumentos dois atabaques e vários adufes. Acocorados, segurando os atabaques entre as pernas, encarapitados, debruçados neles, dois africanos velhos, mas ainda robustos, faziam-nos ressoar, batendo-lhes nos couros, retesados, às mãos ambas, com um ritmo, sacudido, nervoso, feroz, infrene. Negros e negras formados em vasto círculo agitavam-se, palmeavam, compassadamente, rufavam adufes aqui e ali. Um figurante, no meio, salteava, baixava-se, erguia-se, retorcia os braços, contorcia o pescoço, rebolia os quadris, sapateava em um frenesi indescritível, com tal prodigalidade de movimentos, com tal desperdício de ação nervosa e muscular, que teria estafado um homem branco em menos de cinco minutos.[30]

Nesse trecho da obra, o narrador admira-se com o fato de que um "preto, sujo, desconforme, hediondo, repugnante", possuísse uma voz "fresca, modulada, de um timbre sombrio" e de uma "doçura infinita". Em seguida, ao apresentar Joaquim Cabinda, um velho feiticeiro octogenário, "inútil para o trabalho" e que vivia em um paiol abandonado sob licença de seu antigo senhor, o narrador compara-o a uma "hiena fusca, vagarosa, covarde, feroz e repelente"[31]. Joaquim Nabuco, por sua vez, atribui à escravidão o "desenvolvimento mental atrasado", os "instintos bárbaros" e as "superstições grosseiras" da raça negra. De acordo com ele, a introdução de africanos no Brasil, ao longo do período colonial, por homens que "não tinham o patriotismo brasileiro", fez com que o país se africanizasse e se saturasse "de sangue preto": "Cada ventre escravo dava ao senhor três ou quatro crias que ele reduzia a dinheiro;

---

30. J. Ribeiro, *A Carne*, p. 149-150.
31. Ibidem, p. 150-152.

essas por sua vez multiplicavam-se, e assim os vícios do sangue africano acabavam por entrar na circulação geral do país."[32] Ademais, a presença de escravos domésticos teria permitido, mesmo entre a classe dos notáveis, a "corrupção da língua, das maneiras sociais, da educação e de outros tantos efeitos resultantes do cruzamento com uma raça num período mais atrasado de desenvolvimento"[33].

Sob outra perspectiva, era senso comum da época a bondade característica dos negros, que teria impedido o azedamento, coletivamente falando, da "alma do escravo contra o senhor"[34]. Para Paula Souza, a raça negra é bastante afetuosa. "Em afetuosidade e bondade estão acima dos brancos. O natural negro é humano em extremo. É uma exceção o assassinato e ferimento feito por um negro." Entretanto, quando "excitados, quando fora de si, pela exaltação do fanatismo ou ira, então são feras, capazes dos maiores excessos, bem como as naturezas impressionáveis"[35]. A humanidade e, ao mesmo tempo, a ferocidade dos negros quando exaltados são os traços que os aproximam dos indígenas, sobre os quais Paula Souza também cria uma imagem estereotipada, ora ressaltando sua cultura guerreira, ora enfatizando seus costumes nômades, ora sua bondade e dedicação aos brancos, ora seu lado selvagem. A guerra seria o estado natural dos nativos, capazes de sofrer "incômodos, fomes, frios, como nenhum outro povo". Diferente dos negros, os nativos nunca se revoltariam:

Dotados de imensa bondade, de qualidades femininas, são eles de uma incúria, que faz nulificar as boas qualidades. Têm a existência trabalhosa e fragueira [sic]. Seu corpo, acostumado ao clima e bruteza, se desenvolve no meio das intempéries e obstáculos. Rudes como as selvas, em que vivem, suas paixões são a montaria, a pesca e a guerra. Tendo de viver em luta diária, para alcançar

32. J. Nabuco, *O Abolicionismo*, p. 98-99.
33. Ibidem, p. 101-102.
34. Ibidem, p. 16.
35. D.J. Velho, op. cit., p. 231-232.

uma presa difícil, não tendo recursos se não na própria atividade, não podem ter doçura de costumes, não têm tempo para despender em ternuras. Mas a que lhes falta em palavras, sobra em atos de dedicação e bondade para os que ama. São rústicos, vingativos, ferozes, não se os pode entretanto dizer maus.[36]

A contradição no retrato traçado por Paula Souza está em apontar a suposta incúria e a vida fagueira dos indígenas e, ao mesmo tempo, sua existência trabalhosa e "luta diária, para alcançar uma presa difícil". No capítulo "Uma Casa do Tempo Antigo", os "bugres" são denominados preguiçosos e nômades que viviam "vadiando e fazendo o que a eles lhe apetecia", trabalhando, assim, o mínimo para sua sobrevivência[37]. A preguiça e a falta de cuidado dos nativos para com eles próprios, bem como a imprudência dos negros, que levavam brincos às mulheres, mas sofriam por falta de alimento, pareciam justificar o papel tutelar dos brancos para com as demais raças. Nesse sentido, Paula Souza está em concordância com Francisco Adolfo de Varnhagen, um dos autores mencionados pelo romancista em *Palmares* que, em 1852, apresentou à Academia de História de Madri o texto "Como se Deve Entender a Nacionalidade na História do Brasil?"[38]

Segundo Moreira, nesse texto, o historiador do século XIX defende que as terras do Brasil nunca pertenceram aos indígenas, os quais, além de serem poucos, restringiram-se a percorrê-las como nômades, sem cultivá-las. Em sua opinião, os nativos não mereceriam nem mesmo a designação de bárbaros, e sim de selvagens, vivendo na lei natural da família ou da tribo, escravos de sua própria liberdade. Apesar de considerá-los perfectíveis, para Varnhagen os indígenas não eram capazes de se desenvolver

36. Ibidem, p. 156-157.
37. Ibidem, p. 25.
38. Posteriormente reeditado e inserido na primeira edição de sua *História Geral do Brasil*, com o título "Discurso preliminar – Os Índios perante a nacionalidade brasileira". Ver V. Moreira, O Ofício do Historiador e os Índios, *Revista Brasileira de História*, n. 59, p. 60.

por estímulos endógenos, necessitando, portanto, da "ação externa e coativa dos povos civilizados"[39]. Mesmo estando em concordância com certas ideias de Varnhagen, no que se refere aos aspectos preguiçoso, despretensioso, irresponsável e nômade atribuídos aos indígenas, o romancista, diferente do historiador, não considerava os nativos um entrave para o progresso do Brasil, visto que a "amizade" entre paulistas e indígenas teria garantido as conquistas territoriais aos habitantes de São Vicente e os tornado tão afamados durante e após o período colonial.

Tal como Rousseau e Gonçalves de Magalhães no Brasil, Paula Souza também enxerga os indígenas como o bom selvagem, conforme se verifica nos exemplos de algumas personagens de seu romance, entre as quais Coração de Ouro, chefe indígena que habitava os Palmares e era o braço direito de Zumbi. Além de Brasília, a amizade entre paulistas e indígenas na ficção foi também observada na figura de um "índio velho, mas ainda robusto", que habitava a residência da família Pedroso de Barros. Durante os preparativos para a partida dos paulistas recrutados por Jorge Velho, esse indígena surgiu e desapareceu em um instante, somente para depositar um rolo de ouro na arca em que Pedro Vaz guardava suas joias. Essa prática se repetiu outras duas ou três vezes, sempre que o índio velho julgava que o "Pai Guassu" [*guaçu*, "grande" em tupi] necessitasse de recursos[40].

Durante a guerra dos Palmares, a bondade dos indígenas para com os paulistas revela-se mesmo quando estes lutam em lados distintos – ainda que isso signifique uma quebra de verossimilhança na ficção. Enquanto saem do Quilombo dos Palmares, no qual haviam entrado antes do embate final entre as forças coloniais e os palmarinas, Manuel de Barros e Brasília deparam-se com Coração de Ouro, que, ao invés de os aprisionarem ou matarem,

---

39. Ibidem, p. 61.
40. D.J. Velho, op. cit., p. 166.

uma vez que eram inimigos, deixa-os livres, advertindo-os de não retornarem mais ao quilombo, pois o perdão de Zumbi seria dado somente da primeira vez. Velho, apelido de Manuel de Barros na ficção, como se conhecesse o guerreiro indígena, ao reconhecer-lhe a voz responde: "Obrigado, Coração de Ouro [...]. Bem mereces o nome; tens um coração de ouro."[41]

Em outra cena, Coração de Ouro é alvejado no peito por Manuel Penteado e, como punição, atira uma flecha no adversário, no mesmo local em que havia sofrido a ferida. Entretanto, a flechada pouco dano causa a Manuel Penteado. Segundo o narrador, Coração de Ouro, quando sofreu o ataque, passava "ligeiro como um cervo, por diante da companhia do capitão Penteado". O tiro fez o guerreiro indígena parar por um instante, "e viu-se então em toda a perfeição da selvática beleza. Era grande e belo. Vestido com trajo de guerra, tendo um grande coração pintado sobre o peito, o índio com a mão marcou que lhe atirara e sumiu-se"[42].

Assim, naturalmente bons, os indígenas possuíam alguns defeitos – o que "fazia nulificar as boas qualidades" –, decorrentes, talvez, do meio em que viviam: as exuberantes florestas brasileiras, as quais, como se verificou na opinião de Buckle, causavam um entorpecimento nos homens, diminuindo sua capacidade de ação. Uma das cenas em que, indiretamente, o romancista ratifica a ideia do historiador inglês ocorre depois de Manuel de Barros descobrir não ser correspondido em seu amor pela filha do Capitão Cerveja – um habitante da vila de São Paulo e dono de um comércio de secos e molhados que havia recebido essa alcunha devido ao hábito de viver embriagado constantemente. Para curar as dores da paixão frustrada, o jovem se refugia na floresta, onde encontra a calma para seu sofrimento. Na tese de Paula Souza:

41. Ibidem, p. 260.
42. Ibidem, p. 178.

O primeiro movimento do homem que sofreu uma grande dor, diante da natureza sempre nova e sempre bela, é o do desespero. O homem irrita-se, ao vê-la indiferente e insensível aos sofrimentos humanos. Aumentam-se os sofrimentos ao ver que não são partilhados. Depois, aquela calma augusta se infiltra no homem, e ele ganha alguma coisa da sua grandeza, paz e serenidade. Faz ela elevar-se, olhar de ponto mais alto, superior às misérias e pequenhezas [sic] passageiras. Tudo passa; os homens morrem. A natureza é sempre a mesma e bela sempre. Perto daquela mãe fecunda, nossas inquietações se acalmam, nossas fraquezas desaparecem, nossas forças voltam. Em seu seio recobramos forças; todos somos Anteos. Velho sentia grande alívio perto dela; escondia-se com sua tristeza, só no meio da floresta. Apodera-se de todo aquele que por demais vive no seio da floresta, um grande entorpecimento físico e moral. Este torpor, se é um alívio, também faz cair em um quase sono. Quando nos absorvemos por demais em sua contemplação, nosso corpo se liga à terra, donde veio, e nossa alma ala-se aos céus, donde descende. O corpo queda extático, absorto; a alma tendo-o quase de todo abandonado, o deixa no estado dessas criaturas animadas que têm um espírito inferior. Vê-se, então, tudo como em sonho.[43]

Na crítica acerca do romance publicada em *A Província do Espírito Santo: Diário Consagrado aos Interesses Provinciais*, em 26 de abril de 1885, o redator aponta que a única "pintura" que lhe pareceu "mais exata" realizada por Paula Souza, sob o pseudônimo de Jorge Velho, foi o trecho acima, em que se observa "a passagem de Barros (o Velho) da vida cheia de enlevos pela filha do capitão Cerveja, para a solidão da mata, onde buscou esquecer o malogro do seu amor". Provavelmente adepto às ideias de Buckle, o redator também acredita na inegável ação "entorpecente da floresta", cujo "efeito na Índia, em que tem algum viço, e no Brasil, em que é este maior", é evidente:

Essa adoração instintiva pela natureza vem em todos os lugares em que a natureza é pujante, e o homem fraco. A calma da natureza dá grande alívio. Embebe-nos em vago devaneio, identifica-nos

43. Ibidem, p. 110-111.

com a natureza que nos cerca. Anula as sensações. Faz ver tudo bem; mas em proporções maiores, mais belas, fantásticas. Impossibilita a ação. Desaparece o homem diante da criação, para não ser mais que pequena parte dela.[44]

Diante disso, Manuel de Barros, que se interna na natureza, torna-se "inativo, absorto, embebido em excesso na contemplação da natureza". Sem realizar qualquer movimento, conservando-se "horas admirando-a extático", a personagem ainda pertencia "ao mundo animado", somente "pela sensação", já que quase se confundia com a "natureza inanimada que o cercava e subjugava":

A ação da natureza torna contemplativo os brahmanes e os nossos índios, dominados de todos pela bruteza da terra. Adora-a o escravo cegamente; tudo vê então vagamente através de uma névoa. Fica o homem nesse estado intermediário entre o racional e o irracional, entre o homem e o pássaro. O pensamento ainda vive. Elabora a custo um hino de amor à natureza em que se quisera fundir enquanto o corpo fica inerte, como morto.[45]

Paula Souza deixa claro não ser contra a "contemplação da natureza", por meio da qual os homens alargariam seus horizontes, fazendo-os entender o mundo. Contudo, a "contemplação solitária em excesso" levaria "ao estado dos povos estúpidos da Índia"[46]. O estado de inatividade que sofre Manuel de Barros permanece por, praticamente, todo o capítulo quatro da primeira parte da obra – denominado "Contemplação e Ação". A recuperação do paulista apenas ocorre com a entrada em cena de Brasília; com a vingança promovida contra o Capitão Cerveja, isto é, por Manuel julgar que o morador da vila de São Paulo se utiliza da beleza de sua própria filha para fazê-lo se embriagar e comprar diversos produtos de sua loja, aplicando-lhe, assim, uma lição; e com sua partida para Palmares. Portanto,

---

44. Ibidem, p. 112.
45. Ibidem.
46. Ibidem.

brancos, negros, indígenas e mestiços estavam, na visão de Paula Souza, mas também de muitos de seus contemporâneios, sujeitos à ação entorpecedora da natureza, ficando reduzida a "potência concentrada do espírito humano" e ativando "o instinto dos animais, o rastejar do inseto e o torpor da árvore"[47]. A diferença é que os brancos pareciam sofrer essa ação narcótica de forma voluntária, isto é, quando buscavam a solidão no seio da floresta para a cura de algum sofrimento.

Apesar de cientificamente as teorias raciais e as ideias de Buckle terem caído em descrédito no Brasil nas primeiras décadas do século XX, ainda hoje é possível reconhecer ecos desses pensamentos no imaginário das pessoas que se materializam por meio de xingamentos preconceituosos, muitas vezes observados nos noticiários televisivos, nas reportagens de jornais e nos comentários em redes sociais. Por outro lado, o mito bandeirista, contemporâneo dessas teorias, ainda sobrevive como símbolo para a elite paulista, sendo os antigos bandeirantes frequentemente homenageados por políticos nomeando espaços públicos, como estações de metrô, avenidas, rodovias etc.

Contudo, os grupos minoritários, descendentes de indígenas e negros, não representados por esse símbolo, também reivindicam, atualmente, por meio de ações e protestos, um lugar para seus líderes na memória coletiva, enfrentando, muitas vezes, os interesses de conservadores de São Paulo e se saindo vitoriosos sobre eles. Em 2023, por exemplo, após a deputada estadual Ediane Maria ter acionado o Ministério Público de São Paulo contra a proposta que mudaria o nome da futura estação da linha verde do metrô de Paulo Freire para Fernão Dias – bandeirante conhecido como "o caçador de esmeraldas" –, a Justiça acabou barrando a mudança. Em 2021, um grupo ateou fogo na estátua de Borba Gato, localizada no bairro de Santo Amaro, na capital do estado, apresentando, abaixo

---

47. Ibidem.

da estátua em chamas, uma bandeira em que constava "Revolução Periférica". Em 2016, o Monumento às Bandeiras, de Victor Brecheret, foi pichado com tinta vermelha, em referência ao sangue dos indígenas e negros assassinados pelos bandeirantes no contexto das entradas e bandeiras. Longe de julgar se essas ações são positivas ou não, está claro que elas demonstram uma insatisfação de segmentos das classes populares com relação a um dos principais símbolos-chave paulistas.

Em contrapartida, em 2016 foi erguida uma estátua de Zumbi dos Palmares, no Largo do Paiçandu, centro de São Paulo, em homenagem ao líder palmarino e ao Dia da Consciência Negra – escolhido para ser celebrado no dia 20 de novembro, aniversário da morte de Zumbi, e que se tornou feriado nacional em 2003. A temática quilombola e a da resistência negra e indígena contra as forças coloniais também têm sido constantes em trabalhos acadêmicos desde, pelo menos, as décadas de 1980. Entretanto, a marginalização desses temas nas obras literárias e entre as produções culturais de massa, como filmes, novelas e seriados brasileiros, ainda persiste, podendo ser questionada em que medida o mito bandeirista e da imagem negativa de Zumbi, construída no final da era colonial e ao longo do período imperial brasileiro e embasada nas teorias raciais do século XIX, persistem no imaginário da maioria da população.

Considerações Finais

Na edição em livro de sua obra, Paula Souza caracterizou-a como "romance nacional histórico", alegando ter se utilizado de documentos do período colonial, de trabalhos de historiadores do século XVIII e XIX, além da tradição oral para traçar o perfil e o estilo de vida de suas personagens paulistas e narrar os fatos acerca do Quilombo dos Palmares. Contudo, como obra de ficção, em que o autor faz uso da sua imaginação e de suas próprias crenças, não somente alguns episódios reais foram distorcidos por Paula Souza, mas também personagens fictícias se misturam entre as personagens históricas presentes na trama.

Além disso, apesar de ambientar seu romance no período colonial, em *Palmares* discute-se questões situadas no contexto das últimas décadas do século XIX, como o uso das teorias cientificistas para explicar tanto as características físicas quanto morais de pessoas dos diferentes grupos raciais. Apesar disso, observa-se no romance contradições ao fazer uso dessas teorias, sobretudo no que se refere às imagens dos negros, dos indígenas e dos mestiços, ora vistos como indivíduos de grandes qualidades morais e físicas, ora como exemplo de raças degeneradas.

No Brasil, essas teorias já se encontram rechaçadas pelas ciências, contudo ainda persistem no imaginário das pessoas alguns preconceitos, cuja criação data desse contexto. Por outro lado, o mito bandeirista, ressurgido nessa mesma época das décadas finais da era oitocentista e da expansão econômica e territorial da cidade de São Paulo, também se mantém como símbolo paulista entre a elite do estado, ainda que, diferente daquele momento, muitas contestações sejam promovidas por parte de grupos subalternos com o propósito de destituir do bandeirante a narrativa heroica e de dar espaço aos seus próprios símbolos.

12.
SOBRE DESNUDAMENTOS HUMANOS, XENOFOBIA, APAGAMENTO DE NARRATIVAS E SABERES E DESCONSTRUÇÕES DISCURSIVAS

Paulo Daniel Farah

Nos últimos anos, especialmente entre 2019 e 2022, durante o governo de Jair Bolsonaro, observou-se no Brasil a banalização das manifestações de ódio contra negras e negros, imigrantes, refugiadas e refugiados, indígenas, populações em situação de rua/calçada, mulheres e LGBTQIA+, entre outros grupos minorizados ou minoritários. Nesse contexto, propomos discutir, em uma abordagem interseccional, transdisciplinar e decolonial, discursos de ódio contra esses grupos crescentemente sob ataque no Brasil e no mundo, com ênfase em pessoas em deslocamento ou deslocadas.

A diversos grupos de imigrantes, refugiadas e refugiados, é negada a historicidade. Seus saberes, comumente plurilíngues e multiculturais, costumam ser invisibilizados, apagados ou rebaixados, em percepções inseridas num contexto colonial e inferiorizante que normaliza discursos de ódio muitas vezes precursores de massacres e genocídios. Cabe lembrar, à medida que a pandemia do coronavírus se expandiu no Brasil e no mundo, observou-se o incremento da xenofobia e do racismo (em diferentes formas) *on-line*, sobretudo, mas não apenas nas redes sociais. Faz-se necessário, portanto, propor reflexões, ações e estratégias para lidar com o acirramento das retóricas e manifestações que abrem caminho para tragédias humanas e violências múltiplas: físicas, simbólicas e epistêmicas.

A temática das migrações internacionais como questão política, social, cultural e de direitos humanos traz para o centro das discussões inúmeros desafios e potencialidades para as sociedades e para os espaços educativos.

Na última década, os fluxos de refugiado(a)s, deslocado(a)s, migrantes e apátridas têm aumentado significativamente[1]. Ao final de 2021, o número de pessoas deslocadas

---

1. Respectivamente para a definição de: 1. Refugiado(a)s: são "pessoas que se encontram fora do seu país por causa de fundado temor de perseguição por motivos de raça, religião, nacionalidade, opinião política ou participação em grupos sociais, e que não podem (ou não querem) voltar para casa, de acordo com a Convenção das Nações Unidas de 1951 relativa ao Estatuto dos Refugiados. Posteriormente, definições mais amplas passaram a considerar como refugiados as pessoas obrigadas a deixar seu país devido a conflitos armados, violência generalizada e violação maciça dos direitos humanos." Ver Informações sobre Refugiados em *Bibliaspa* (<bibliaspa.org.br>). 2. "Uma pessoa deslocada internamente é aquela que foi forçada a fugir de casa, mas permaneceu dentro das fronteiras de seu país e, portanto, não é legalmente definida como refugiada." Ver Refugiados e Deslocados Internos, *Médicos Sem Fronteiras* (<https://www.msf.org.br/>). 3. Migrantes são indivíduos que "escolhem se deslocar não por causa de uma ameaça direta de perseguição ou morte, mas principalmente para melhorar sua vida em busca de trabalho ou educação, por reunião familiar ou por outras razões. Diferente dos refugiados, que não podem voltar ao seu país, os imigrantes podem continuar a receber a proteção do seu governo". Ver A. Edwards, Refugiado ou Migrante?, *Acnur.org*, 1 out. 2015 (<https://www.acnur.org/>).. 4. Apátridas são "pessoas que não têm sua nacionalidade reconhecida por nenhum país. A apatridia ocorre ▶

por guerras, violência, perseguições e abusos de direitos humanos chegou a 89,3 milhões (um crescimento de 8% em relação ao ano anterior e bem mais que o dobro verificado há dez anos), segundo o relatório "Tendências Globais", uma publicação estatística anual da agência da ONU para refugiados; trata-se do maior número já registrado desde a criação do Alto Comissariado das Nações Unidas Para os Refugiados (Acnur), em 1950. De acordo com os dados do Acnur, os números de deslocamentos forçados no mundo bateram recorde, pelo nono ano consecutivo. Em maio de 2022, a população global de pessoas forçadas a se deslocar atingiu o número recorde de cem milhões de seres humanos, devido a perseguições, conflitos, violência, violações dos direitos humanos ou eventos que perturbaram a ordem pública.

Como se sabe, movimentos migratórios são fenômenos históricos que se prolongam até a atualidade, e os fluxos não cessarão nem se reduzirão; como sugerem os dados da ONU, devem se tornar cada vez maiores. Cresce significativamente também o número de deslocados internos e o de países envolvidos. Nas últimas décadas, especialmente a partir de 1970, por causa de tragédias humanas e crises políticas e econômicas, e no contexto das sequelas do colonialismo, aumentou o número de refugiados no mundo, em geral, e no Brasil, em particular.

Mais de dois terços (69%) das pessoas refugiadas são provenientes de cinco países: Síria (6,8 milhões), Venezuela (4,6 milhões), Afeganistão (2,7 milhões), Sudão do Sul (2,4 milhões) e Mianmar (1,2 milhão).

O Sul Global desempenha um papel relevante na acolhida de refugiados. Ao contrário do que difunde o mito

---

▷ por várias razões, como discriminação contra minorias na legislação nacional, falha em reconhecer todos os residentes do país como cidadãos quando este país se torna independente (secessão de Estados) e conflitos de leis entre países. A apatridia, às vezes, é considerada um problema invisível, porque as pessoas apátridas muitas vezes permanecem invisíveis e desconhecidas", ver Apátridas, ibidem.

segundo o qual a maioria dos refugiados vai para os países desenvolvidos, historicamente a maior parte dos refugiados desloca-se para os países em desenvolvimento. Como aponta o mesmo relatório "Tendências Globais", países de renda baixa ou média acolheram 83% dessa população, e 72% das pessoas viviam em países vizinhos aos seus países de origem.

O Comitê Nacional Para os Refugiados (Conare), que delibera sobre as solicitações de reconhecimento da condição de refugiado no Brasil, analisou 70.933 solicitações de refúgio em 2021[2]. Entre 2011 e 2021, 297.712 mil imigrantes solicitaram refúgio no país. Ao final do ano de 2021, existiam 60.011 pessoas refugiadas reconhecidas pelo Brasil.

A maioria dos refugiados e solicitantes de refúgio que o Brasil acolhe provém da África, da América do Sul e Central e de países árabes (em 2021, 78,5% das pessoas solicitantes de refúgio no Brasil eram venezuelanas); deslocam-se para o país ante a recusa de outros Estados e a criação de limitações cada vez mais rigorosas aos refugiados e imigrantes provenientes dessas regiões e representam os principais grupos que sofrem xenofobia, racismo e intolerância religiosa nas cidades brasileiras. Quase sempre, o denominador comum é a proveniência do Sul Global, sejam pessoas vindas do Congo, de Angola, da Síria, do Afeganistão ou da Venezuela.

O cientista social indiano Arjun Appadurai, que discute ideias de incerteza, incompletude, minorias e seus efeitos na produtividade da violência na era da globalização, questiona por que estamos "vendo um impulso genocida virtualmente por todo o globo em relação às minorias, sejam elas numéricas, culturais ou políticas, e sejam elas minorias pela falta da etnicidade adequada ou dos documentos adequados ou por serem a incorporação

---

2. Ver relatório em G. Junger; L. Cavalcanti; T. de Oliveira; B.G. Silva, (orgs.), *Refúgio em Números*.

visível de alguma história de violência ou maus-tratos mútuos?"[3]

Nesse sentido, Appadurai elabora a noção de "identidades predatórias", que seriam aquelas que, para se firmarem, requerem a extinção de outras coletividades, outras categorias sociais que tenham com aquela um grau de identificação e contato, mas também contrastes. Em suma, o autor indiano expõe o quanto a violência pode criar uma forma macabra de certeza.

Marcado por um histórico de massacres e humilhações contra indígenas negras e negros (contraposto por resistências e dignidade), em prol de um projeto de embranquecimento da população, o Brasil não deveria perder a oportunidade de redimir um pouco essa mácula do ferrete e, por fim, tratar de forma digna e integrativa indígenas brasileiros e sul-americanos em geral e negras e negros brasileiros, africanos, haitianos e de qualquer outra procedência, além de refugiados e imigrantes como um todo.

O historiador e filósofo camaronês Achille Mbembe sustenta que o poder de matar e fazer morrer é um dos fundamentos da soberania do Estado-nação moderno; esse processo pode ser observado no genocídio da população negra no Brasil e também em mecanismos de exclusão e em eventos que geram o refúgio. Mbembe descreve as novas formas de existência social às quais o imigrante e o refugiado são submetidos ao deixar sua terra de origem e buscar refúgio em um outro país, como o Brasil[4].

De acordo com Mbembe, vidas são deslegitimadas como humanas pelo Estado de direito, transformam-se em corpos marcados para morrer. Sua reflexão ajuda a descrever a situação de violência que atinge refugiados no mundo em geral e no Brasil em particular: imigrantes e refugiados com dificuldades para se integrarem à sociedade, sem ou com pouco acesso aos serviços públicos básicos de saúde,

---

3. A. Appadurai, *O Medo ao Pequeno Número*, p. 38.
4. Ver A. Mbembe, *Necropolítica*.

educação e moradia, com salários inferiores ao da população brasileira, expostos à objetalização e à abjeção.

Sabe-se que o Brasil não é mais um "país de imigrantes", ao contrário do que alega o imaginário nacional, uma vez que menos de 1% da população que vive no território brasileiro é estrangeira. A partir da década de 1990, o Brasil passou a ser um país de emigrantes, já que o número de brasileiros no exterior ultrapassou a quantidade de estrangeiros no país. Apesar disso, os discursos xenófobos persistem, embora não incluam recomendações aos países que recebem brasileiros para que os expulsem ou os tratem de forma discriminada.

No filme *Brasil Cordial: Corações e Refúgios* – produzido pela BibliASPA (Biblioteca e Centro de Pesquisa América do Sul, Países Árabes e África), centro dedicado à educação, cultura e ações sociais, fundado em 2003, que atua em parceria com a USP e tem entre suas temáticas principais a das migrações e refúgios –, cidadãos de Síria, Senegal, Congo e Bolívia relatam, em línguas como árabe, francês, espanhol e português, situações de xenofobia e outras discriminações referentes à inserção no mercado de trabalho, à dificuldade para abrir uma conta no banco ou validar o diploma, em suma, ser tratado dignamente. Uma imigrante boliviana conta que, ao entrar em um ônibus em São Paulo, é comum que alguns passageiros tapem o nariz e façam gestos depreciativos como se ela não houvesse tomado banho. Afirma no filme um professor senegalês que fala cinco idiomas fluentemente: "A maior parte das pessoas acredita que, quando você é negro ou vem da África, você não tem capacidade intelectual. Na verdade, na África não é isso o que acontece. Lá existem muitas pessoas que são enormemente inteligentes."

Por certo, o plurilinguismo faz-se muito presente na África, assim se trata de apenas uma das várias formas pelas quais o Brasil se beneficia cultural, social, econômica e humanamente dessas interações. No filme, o mesmo refugiado africano relata situações de xenofobia, islamofobia e racismo, e surpreende-se com a imagem estereotipada da África no Brasil: "Quando você é educador, deve dar bom exemplo a todos." Mesmo em um cenário desses, sua preocupação como professor deveria inspirar o sistema educacional no Brasil.

Entre nós, xenofobia é crime tipificado na lei 9.459, de 1997. Seu primeiro artigo diz: "serão punidos, na forma desta lei, os crimes resultantes de discriminação ou preconceito de raça, cor, etnia, religião ou procedência nacional". Apesar disso, há uma dificuldade notável no país em obter números relacionados à xenofobia – nos níveis municipal, estadual e federal –, isso dificulta o processo de desconstruir o mito de que o país tem os braços abertos a qualquer pessoa, independentemente de proveniência ou cor da pele[5]. Parte da mídia abre espaço para o tema apenas no caso de morte violenta e ainda assim frequentemente de forma hesitante.

No Plano Municipal Para a População Imigrante de São Paulo (PMI), de cuja elaboração participei, inseriu-se, na sexta ação do quarto eixo do documento, a necessidade de coleta, sistematização e divulgação de dados relativos a violações de direitos humanos em ao menos dois canais (como *sites* ou mídias sociais de amplo acesso) da prefeitura. Espera-se que a medida seja de fato implementada, pois a precedência inquieta; outros planos municipais nunca saíram do papel. De fato, até o final de 2022, nenhum relatório de monitoramento do PMI havia sido publicado e nenhuma medida específica sobre o tema dos dados sobre xenofobia havia sido tomada. Depois de ser observada uma redução

---

5. No que se refere ao mito da "democracia racial", os números pulverizam a idealizada autoimagem do Brasil. O Atlas da Violência, estudo do Instituto de Pesquisa Econômica e do Fórum Brasileiro de Segurança Pública, afirma em sua edição de 2021, que a taxa de mortalidade de mulheres negras é 65,8% superior à de não negras. Ainda segundo ele, houve um aumento de 1,6% dos homicídios entre negros de 2009 a 2019, passando de 33.929 vítimas para 34.446 no último ano, e entre não negros houve redução de 33% no número absoluto de vítimas, passando de 15.249 mortos em 2009 para 10.217 em 2019. Ver D. Cerqueira et. al, *Atlas da Violência 2021*.

significativa das metas do plano, praticamente não houve encontros do grupo de trabalho permanente de monitoramento e acompanhamento do PMI, que precisaria ser reativado com imigrantes, refugiadas e refugiados à frente do processo. Além disso, nem o PMI nem o Conselho Municipal de Imigrantes (CMI) entraram no orçamento da Prefeitura de São Paulo, o que indica falta de comprometimento. Ao acompanhar e observar a dinâmica das reuniões do CMI, foi possível averiguar que, em geral, eram levadas pautas pré-aprovadas pela prefeitura com temas de interesse do poder público, incluindo relatórios, para uma chancela acrítica, sem que houvesse participação efetiva de imigrantes, refugiadas e refugiados na elaboração dos documentos previamente preparados. Infelizmente, nesse processo o quadro que se apresenta ao final não corresponde à realidade e provoca o apagamento de situações de racismo, xenofobia, intolerância religiosa e outras formas de opressão.

Dados divulgados pelo Governo Federal sobre o tema em 2015 expunham um aumento nas denúncias de xenofobia e intolerância religiosa. Violações dos direitos de migrantes e refugiados, ou seja, atos xenófobos, aumentaram 633% de 2014 a 2015 (330 denúncias foram acolhidas em 2015, contra 45 no ano anterior). Os números da Secretaria Especial de Direitos Humanos da Presidência da República à época mostravam que os haitianos constituíam a maioria das vítimas (26,8%), seguidos por pessoas de origem árabe ou de religião muçulmana (15,45%). Declarou o então secretário de Direitos Humanos Rogério Sottili: "A abertura do Brasil para receber refugiados foi o principal motivo para um crescimento desenfreado desse tipo de crime." Nos casos de intolerância religiosa, o aumento foi de 273% em 2015, comparado aos números do ano anterior. Foram 556 denúncias no período, contra 149 em 2014.

De acordo com o Disque 100, que no governo de Jair Bolsonaro integrou o Ministério da Mulher, da Família e dos Direitos Humanos, somando-se a dados do Instituto de Segurança Pública e da Polícia Federal, no primeiro semestre de 2022 o Rio de Janeiro ocupou a primeira posição no *ranking* dos estados brasileiros com o maior número de denúncias de discriminação religiosa. A mesma fonte indica que 71% das vítimas são mulheres e praticantes de candomblé e umbanda. Ainda em relação ao Rio de Janeiro, a média de casos vinculados a esse tipo de discriminação religiosa equivaleu a três por dia.

Entre 2019 e 2022, a coleta e a divulgação de dados sobre casos de xenofobia e de intolerância religiosa passaram a enfrentar problemas muitas vezes criados ou estimulados pelo Governo Federal. Algumas pesquisas apresentadas pelo Disque 100 apresentam dados inconsistentes, por exemplo, um levantamento sobre denúncias de racismo religioso. Segundo os dados apresentados nessa pesquisa, também vinculada ao Ministério da Mulher, da Família e dos Direitos Humanos, o número de pessoas que teriam denunciado casos de racismo religioso sem identificar a religião (233 pessoas) seria mais que duas vezes maior a todos os casos em que se citou a religião (113). Por que a/o denunciante não informaria a que religião pertence? Faltaram transparência e credibilidade ao Ministério da Mulher, da Família e dos Direitos Humanos, órgão federal responsável pelos levantamentos para implementação de políticas públicas, ao trazer a público dados inconsistentes.

Muitos haitianos e africanos vêm ao Brasil na esperança de viver em um ambiente sem ou com pouco racismo, ao adotar como residência um país majoritariamente negro, mas o cotidiano lhes revela espaços segregados, políticas segregativas e racismo estrutural, acompanhados de xenofobia.

O temor ou a aversão ao estrangeiro revela-se o traço comum a discriminações que incluem, de acordo com o grupo, racismo (no caso de africanos e haitianos) e intolerância religiosa (especialmente no caso de muçulmanos e adeptos de religiões de matrizes africanas).

O aumento no fluxo migratório e nos casos de xenofobia intensificou os desafios do Brasil como receptor de refugiadas e refugiados. Destacam-se: a integração na sociedade; o aprendizado da língua portuguesa em um país cuja população em geral conhece e valoriza pouco outros idiomas além do imposto oficialmente; o reconhecimento e a valorização de epistemologias do Sul e de conhecimentos endógenos; o acesso à educação e à moradia digna, o atendimento nos serviços públicos básicos e a regularização da situação migratória, entre outras questões que se acentuaram, especialmente pela situação de vulnerabilidade das refugiadas e refugiados em relação a outros fluxos migratórios vivenciados no país.

Zygmunt Bauman descreve o ritual de desnudamento forçado por Estados modernos pelo qual passam imigrantes. Afirma ainda: "todos os outros demandantes que podem bater à porta do Estado soberano pedindo admissão tendem, em primeiro lugar, a ser submetidos ao ritual de desnudamento [...]. Se o nascimento e nação constituem uma só coisa, então todos os outros que ingressam ou desejam ingressar na família nacional devem imitar a nudez do recém-nascido – ou serão compelidos a isso"[6].

Nesse contexto, preservar culturas e expressões religiosas contrapõe-se ao que se espera desse recém-nascido que deseja ingressar em uma "família nacional". Desse modo, exige-se, cada vez mais, que o imigrante abra mão de sua cultura e de suas referências identitárias.

Esse quadro é acompanhado, com frequência, de um processo de desumanização, como aquele descrito em *O Estrangeiro*, de Albert Camus, quando o anti-herói Merleaud mata um mouro, um árabe, portanto, em uma praia argelina sem que nada se saiba a respeito da vítima.

De acordo com Bauman, o "pertencimento" e a "identidade" são flexíveis e negociáveis, num diálogo permanente entre a comunidade na qual imigrantes, refugiados e refugiadas nasceram e aquela que os acolhe.

---

6. Z. Bauman, *Amor Líquido*, p. 155.

Uma das estratégias do colonialismo europeu, e também do neocolonialismo, é a de reduzir as populações colonizadas a estereótipos e negar sua história, como estudado (e confrontado) por pensadores como Edward Said, Aimé Césaire e Frantz Fanon. O último, que participou do movimento de libertação nacional da Argélia e de outros países da África, dedicou-se a analisar a alienação no contexto colonial, a representação do colonizado e as resistências promovidas.

Mecanismos de Desumanização e Animalização

No âmbito dos discursos, manifestações e representações de ódio, importa estudar os mecanismos de desumanização e animalização de populações inteiras promovidos pelas exposições universais e coloniais realizadas a partir da segunda metade do século XIX e que apresentaram, a seus milhões de visitantes, "jardins zoológicos humanos" formados por colonizadas e colonizados, "selvagens" expostos.

Entre outros eventos que celebram a violência e o ódio, os "zoos humanos" e sua popularidade entre meados do século XIX e do XX expõem complexos de superioridade e práticas de xenofobia, racismo, intolerância religiosa e sexismo que ainda se fazem presentes até os dias atuais. Essas exposições buscavam atuar como vitrines da "modernidade" europeia, ao mesmo tempo que legitimavam a colonização e a missão civilizadora. De fato, a relação entre colonialidade e modernidade, ressaltada pelos estudos decoloniais e outros movimentos de subversão epistêmica, permite observar algumas características necessárias para compreender como os discursos de ódio proliferam até hoje.

Anne McClintock descreve as exposições como ferramentas das estruturas de dominação e supremacia europeia. Segundo ela, "o racismo mercantil – nas formas especificamente vitorianas de propaganda e fotografia, nas exposições imperiais e no movimento dos museus – converteu a narrativa do progresso imperial em espetáculos de consumo produzidos em massa"[7].

McClintock também sustenta que a fotografia se tornou um dos mais importantes instrumentos de propaganda imperial. Argumenta que, "à ciência racial, a fotografia prometia fornecer um conhecimento 'factual' mecânico e, portanto, objetivamente seguro sobre tipos, espécimes e tribos raciais [...]. À antropologia, a fotografia oferecia um sistema classificatório para registrar a diversidade dos povos do mundo na Família Universal do Homem"[8].

Um exemplo que permite compreender de forma mais detalhada a construção discursiva e imagética comum às exposições universais realizadas a partir de 1851 refere-se à forma como o Egito, em geral, é retratado nesses eventos[9]. Cabe analisar o modo como se elabora a rue du Caire (rua do Cairo), proposta de reconstituição de uma rua cairota realizada na Exposição Universal de 1989, em Paris, para a qual espécimes animais e humanas do Egito foram levadas para ser expostas.

Importa nesse contexto analisar a concepção, a realização, os desdobramentos e as percepções acerca dessa reconstituição de um espaço egípcio entre franceses, árabes e africanos, em processos que geram discursos e práticas de ódio, e como egípcios, árabes, africanos e muçulmanos viram essas representações, ou seja, a intenção é também escutar as sociedades retratadas, numa tentativa de promover

---

7. A. McClintock, *Couro Imperial*, p. 62.
8. Ibidem, p. 190.
9. A rua do Cairo foi totalmente concebida por um engenheiro francês, o barão Alphonse Delort de Gléon (1843-1899). A intenção aqui é justificar por que se fala em como a França retratou o Egito, já que o Egito foi representado e não se representou a si próprio. Cabe destacar que o Egito (como a maior parte dos países árabes, do ponto de vista populacional e territorial) localiza-se no continente africano. Pondere-se ainda que a população egípcia é (e era, ao final do século XIX) majoritariamente muçulmana, composta ainda de uma presença significativa (em torno de 10%) de cristãos coptas.

a decolonização do pensamento e questionar a narrativa eurocêntrica que inferioriza e promove alterocídio.

De início, ao apresentar o olhar francês acerca das sociedades representadas, ressaltar-se-ão elementos como o orientalismo, o olhar exotizante e a exaltação do passado associada a uma suposta estagnação no tempo. Será possível ainda constatar o fascínio exercido pelas inovações tecnológicas e pelo avanço científico europeu entre árabes e africanos, acompanhado da sensação de estranhamento provocada nos integrantes das localidades representadas que visitaram a exposição.

Foram utilizadas fontes francesas, especialmente publicações da imprensa local: álbuns de fotografias, catálogos da Exposição Universal de 1889 e de 1900 e um livro escrito pelo responsável pela concepção da rua do Cairo; artigos, capítulos de livros sobre o tema, escritos por autores de distintas procedências (da Europa, da África, da Ásia e do continente americano); publicações da imprensa árabe; e livros com relatos de árabes, africanos e turcos que visitaram as exposições universais.

As exposições universais, realizadas ao longo do século XIX e que adentraram o século XX, exerciam a função de espetáculos e vitrines da "modernidade" e de festivais de comércio e indústria, de um lado; e de espaço diplomático para definir e (re)modelar relações internacionais, de outro.

Nesse contexto, a França (e a Europa, em geral) era retratada como o símbolo do futuro, e as colônias europeias e os territórios africanos e asiáticos simbolizavam mormente o passado. Como se poderá observar, as Exposições Universais constituíam máquinas de construção de imagens e levavam representações de localidades e sociedades diversas do mundo a um público principalmente europeu que muitas vezes não tinha nem os meios nem o desejo de viajar, mas que apreciava horizontes longínquos.

A presença do Egito nas Exposições Universais ocorre em vários momentos. No que diz respeito às exposições realizadas em Paris, é possível traçar uma retrospectiva para entender o contexto anterior ao ano de 1889.

Em 1855, o Egito participa da Exposição Universal em Paris como uma dependência do Império Otomano e expõe seu algodão no Palácio da Indústria.

Em 1867, no "Parque Egípcio", em Paris, é apresentado como um país "moderno" que pretende expor suas riquezas. À época, o Egito era governado por Ismail Paxá (1830-1895), que liderou um processo de modernização (associada diretamente a estratégias e políticas eurocêntricas) nesse país africano e estimulou a presença europeia na região. Ismail Paxá viu a oportunidade de distanciar-se do soberano otomano e fortalecer as relações com europeus (com base na função diplomática das exposições).

Um destaque na exposição de 1867 foi o Templo de Hator, "inspirado" em distintos templos egípcios antigos, especialmente Dendera, Edfu, Esna (Esne), Kom Ombo (Ombos) e Filas (Philae), dos quais emprestou elementos arquitetônicos variados. Tratava-se de um templo grande (18m x 48m e 9m de altura) que era rodeado por vinte e duas colunas cujos capitéis apresentavam quatro tipos diferentes. Além da miscelânea de alguns templos antigos na reconstituição de um único templo (o de Hator), foi acrescida uma avenida de esfinges que não existe na construção original.

Charles Edmond, curador geral da participação do Egito em 1867, escreveu na introdução de um guia que redigiu sobre o evento: "O Egito é representado na exposição universal de 1867 não só no seu presente, mas também no seu passado. Tinha de ser assim, já que é o berço do mundo."[10]

Mais adiante, Edmond afirma:

Seríamos impetuosos em buscar uma regra ou uma lei no desenvolvimento da arquitetura árabe; isso não existe. O Oriente não tem esse espírito de ordenação que nosso Ocidente trouxe a tudo o que criou desde a invasão germânica; em seu lugar, o reino arbitrário

---

10. C. Edmond, *L'Egypte A L'Exposition Universelle de 1867...*, p. 3.

e caprichoso. Portanto, não estamos tentando descrever o sistema arquitetônico dos árabes; eles não têm nada parecido com isso; e, assim como os diversos elementos de suas construções estão desconectados, a história de sua arte também é desarticulada.[11]

Verificam-se, nos relatos do curador geral da participação egípcia, uma exaltação do passado e a descrição dos monumentos como "caprichosos" e desarticulados. Nesse sentido, é compreensível que o responsável francês não tenha visto nenhum problema em utilizar elementos arquitetônicos de várias construções religiosas na reconstituição de um templo específico.

Em 1878, a participação do Egito foi modesta, uma vez que Ismail Paxá se encontrava em situação difícil; com efeito, viria a ser deposto em 1879 pelos britânicos.

Nos anos 1880, a Grã-Bretanha e a França aceleraram a corrida pelo controle do rio Nilo. A presença europeia no Egito inflamou um movimento nacionalista entre membros da população egípcia. Endividado e em meio a rupturas internas, o Egito logo se tornaria um protetorado britânico. Em 1882, a Guerra Anglo-Egípcia resultou no fim do quedivado[12] e no início da ocupação britânica do Egito, que seria considerado uma província autônoma do Império Otomano, sendo governado de fato pelo Império Britânico.

Sob esse pano de fundo, organizou-se a Exposição Universal de 1889, que celebrou o centenário da Revolução Francesa e recebeu mais de 32 milhões de visitantes em uma área de cinquenta hectares que abrangia Champs de Mars, Trocadéro, estação d'Orsay, Esplanade des Invalides e uma parte do rio Sena. Foi construída para a ocasião e tornou-se símbolo dessa exposição a Torre Eiffel. Cabe destacar que a Exposição Universal de 1889 ocorreu cinco anos após a Conferência de Berlim, em um momento de auge do orientalismo.

---

11. C. Edmond, *L'Egypte A L'Exposition Universelle de 1867...*, p. 177.
12. O quediva (termo de origem persa que significa "príncipe") era o vice-rei do Egito sob os otomanos, de 1805 a 1914. (N. da E.)

Distorção e Exotismo

As exposições universais foram adquirindo um caráter cada vez mais forte de atrações diversas, como indica Pascal Ory, e a rua do Cairo – que integra a Exposição Universal de 1889 – insere-se nesse contexto, de redução ao estatuto de atração, que envolve também a reconstituição de aldeias e de ruas[13]. Com efeito, as encenações e a exibição de espécimes humanas colonizadas atraíam muitos visitantes.

Em contraste com a Galeria das Máquinas (símbolo da modernidade), da qual era vizinha, a rua do Cairo (idealizada como símbolo do passado) reuniu, em um espaço de 1000 m²: três portões monumentais; duas mesquitas; um minarete que imitava o da mesquita de Qaitbay, em Alexandria; o *sabil-kuttab* (um prédio que abriga uma fonte pública [sabil] e uma escola [*kuttab*], casas dos séculos XIV a XV e cafés.

No final do XIX, a etnologia torna-se mais difundida. Nas exposições universais, populações consideradas exóticas são retratadas em seu cotidiano sob o pretexto de torná-las mais conhecidas. A rua do Cairo desenvolve uma espécie de "etnologia dos pobres", de forte apelo popular. Veem-se no local artesãos, ourives, tecelões, ceramistas, escultores, vendedores de sucos e doces, comerciantes de tecidos e bugigangas. Os egípcios são representados coletivamente, em seus ofícios, não em suas individualidades. Não são nomeados, mas representados pelo trabalho que exercem.

Ao longo do dia, oferecem-se passeios em burrinhos brancos levados do Egito para a França, acompanhados de mais de cinquenta condutores de burros. À noite, o café oferece bebidas exóticas ao som de instrumentos musicais de percussão e corda. Para completar o quadro de exotismo, o visitante pode ver apresentações de dança do ventre.

Apresenta-se uma imagem do Egito tradicional folclórica, estereotipada, caricatural, pitoresca, distorcida,

---

13. Ver P. Ory, Les Expositions universelles, de 1851 à 2010, em D. Mei; H. Tertrais, (eds.), *Temps Croisés 1*.

sensualizada e sem precisão. Uma imagem que irá manter-se por bastante tempo, nas muitas atrações da rua do Cairo que irão aparecer nas exposições subsequentes.

As historiadoras Zeynep Çelik e Leila Kinney afirmam que "Um componente importante das exposições não ocidentais quase sempre estava situado nas seções pitorescas [...] esse sistema topológico coincidia com outros tipos de informação sobre seu *status* relativo e a natureza das culturas estrangeiras."[14].

O depoimento de visitantes franceses que estiveram no local ilustra a forma orientalista como o Cairo e o Egito foram retratados e a percepção que franceses e europeus costumavam ter dessa população ao mesmo tempo egípcia, árabe e africana:

Aqui estamos nós na rua do Cairo, onde à noite converge toda a curiosidade libertina de Paris, nesta rua do Cairo, de montadores de burros obscenos, de grandes africanos, em atitudes lascivas, passando os olhos de malandros pelas mulheres, dessa população em efervescência que o faz lembrar de gatos urinando na brasa [...] uma rua que se pode chamar de rua do cio.

E eis a dança do ventre, uma dança que para mim seria interessante que fosse dançada por uma mulher nua e que me remete ao deslocamento dos órgãos da mulher, e à separação do ventre do restante do corpo. [...] Terminamos a noite nos cafés da rua, bebendo conhaque de tâmara.[15]

A capa do *Bulletin Officiel de l'Exposition Universelle de 1889* (publicação semanal sobre a exposição) de 28 de setembro de 1889 foi dedicada à rua do Cairo. No título dessa edição do boletim, "La Rue du Caire", e nas bandeiras logo abaixo, veem-se na ilustração arabescos, luas crescentes e estrelas (símbolos islâmicos) e escrita pseudoárabe, estilo de decoração comum na Idade Média e no Renascimento.

---

14. Z. Çelik; L. Kinney, Ethnography and Exhibitionism at the Expositions Universelles, *Assemblage*, n. 13, p. 36-37.
15. E. de Goncourt; J. de Goncourt, *Journal*, t. 3, p. 289-290.

FIG. 17: *Capa do* Bulletin Officiel de l'Exposition Universelle de 1889.

Nessa capa, é possível observar uma ilustração da atração que foi a rua do Cairo, com dois grandes destaques, em círculos que funcionam como lentes de aumento de cenas do local: no maior, lê-se "a dança do ventre" e observa-se uma dançarina do ventre acompanhada de dois músicos sentados ao chão e portando tarbuche (chapéu típico do Império Otomano); no outro círculo, lê-se: "os encontros de nossa companhia acontecem nesse charmoso ambiente", enquanto duas europeias conversam, uma montada em um burrinho acompanhado de seu condutor e outra, em uma cadeira de três rodas levada por um serviçal.

Essas duas imagens e temáticas aí ressaltadas, a da dança do ventre e a dos burrinhos levados do Egito a Paris, merecem uma análise especial. Inicialmente, sobre os burrinhos, cabe informar que 53 deles, acompanhados de condutores egípcios, foram levados a Paris. Os passeios ofereciam a oportunidade aos visitantes da Exposição Universal de 1889 de vivenciar uma experiência exótica tanto pelo passeio em si pela reconstituição estereotipada de uma rua quanto pela proximidade de uma população exótica, a de egípcios. A experiência foi tão apreciada pelos visitantes, sobretudo europeus, que a organização da Exposição Universal de 1889 estabeleceu regras vinculadas à capacidade e a horários para controlar o fluxo de pessoas no local e evitar tumultos. Imagens de passeios nos burrinhos, durante a Exposição Universal de 1889, foram registradas pelo fotógrafo francês Philippon, que produziu dois álbuns, intitulados "Aniers du Caire" (Burriqueiros do Cairo), com 120 fotos que apresentavam imagens de cada um dos condutores, frontalmente e em perfil, em consonância com as técnicas antropométricas.

FIG. 18: *Imagem de egípcio levado a Paris para conduzir burrinho. Philipon, 1889.*

Imagens dos burrinhos e de seus condutores aparecem ainda na obra escrita pelo idealizador da rua do Cairo, o barão Alphonse Delort de Gléon (1843-1899), engenheiro francês que foi o responsável pela rua do Cairo na Exposição Universal de 1889. Delort de Gléon havia morado no Cairo e se tornado um colecionador de arte islâmica. A obra apresenta um texto introdutório e fotografias da rua do Cairo. O título do livro, *A Arquitetura Árabe dos Califas do Egito*, revela anacronismo, uma vez que o termo "califa", na tradição islâmica, refere-se geralmente aos sucessores (em árabe, *khalifa* significa sucessor) de Muhammad após sua morte, em 632. Além desses, denominados califas bem guiados, é comum que os governantes da dinastia islâmica omíada (661-750) e abássida (750-1258) sejam referidos como califas. Dessa forma, não cabia falar em califas no Egito do século XIX. Ou mesmo nos séculos XIV, XV e XVI, período que é representado de forma destacada na rua do Cairo.

Delort de Gléon havia adquirido portas, janelas, varandas e outros elementos arquitetônicos autênticos, resultantes de demolições ou reformas realizadas na cidade do Cairo, à época em franco processo de transformação urbana, e os levou a Paris. Posteriormente, remontou esses elementos na Exposição Universal de 1889, na rua do Cairo, sem a preocupação de precisão ou coerência histórica e arquitetônica.

Um dos exemplos refere-se à reconstituição de uma mesquita na rua do Cairo. Como apresenta o idealizador da atração na obra em questão, conforme a legenda da fotografia, trata-se de uma "Pequena mesquita. Visão geral com o seu minarete. Essa mesquita não é uma reconstituição fiel, mas é inspirada em bons modelos. Sua fachada é um arranjo comumente encontrado nos séculos XV e XVI. A crista e as duas janelas a oeste são emprestadas de Qaitbay e a frisa, de Sultão Hassan."[16]

Como se pode constatar, o responsável pela rua do Cairo explica que a mesquita "não é uma reconstituição fiel, mas é inspirada em bons modelos"[17]. Um deles é a mesquita-madraça do Sultão Hassan, grande mesquita e madraça (escola islâmica) situada na antiga cidade do Cairo, construída durante a era islâmica mameluca no Egito, no século XIV. Outro modelo refere-se à mesquita e cidadela de Qaitbay, construída no século XV em outra cidade egípcia, Alexandria, no Mediterrâneo. Desse modo,

16. A. Delort de Gléon, *L'Architecture arabe des khalifes d'Egypte à l'Exposition Universelle de Paris en 1889*, p. 13.
17. Ibidem.

observa-se que a mesquita mostrada em Paris reúne elementos de diferentes construções, diferentes períodos (séculos XIV a XVI) e diferentes cidades.

O livro do barão francês responsável pela rua do Cairo contém fotografias do minarete em destaque, com a seguinte legenda: "Conjunto e detalhes do minarete. Esse minarete é inspirado no da grande mesquita de Qaitbay, com proporções mais reduzidas. Os ornamentos laceados que o cobrem são motivos emprestados de Qaitbay, Sultão Hassan e Barquq. O conjunto é do final do século xv."[18]

Mais uma vez, observa-se a miscelânea de elementos arquitetônicos originários de construções distintas. Nesse caso, Qaitbay, Sultão Hassan e Barquq, complexo religioso do final do século XIV destinado à educação religiosa nas quatro maiores *madháhib* islâmicas sunitas, as escolas de jurisprudência sunitas (hanafita, malikita, chafiita e hanbalita), formado por uma mesquita, uma madraça, um mausoléu e um *khanqah* – uma construção dedicada à congregação de uma irmandade (ou *tariqa*) sufi, também conhecido como *ribat* (رباط) e *zawiya* (زاوية), entre outros termos. Além disso, para garantir a segurança do público, de acordo com o engenheiro francês, reduziu-se o tamanho do minarete e aumentou-se a largura da rua.

Entre as várias imagens, há uma que apresenta um trecho da rua do Cairo no qual se observa um *mihrab*, principal elemento de uma mesquita, o qual designa um nicho (em forma de arco) que indica a direção de Meca (*qibla*), o centro de peregrinação sagrado na Península Arábica para onde os muçulmanos voltam-se para fazer suas orações.

Ocorre que, na rua do Cairo, apresentou-se um *mihrab* deslocado de sua função religiosa na mesquita, em área externa, complementada por uma fonte onde burrinhos bebiam água. Além disso, esse elemento é apresentado em estilo magrebino, apesar de compor um espaço supostamente representativo do Egito.

---

18. Ibidem, p. 14.

Outra imagem apresenta uma loja de perfumes "orientais"; o termo refere-se a tudo aquilo que não se encaixa na denominação "Ocidente", de acordo com a ideia de "the West and the rest" (o Ocidente e o resto). Acima da porta, observa-se um crocodilo, animal por vezes utilizado como símbolo de proteção ou ornamento ao sul do Egito, por exemplo em casas de Assuã, especialmente entre os núbios, mas não no norte do país.

Como é possível verificar, a Exposição Universal de 1889 não retrata a realidade do Egito como uma república de maioria islâmica e semiautônoma, mas como uma terra estagnada no passado. E a cidade do Cairo é representada pelo outro, não se apresenta, não pode se representar.

Uma grande atração dentro dessa atração maior que foi a rua do Cairo foram as apresentações de dança do ventre. De acordo com Çelik e Kinney, na Exposição Universal de 1889, "o número de espectadores que foram ver as dançarinas do ventre egípcias chegava à média de dois mil por dia"[19].

A temática da chamada dança "do ventre" é recorrente também na mídia e nas publicações contemporâneas à Exposição de 1889, chamada em árabe de dança oriental: رقص شرقي، transliterado como *raqs charqi*, a nomenclatura provavelmente refere-se à origem da dança, que se acredita ser na região da Índia e do chamado Oriente Médio[20].

Como já demonstrado anteriormente, o tema aparece no *Bulletin Officiel de l'Exposition Universelle de 1889*, nos diários de Goncourt, na obra escrita pelo barão Delort de Gléon, ou seja nas principais publicações que abordam a rua

---

19. Z. Çelik; L. Kinney, Ethnography and Exhibitionism..., op. cit., p. 16.
20. O termo "Oriente Médio" é uma denominação eurocêntrica que deve ser questionada. Sem dúvida, quem nasce em um país árabe, por exemplo, não se encontra em um Oriente Médio (*Middle East*, termo comum em inglês, ou *Moyen Orient*, termo em francês) ou em um Oriente Próximo (*Proche Orient*, termo comum em francês). Essas nomenclaturas só fazem sentido para um europeu, em relação ao qual esses países estão numa distância oriental média ou próxima da Europa. Propomos a substituição por OANA (Oeste da Ásia e Norte da África).

do Cairo sob uma óptica francesa, e mesmo no detalhe da capa da partitura da música "La Rue du Caire: Polka", composta por Jacques-Louis Battmann (1818-1886) e descrita como "souvenir de l'exposition" (lembrança da exposição).

Em contraste com a descrição de Goncourt, que ressalta o que vê como "o deslocamento dos órgãos da mulher e a separação do ventre do restante do corpo" na dança do ventre[21], Edward Said, em um ensaio no qual presta uma homenagem à dançarina egípcia Tahia Carioca (Taheyya Kariokka), enfatiza a excelência das artistas que controlam o corpo:

Tal como na tourada, a essência da arte clássica da dança do ventre está em quão pouco o artista se move; somente as principiantes, ou as deploráveis imitadoras gregas ou estadunidenses cometem as sacudidelas e os pulos estarrecedores que passam por "sensualidade" e dança lasciva de harém. O objetivo é causar efeito principalmente (mas de forma alguma exclusivamente) por meio da sugestão e – no tipo de composição completa que Tahia ofereceu naquela noite – fazê-lo ao longo de uma série de episódios amarrados por climas alternados e motivos recorrentes.[22]

Cabe acrescer que uma das principais dançarinas do ventre que se apresentaram na rua do Cairo foi uma tunisiana que já morava em Paris e que havia despertado o interesse da sociedade francesa. Em afronta à tradição islâmica, havia sido apelidada pelos parisienses de Fátima, nome da filha do profeta muçulmano Muhammad. Importa saber que nenhuma outra pessoa árabe e/ou africana teve seu nome (ou sua individualidade) destacada na rua do Cairo.

Procurou-se mostrar a percepção orientalista, exotizante e reducionista (inserida num contexto colonial e inferiorizante) acerca do Egito nas Exposições Universais realizadas em Paris por meio de fontes europeias, sobretudo francesas. Da mesma forma, quis-se evidenciar a desconexão com a realidade e a invenção de um

---

21. Ver E. de Goncourt; J. de Goncourt, op. cit., p. 289-290.
22. E. Said, *Reflexões Sobre o Exílio*, p. 168.

Oriente e de uma África estereotipados que ajudaram a legitimar complexos de superioridade e discursos de dominação e de ódio.

Em *Orientalismo*, Said afirma que o Oriente foi uma construção teórica ocidental baseada em uma série de estereótipos reducionistas (sensual, vicioso, tirânico, retrógrado, preguiçoso, irracional etc.) com o objetivo de construir uma cultura homogênea para melhor dominá-la, em nome de um Ocidente também idealizado. A desconexão com a realidade e a construção da imagem de um Oriente pelo Ocidente são corroboradas pelo subtítulo de diversas edições de *Orientalismo*, incluindo a brasileira: *O Oriente Como Invenção do Ocidente* e a francesa: *L'Orient créé par l'Occident*.

Afirmou Victor Hugo, em 1829, no prefácio de sua obra *Orientales*: "Os estudos orientais jamais foram tão impulsionados. No século de Luis XIV [1643-1715] éramos helenistas, hoje somos orientalistas." Para Billie Melman, o orientalismo gerou uma "mudança epistemológica" e constitui "o paradigma mais influente em estudos de escrita de viagens e, de fato, de intercâmbios transculturais coloniais".[23]

Ao utilizar-se dos conceitos de "discurso" de Michel Foucault e de "hegemonia" de Antonio Gramsci, Said analisa um *corpus* significativo de escritos de viajantes franceses e ingleses que retratam o Oriente, sobretudo o chamado Oriente Próximo[24].

Em sua análise do discurso colonial, o antropólogo indiano Homi Bhabha escreveu que: "A fim de entender a produtividade do poder colonial, é crucial construir

---

23. B. Melman, The Middle East/Arabia, em P. Hulme; T. Youngs (eds.), *The Cambridge Companion to Travel Writing*, p. 107.
24. Entre os relatos de viagem, citem-se: 1. *An Account of the Manners and Customs of the Modem Egyptians* (originalmente publicado em Londres em 1836), de Edward William Lane (1801-1876); 2. *Personal Narrative of a Pilgrimage to El-Medinah and Meccah*, 2 v. (originalmente publicado em Londres em 1855), de Richard Francis Burton (1821-1890); 3. *Voyage en Orient* (originalmente publicado em 1851), de Gerard de Nerval (1808-1855). Said também faz referência a relatos de Alphonse de Lamartine (1790-1869) e de George Nathaniel Curzon (1859-1925).

seu regime de verdade, não sujeitar suas representações ao julgamento normalizador. Só então se torna possível entender a ambivalência produtiva do objeto do discurso colonial – que a 'alteridade' é ao mesmo tempo um objeto de desejo e escárnio, uma articulação da diferença contida numa fantasia de origem e identidade."[25]

Como é possível observar no exemplo das Exposições Universais, a Europa passou por um processo de modernização e industrialização no século XIX acompanhado de rebaixamento dos territórios colonizados e de expansão da colonialidade. Segundo o sociólogo português Boaventura de Sousa Santos, "ao estudar grupos sociais subalternos – em especial os que são vítimas de exclusões abissais –, a ciência moderna sempre foi uma ciência produzida por alguém de fora sobre alguém de dentro (a velha distinção entre *outsiders* e *insiders*), sendo este último concebido como objeto de investigação provável fornecedor de informação, mas nunca de conhecimento"[26]. Nesse contexto, os europeus desejavam conhecer as populações de outras regiões, suas línguas e suas culturas com o intuito de representá-las e de evidenciar seu caráter "primitivo" e a consequente necessidade de civilizá-las e dominá-las.

Como observou Said, as representações elaboradas por orientalistas europeus e a inferiorização do outro estavam associadas e visavam à legitimação de práticas colonialistas[27]. A representação dos povos não europeus como bárbaros e os usos do discurso para legitimar conquistas e dominações foram analisados por Said.

Com efeito, o olhar que se revela nas modalidades textuais identificadas na produção literária de viajantes europeus, como crônicas, memórias, testemunhos e entrevistas, comumente é marcado por ideias etnocêntricas,

---

25. H. Bhabha, *The Location of Culture*, p. 67.
26. B. de S. Santos, *O Fim do Império Cognitivo*, p. 220.
27. Na análise de diferentes modalidades textuais, em obras como: *Orientalismo*; *A Questão da Palestina*; *O Mundo, o Texto e a Crítica*; e *Cobrindo o Islã*.

pelo estranhamento e pela falta de parâmetros na percepção da alteridade.

Maxime Rodinson afirma que são comuns representações de árabes e africanos "satisfazendo os instintos profundos, a sensualidade perturbada, o masoquismo e o sadismo inconscientes dos tranquilos burgueses ocidentais". Segundo ela, quando os europeus vão a OANA (ou Oriente Médio, como a região costuma ser chamada), "é essa imagem que buscam"[28].

Após as análises de Said sobre o orientalismo, diversos geógrafos interrogaram-se sobre a representação e as práticas que contribuem para a formação e a difusão de geografias imaginativas do mundo. Essas geografias imaginativas participam das relações múltiplas entre geografia e império, e a literatura pode ser considerada um de seus vetores de difusão. Assim, a literatura de ficção, como a literatura de viagem, terá passado pelo crivo de uma leitura desconstrucionista a fim de mostrar as relações de poder desiguais que tendem a produzir imagens deformadas e caricaturais do mundo e das culturas não ocidentais. Os não ocidentais geralmente são aqueles até os quais os homens viajam em vez de serem eles mesmos viajantes, objetos em vez de agentes da "descoberta".

Pode o Subalterno Falar?

A teórica literária indiana Gayatri Chakravorty Spivak reflete sobre a violência epistêmica do projeto imperial e argumenta: "o mais claro exemplo disponível de tal violência epistêmica é o projeto remotamente orquestrado, vasto e heterogêneo de se constituir o sujeito colonial como Outro. Esse projeto é também a obliteração assimétrica do rastro desse Outro em sua precária subjetividade"[29].

---

28. M. Rodinson, *La Fascination de l'Islam*, p. 82, ambas.
29. G.C. Spivak, *Pode o Subalterno Falar?*, p. 47.

Segundo Spivak, o subalterno só poderá falar quando puder se expressar na sua própria língua, com seu próprio sistema explicativo, lançando mão de suas próprias narrativas e de sua própria cultura. Se, para serem ouvidos, tiverem de se utilizar de outros elementos, os subalternizados nunca serão levados a sério como sujeitos de direitos.

Nesse contexto, os relatos de não franceses e não europeus acerca das Exposições Universais podem ajudar a reduzir a violência epistêmica. Alguns árabes, africanos e/ou muçulmanos visitaram as Exposições Universais em Paris, entre os quais é possível citar: em 1855, o reformista islâmico Jamal Addin al-Afghani e o emir Abd al-Qadir (convidado de honra na França), que havia sido exilado da Argélia por Napoleão III; em 1867, o sultão otomano Abdulaziz (1830-1876), o xá da Pérsia Nassir Addin e o governante egípcio Ismail Paxá; em 1889, Muhammad Amin Fikri (1856-1900) e Umar al-Baghuri (1855-?); em 1900, o literato Ahmad Zaki (1867-1934).

Parte desses visitantes redigiu relatos que se inserem em sistema próprio, na tradição da ادب الرحلة ‘*adab ar-rihla* (literatura de viagem), gênero árabe que mescla diferentes tipos de texto, como o histórico, o literário, o geográfico e o sociológico. Tais relatos constituem fontes fundamentais para conhecer a história, a geografia, a economia, as literaturas, as línguas, as culturas e as sociedades árabes e africanas.

Algumas características podem ser observadas nas fontes em árabe e em turco otomano produzidas por árabes, africanos e/ou muçulmanos que estiveram na Exposição Universal de 1889. Um exemplo refere-se aos títulos rimados das obras de ‘*adab ar-rihla*. O título completo da obra de Ibn Battuta, *Rihla: Obra-prima das Contemplações Sobre as Curiosidades das Civilizações e as Maravilhas das Peregrinações*, abarca dois termos que costumam aparecer no título de relatos de viagem árabes: *gharâ'ib* (غرائب coisas estranhas, extraordinárias, espantosas, curiosidades) e *'ajá'ib* (عجائب

maravilhas, coisas maravilhosas)[30]. Além disso, apresenta rima, uma característica dos títulos de obras de *rihla*: تحفة النظار في غرائب الأمصار وعجائب الأسفار. Em árabe, observa-se a rima entre *nuzzár*, *amsár* e *asfár*, em português reproduzida como contemplações, civilizações e peregrinações. A rima pode ser constatada também nas fontes em árabe que descrevem visitas às exposições universais realizadas em Paris. Em أروبا محاسن إلى الألبّا ارشاد – *Irchád al-alibá ila mahássin Urubá* (Guia dos Sensíveis Sobre as Boas Coisas da Europa), publicado no Cairo, em 1892, verifica-se a rima no título em árabe. Também é rimado o título em أوروبية رحلة باهية درة - *Durra bahiyya rihla urubiyya* (Pérolas Excepcionais de uma Viagem Europeia), publicado no Cairo, em 1891.

Entre os relatos de visitas às Exposição Universal de 1889, destacam-se o *Guia dozs Sensíveis Sobre as Boas Coisas da Europa*, escrito por Muhammad Amin Fikri (1856-1900), e *Pérolas Excepcionais de uma Viagem Europeia*, de autoria de Umar al-Baghuri (1855-?), ambos delegados egípcios no VIII Congresso Internacional de Estudiosos Orientais (Estocolomo e Cristiana).

Neles observa-se uma experiência dupla. De um lado, fica nítido o fascínio pelo avanço tecnológico europeu, pela ideia de progresso e aperfeiçoamento, descrita por Charles Baudelaire como "a grande ideia do século XX"[31]. Em 1855, quando ocorreu a Primeira Exposição Universal de Paris, Victor Hugo afirmou: "o progresso é a pegada do próprio Deus"[32]. Nesse sentido, exaltam-se nesses relatos a Torre Eiffel, a energia elétrica, as luzes e as invenções apresentadas na Casa das Máquinas. Nesses livros, mais de vinte páginas são dedicadas apenas à descrição da Torre

---

30. Outro exemplo similar a esse aparece no título do manuscrito "Deleite do Estrangeiro" em tudo o que é espantoso e maravilhoso (nesse caso, os termos aparecem no singular), registro do primeiro relato realizado a respeito do Brasil sob o prisma de um erudito árabe e muçulmano, no século XIX.
31. Como indica A. McClintock, op. cit., p. 29.
32. Apud S. Buck-Morss, *The Dialectics of Seeing*, p. 90.

Eiffel, incluindo quadros explicativos e comparativos (com outras construções).

De outro lado, prevalece uma sensação de estranhamento e incômodo ao se depararem os autores com a representação feita de egípcios, árabes, africanos e muçulmanos. É especialmente eloquente o incômodo com a importância excessiva atribuída à dança do ventre, principalmente por parte de Al-Baghuri, autor mais religioso.

Ressalta-se também o incômodo com a falta de precisão ao retratar o Cairo e o Egito, e a falta de critérios ao misturar elementos arquitetônicos e culturais de Cairo, Alexandria, Assuã, Luxor etc.

O fato de uma suposta fachada de mesquita reconstituída na rua do Cairo levar a um café é visto como um desrespeito às tradições religiosas islâmicas. Essas obras apresentam seções dedicadas a temáticas específicas. Em "Origem", explica-se o motivo pelo qual foram à Europa (a participação no VIII Congresso Internacional de Estudiosos Orientais, na Suécia e na Noruega). Em "Preparativos da Viagem", versam sobre as roupas, as acomodações, as comidas e bebidas, o clima na Europa etc. Outras seções discorrem sobre "A Trajetória da Viagem", "Na Viagem a Alexandria" e sobre diversas cidades europeias. A partir da página 102, quando se aborda "A Chegada a Paris", mais de cem páginas são dedicadas à cidade, em seções intituladas "O Primeiro Dia em Paris", "O Segundo Dia em Paris" e assim por diante. Já no primeiro dia, uma subseção é dedicada à Exposição Universal de 1889. "A primeira coisa que quisemos fazer em nosso primeiro dia em Paris foi visitar a Exposição Universal", anuncia Fikri[33], que tece um histórico das exposições anteriores e descreve as seções que compunham essa Exposição Universal.

Logo no primeiro dia, o escritor egípcio foi à rua do Cairo, que descreve detalhadamente, destacando a presença de muitos elementos e costumes "orientais" (como

---

33. *Irshād al-allibā ilá maḥāsin Ūrūbbā*, p. 120.

um café "oriental", uma grande loja de perfumes "orientais" etc.) e por vezes pontuando haver, por exemplo, a venda de antiguidades "egípcias". Fikri destaca, nesse descritivo inicial, a presença da agência Thomas Cook vendendo pacotes de viagem para o Egito e para o Nilo. Em mais de oitocentas páginas, Fikri tece comentários e análises sobre a Europa, com especial atenção a Paris (descrita em mais de trezentas páginas), Londres, Estocolomo e Cristiana, além do VIII Congresso Internacional de Estudiosos Orientais, da língua árabe e da Exposição Universal de 1889. Dos dezessete dias passados em Paris, nove são dedicados à Exposição Universal de 1889, assim no relato aparece, por exemplo, o título "17º Dia em Paris e 9º Dia na Exposição", com seções a respeito de países da Europa, da Ásia, da África e da América do Sul, incluindo o Brasil.

Resistência e Local de Cura

Said afirma que "o império colonial nunca consistia na relação entre um ativo intruso ocidental contra um nativo não ocidental inerte ou passivo; *sempre* houve algum tipo de resistência ativa e, na maioria esmagadora dos casos, essa resistência acabou preponderando"[34].

Por sua vez, Boaventura de Sousa Santos defende que, "uma vez que o colonialismo é uma cocriação, ainda que assimétrica, descolonizar implica descolonizar tanto o conhecimento do colonizado como o conhecimento do colonizador"[35]. Nesse sentido, pondera que não basta que uma pesquisadora ou um pesquisador esteja no Sul Global para promover decolonização do pensamento. Acadêmicas e acadêmicos que promovem apenas reflexões eurocêntricas e que reproduzem essas percepções, ainda que se dediquem a temáticas africanas, árabes, sul-americanas ou

---

34. E. Said, *Cultura e Imperialismo*, p. 12.
35. B. de S. Santos, op. cit., p. 161.

outras relacionadas ao Sul Global, não contribuem para o fim do epistemicídio e do apagamento de saberes; ao contrário, apenas os propagam.

Autoras e autores como Said, Fanon, bell hooks, Nawal Saadawi, Hill Collins, Sueli Carneiro, Mbembe, Amadou Hampâté Bâ e Spivak, para citar apenas alguns nomes, destacam a relevância da resistência cultural e intelectual na contraposição às tentativas de apagamento, invisibilização, subalternização, estereotipação, rebaixamento, intolerância e discriminação.

Alguns eixos podem auxiliar nesse processo: uma abordagem inter e transdisciplinar, interseccional e plurilíngue, o combate à necropolítica, a valorização das epistemologias do Sul e da oralidade, o resgate de narrativas dos sujeitos subalternizados e, naturalmente, o reconhecimento do humano em situações de refúgio.

Parte-se do pressuposto de que coletividades formadas por sujeitos históricos, tais como populações em deslocamento, refugiadas e refugiados, escravizadas e escravizados, quilombolas e povos tradicionais, entre outros, tiveram suas vidas vincadas por processos de dominação de natureza distintas e foram atingidos duramente pelos instrumentos de sua efetivação: o racismo, a xenofobia, a misoginia, o patriarcalismo, a exploração do trabalho, a exclusão e a marginalização social, a desapropriação de terras e a expulsão de seus territórios, todos eles articulados em torno de um denominador comum: a violência.

Em 1961, ano de sua morte, Fanon desenvolve uma análise transdisciplinar que demonstra que as práticas de violência são intrínsecas à situação colonial, além de analisar a dicotomia colonizador-colonizado, mecanismos maniqueístas, a patologia da tortura, o racismo latente (expressão que utiliza ao falar sobre as denominações de África ao sul ou ao norte do Saara), mecanismos de construção de estereótipos, saberes locais e estratégias de resistência[36].

---

36. Ver F. Fanon, *Os Condenados da Terra*.

Baseado no primeiro capítulo do livro, o documentário sueco *Concerning Violence*, dirigido por Göran Olsson, apresenta trechos dessa obra de Fanon (que, após seis décadas, mostra-se atual) em diálogo com imagens, entrevistas, discursos e ações de ódio resultantes da intervenção europeia em distintas regiões da África, como Angola, Zimbábue, Libéria, de um lado, e dos movimentos de resistência e libertação nacional, de outro.

A recuperação da memória e a percepção das narrativas do passado entabuladas em seus sentidos contemporâneos trazem à tona temáticas trágicas, a exemplo da escravidão, do colonialismo e de diferentes formas de exploração e segregação. Ao invés do silenciamento ou da invisibilidade, defende-se a exibição crítica de tais processos. Como afirma o historiador François-Xavier Fauvelle, especialista em temáticas africanas: "a memória é condição, não a negação, não o inverso, da história"[37].

Como contraponto à dominação, Fanon propõe um novo ser humano, caracterizado por um novo pensamento, conceitos novos, pautados pela decolonização do pensamento. A releitura de seus livros reforça a importância de descolonizar o currículo escolar e universitário, a academia como um todo, bibliotecas e museus.

Nessa recuperação da humanidade rumo ao mundo por vir, ressalta-se a necessidade da transformação da educação, de novas epistemologias e de uma ecologia de saberes marcada pelo diálogo horizontal entre conhecimentos, que opere traduções interculturais sem as parcialidades que sustentam o racismo, o capitalismo, o neocolonialismo e o patriarcado.

Cabe enfatizar que, em um mundo ainda estruturado na violência e na exploração humana, e impregnado de inovações tecnológicas e comunicacionais, há uma exigência que se renova aos docentes e pesquisadores das humanidades: a urgência em retomarmos a ideia de uma

---

37. F.-X. Fauvelle, *O Rinoceronte de Ouro*, p. 18.

educação como prática libertária, construída na *práxis* atenta aos lugares de fala e de escuta, nos termos colocados por bell hooks.

Ao apontar a necessidade de novas epistemologias, hooks enxerga na teoria um "local de cura", mas, segundo a pensadora, "a teoria não é intrinsecamente curativa, libertadora e revolucionária. Só cumpre essa função quando lhe pedimos que o faça e dirigimos nossa teorização para esse fim"[38].

Com o intuito de debater mais sobre xenofobia, racismo e intolerâncias várias e sobre formas de combatê-los, criamos e ministramos com dois colegas da FFLCH/USP e da Escola de Comunicações e Artes (ECA) da USP uma disciplina no Programa de Pós-Graduação em Humanidades, Direitos e Outras Legitimidades/FFLCH/USP, que adotou 80% de cotas, no processo seletivo de 2022, para negras e negros, indígenas, trans, pessoas com deficiência e em situação de refúgio, apátridas e portadoras de visto humanitário[39]. Nosso objetivo foi o de promover reflexões críticas e filosóficas sobre a migração, o refúgio, o exílio, a linguagem, a tradução, as representações do si e do outro, o autorreconhecimento, hibridismos e modelos possíveis de escrita – avançando por conceitos que, muitas vezes, desafiam os fundamentos das áreas delimitadas pelas linhas de pesquisa convencionais. A disciplina, que propõe transbordamentos e reporta-se a diversos tipos e gêneros textuais e artísticos, tem como objetivos: 1. fortalecer a descolonização do pensamento por meio da análise de autores e obras que propõem epistemologias do Sul; 2. promover análises literárias e históricas; 3. analisar a escrita no exílio e sua relação com a criação; 4. investigar a criação literária interlinguística, suas histórias e teorias, principais autores e obras, e suas implicações culturais, sociais, históricas, políticas e identitárias; 5. elaborar uma

---

38. bell hooks, *Ensinando a Transgredir*, p. 86.
39. Ampliada, revisada e publicada em um livro homônimo, ver P.D. Farah; A. Matuck; Z.M. Iokoi, *Linguagens da Sobrevivência*.

metodologia de pesquisa, leitura, escrita, ensino e aprendizagem da criação literária interlinguística, visando ao desenvolvimento de estruturas textuais e formas de conhecimento que integrem as histórias, as teorias, as línguas e as experiências vivenciais e escriturais de autores e indivíduos; 6. analisar como obras de literatura e dramaturgia traduzem eventos próprios da contemporaneidade e a relação com a migração e o deslocamento forçado. Nos debates, foi possível confirmar a centralidade de uma abordagem interseccional, transdisciplinar e decolonial e de um projeto coletivo e polifônico para promover reflexões críticas e desconstruir discursos que geram violências físicas, simbólicas e epistêmicas.

A diversidade representada, entre outros, por grupos indígenas, populações negras, refugiadas e imigrantes, pessoas com deficiência e LGBTQIA+, traz inovação de paradigmas, com pluralidade de saberes, evidenciando-se a busca de bases epistêmicas necessárias ao desenvolvimento intercultural em perspectivas interculturais reconhecendo saberes historicamente silenciados. O conhecimento está em todos os lugares onde existem diferentes sociedades e culturas; assim, são múltiplas as epistemes. A diversidade epistêmica comporta o patrimônio acerca da vida.

Pondera Achille Mbembe:

se a Covid-19 é a expressão espetacular do impasse planetário no qual a humanidade se encontra, então se trata, sem pôr nem tirar, de recompor uma Terra habitável pois que ela oferecerá a todos a possibilidade de uma vida respirável. Seremos capazes de redescobrir nossa pertença à mesma espécie e nosso vínculo inquebrantável com a vida como um todo? Talvez seja essa a questão, de todas, a última, antes que se feche, de uma vez por todas, a porta[40].

Tal ideia encontra eco nas reflexões de Ailton Krenak quando o pensador questiona como é possível justificar a ideia de uma humanidade quando mais de 70% dos seres humanos

---

40. Ver Le Droit universelle à la respiration, *Aoc*, 6 abr. 2020.

se encontram alienados do mínimo exercício do ser. "Sentimo-nos como se estivéssemos soltos num cosmos vazio de sentido e desresponsabilizados de uma ética que possa ser compartilhada, mas sentimos o peso dessa escolha sobre as nossas vidas. Somos alertados o tempo todo para as consequências dessas escolhas recentes que fizemos."[41] Krenak nos convida a repensarmos as formas da existência humana, a abrirmo-nos à multiplicidade de maneiras de ser, expressas nas narrativas de povos que se deslocam, contam histórias, buscam e transmitem conhecimento, conversam e nos ensinam sobre a humanidade.

No Epílogo de *Crítica da Razão Negra*, intitulado "Existe Apenas um Mundo", Mbembe fornece pistas que ajudam a dimensionar a pertinência de uma perspectiva integradora:

Conhecer o mundo – o que ele é, as relações entre as suas diversas partes, a extensão dos seus recursos e a quem pertencem, como habitá-lo, o que o move e o ameaça, para onde vai, as suas fronteiras e limites, o seu possível fim – tem-nos ocupado desde o momento em que o ser humano de carne, osso e espírito surgiu sob o signo do negro, isto é, do homem-mercadoria, do homem-metal e do homem-moeda. No fundo, tem sido a nossa questão. E continuará a ser, pelo menos enquanto dizer mundo for o mesmo que dizer humanidade, e vice-versa.[42]

---

41. A. Krenak, *Ideias Para Adiar o Fim do Mundo*, p. 44.
42. A. Mbembe, *Crítica da Razão Negra*, p. 300.

AÇÕES INTERVENCIONISTAS:
SINAIS DE ALERTA

13.
DISCURSOS DE ÓDIO:
ENTRE O PASSADO, O PRESENTE E O AGORA...

Leslie Marko

> *Mas a leitura tem que ser determinada por um projeto. O passado reconstruído não é refúgio, mas uma fonte, um manancial de razões para lutar.*
>
> E. BOSI, *O Tempo Vivo da Memória*, p. 66.

Este artigo-relato transita entre minhas pesquisas e reflexões de mestrado e doutorado, assim como de experiências pedagógicas e teatrais. Acredito que o teatro nos oferece possibilidades com as quais podemos atravessar tempestades e turbulências da realidade de forma crítica e atenta, mas principalmente acolhedora e de grande alento.

Penso que o teatro é, durante algumas horas, uma utopia. As pessoas respiram juntas, não se matam, não brigam o tempo todo, olham-se e se falam. O teatro é um reflexo do que o mundo poderia ser[1]. O presente é diferente do agora. O agora é mais próximo, talvez... urgente, é aqui e agora... é já! Não no sentido imediato e sim no sentido da ação, de um posicionamento necessário.

Os discursos de ódio nos incomodam e invadem com violência, e buscamos nos desvencilhar. Pesquisas sobre atitudes e movimentos de resistência, sobre manifestações artísticas e ações pedagógicas diversas nos ajudam nesta travessia de busca de liberdade e apoio a empoderamentos nossos, pessoais e como parte que somos de segmentos da população.

Trazer e resgatar episódios e fragmentos de memória que percorrem o leito da história é buscarmos também a harmonia e a liberdade na convivência humana:

> Hoje nos encontramos numa fase nova na humanidade. Todos estamos regressando à Casa Comum, à Terra: os povos, as sociedades, as culturas e as religiões. Todos trocamos experiências e valores. Todos nos enriquecemos e nos completamos mutuamente [...]. Vamos rir, chorar e aprender. Aprender especialmente como casar Céu e Terra, vale dizer, como combinar o cotidiano com o surpreendente, a imanência opaca dos dias com a transcendência radiosa do espírito, a vida na plena liberdade com a morte simbolizada como um unir-se com os ancestrais, a felicidade discreta nesse mundo com a grande promessa na eternidade. E, ao final, teremos descoberto mil razões para viver mais e melhor, todos juntos, como uma grande família, na mesma Aldeia Comum, generosa e bela, o planeta Terra.[2]

Convido vocês, leitores, a conhecer algumas experiências que vivi e atravessei para ajudar a mim mesma e a outros e outras a mergulhar em territórios minados de ódio e onde pudéssemos refletir e promover contribuições à mudança. Começarei pelas pesquisas que realizei sobre o teatro de

---

1. Ariane Mnouchkine, diretora do Théâtre du Soleil.
2. Ver L. Boff, *O Casamento Entre o Céu e a Terra*.

Sami Feder, enquanto espaço poético de resistência nos tempos do Holocausto[3]. Segundo Charlie Chaplin:

> Mais do que máquinas, precisamos de humanidade.
> Mais do que inteligência, precisamos de afeição e doçura.
> Sem essas virtudes a vida será de violência e tudo estará perdido.[4]

FIGS. 19 E 20: *Capa da tese* Teatro de Sami Feder: Poética de Resistência nos Tempos do Holocausto, *defendida por Leslie Marko, na Faculdade de Filosofia, Letras e Ciências Humanas da Universidade de São Paulo* (FFLCH-USP), *e do livro publicado pela Humanitas em 2016.*

Considero que a minha primeira ação intervencionista é a de compartilhar essa pesquisa e escrita sobre o teatrólogo Sami Feder (1909-2000), diretor judeu polonês, foco de minha tese de doutorado orientada de forma especial pela professora Maria Luiza Tucci Carneiro. Transformada a tese em livro com o mesmo título, pretendi dar continuidade à concepção de investigação iniciada no mestrado que tratou das experiências e modelos de teatro cujas interferências na realidade política e social contribuem para

---

3. Adaptação de minha tese de doutorado com o mesmo nome, sob orientação da professora Maria Luiza Tucci Carneiro, em abril de 2016, publicada em 2019.
4. Discurso final do filme *O Grande Ditador*.

a humanização da sociedade em níveis diferentes[5]. Esse mergulho no mestrado foi realizado a partir da análise da memória registrada durante 22 anos de trabalho teatral e de teatro-educação que desenvolvi em uma empresa de São Paulo (1982-2004).

Estava familiarizada com temáticas ligadas ao Holocausto por ser filha de Mimi Kirchhausen, judia vienense sobrevivente da guerra, e por fazer parte do Laboratório de Estudos de Etnicidade, Racismo e Discriminação (LEER) da Universidade de São Paulo como pesquisadora, coordenadora de oficinas e diretora teatral. Também dirigi o espetáculo *Mergulho* sobre discriminação e racismo para adolescentes e educadores e educadoras da Rede Pública Municipal de São Paulo. Senti, então, a urgência de investigar e me aprofundar nesse universo a partir de referências pessoais e da minha atuação profissional, artística e pedagógica. A motivação principal foi a de examinar, como objeto de pesquisa, artistas de teatro que tivessem resistido, por meio da arte, de forma insistentemente humanista ao nazifascismo. Queria encontrar representantes desse tipo de ações que fossem ainda nada ou pouco conhecidos pela literatura da arte, a história do teatro e historiografia em geral, a fim de dar voz a eles: torná-los seres visíveis.

Em primeiro lugar, pensei na importância de resgatar alguns aspectos essenciais do período em questão para melhor contextualizar as manifestações teatrais e especificamente as de resistência que pudesse encontrar. Em relação à análise do Holocausto, enquanto regime totalitário, segundo o sociólogo polonês Zigmunt Bauman, esta teria que ser realizada considerando os fatores psicossociais, em suspensão do controle civilizatório do comportamento humano, que teriam levado ao poder exercido de forma desproporcional[6]. A permanência histórica da barbárie do século XX, segundo o autor, não

---

5. Ver L. Marko, *Dramaturgia Cênica na Empresa*.
6. Z. Bauman, *Modernidade e Holocausto*, p. 22.

poderia se limitar a cerimônias de recordação nem a discursos que responsabilizem moral e materialmente a Alemanha por esse deslize abismal. Também não poderíamos tentar justificar o ocorrido a partir das tendências primitivas e naturais do homem nos seus instintos agressivos e menos ainda a partir do ato de loucura de um sujeito marcado pela obsessão racista ocorrida no auge do nazismo[7]. Seria necessário aprofundar essas questões para melhor compreendê-las[8].

Assim Bauman realiza uma análise exaustiva e constrói um pensamento sobre os Estados totalitários que se instalam quando fortalecidos por uma administração burocrática, racional e eficaz. A perversidade localizada na especialização funcional dos seus atores e o distanciamento entre mandantes e executores retira qualquer possibilidade de subjetividade substituída por uma lógica racional incrustada no plano do irracional[9].

O Holocausto é considerado pela história contemporânea como o maior genocídio contra a humanidade. Nas palavras da pensadora alemã Hanna Arendt: "o crime até então desconhecido em meio à civilização ocidental" resulta ser de nossa total responsabilidade[10]. É preciso olhar para ele, aprender e zelar para que outros atos totalitários não reemerjam da nossa civilização. Como afirma Bauman: "O Holocausto nasceu e foi executado na nossa sociedade moderna e racional, em nosso alto estágio de civilização, e no auge do desenvolvimento cultural humano, e por essa razão é um problema dessa sociedade, dessa civilização e cultura."[11]

Nesse sentido, ao realizar uma análise sobre a absurda tarefa de narrar algo para além da compreensão humana, Giorgio Agamben afirma que Auschwitz seria a prova de que

7. Ibidem, p. 22.
8. Ibidem.
9. Ibidem.
10. H. Arendt, *Origens do Totalitarismo*, p. 21.
11. Z. Bauman, op. cit., p. 12.

o *nomos* (lei ou norma) do espaço político contemporâneo – "portanto não só do espaço político específico do regime nazista – não é mais a bela (e idealizada) construção da cidade comum (*polis*), mas sim o campo de concentração"[12].

Agamben acredita tratar-se de um fenômeno "inenarrável", como mencionado antes dele nas palavras de testemunhas como Primo Levi, depoimentos de quem sobreviveu e ainda ecoam na consciência da modernidade: "hoje frente a este mundo infernal, minhas ideias se confundem: será mesmo necessário elaborar um sistema e observá-lo? Não será melhor compreender que não se possui sistema algum?"[13] A instalação de um sistema de extermínio e os atos de extrema intolerância sustentados pelo partido nacional-socialista no poder na Alemanha, apoiado pelos governos colaboracionistas dos territórios anexados, ainda hoje extrapola a nossa compreensão, o que levou Arendt afirmar que seu livro nasce da convicção "de serem passíveis de descoberta os mecanismos que dissolveram os tradicionais elementos de nosso mundo político e espiritual num amálgama onde tudo parece ter perdido seu valor específico, escapando de nossa compreensão e tornando-se inútil para fins humanos"[14].

Sami Feder atuou no contexto do movimento de resistência artística e espiritual sustentado por artistas, atores, diretores, autores e espectadores judeus durante o período em que o nazifascismo dominou grande parte da Europa (1933-1945) e imediatamente após a liberação dos campos de concentração, especialmente o de Bergen-Belsen. A relevância deste estudo está em resgatar e analisar historiograficamente o percurso e a atuação de Feder, que buscou o exercício ético do acolhimento

---

12. G. Agamben, *O Que Resta de Auschwitz*, p. 21.
13. P. Levi, *É Isto um Homem?*, p. 40. Levi (1919-1987) sobreviveu ao Holocausto após ser prisionero no campo de extermínio de Auschwitz-Birkenau. Escreveu com espanto, expressando a experiência vivida. Acredita-se que resolveu se suicidar ao cair das escadas na sua residência em Turim, sua cidade natal.
14. H. Arendt, op. cit., p. 12.

coletivo e da cidadania, por meio da arte teatral aliada à música, literatura e poesia. Feder desenvolveu um teatro, pouco documentado, devido às circunstâncias de reclusão e proibição, de denúncia, crítica e reflexão durante a vigência do regime nazista. Mais tarde, com o fim da guerra institucionalizou esse teatro, com maior registro, ao se criar a Companhia Katzet Theater no campo de deslocados DP – Camp Bergen-Belsen (1945-1950). Ações intervencionistas como essas se propagaram pelas cidades ocupadas, guetos e campos de concentração como reação ao processo de desumanização sustentado pelo Estado nacional-socialista e países colaboracionistas.

FIG. 21: *Estandarte do Katzet Theater, que se encontra no BBM-AL.*

Para a pesquisa, análise e escrita da tese, viajei por vários continentes na busca de testemunhos, sobreviventes, arquivos, documentos e registros sobre Sami Feder numa exaustiva investigação durante cinco anos. O resultado foi emocionante: uma defesa com direito a uma cena teatral, apresentação audiovisual e músicas que consegui com a voz de Sonia Lizaron (antes Boczkcowska), atriz e cantante da Companhia Teatral pesquisada e primeira esposa de Sami Feder.

"Segui" os passos de Sami Feder, repetindo o percurso dele dentro da Alemanha e de Israel, assim como o de

Sonia, que mudou-se para Melbourne na Austrália. Como "detetive", busquei costurar fragmentos de sua história, entrevistando pesquisadores, pessoas que o tinham conhecido, entrevistado, trabalhado junto, visitando memoriais, arquivos e museus.

FIG. 22: *Cena de* Como Tudo Começou? *Fotografia provavelmente de Sami Feder, durante ensaios, entre 1945 e 1947. Local não identificado.*

Sami Feder passou, durante a Segunda Guerra Mundial, por doze diferentes campos de trabalho e de concentração onde desenvolveu cenas teatrais, com atores amadores e profissionais vindos de comunidades judias ou já dos guetos instalados no Leste Europeu. Devemos pensar as encenações teatrais, musicais e literárias com pouco ou nenhum recurso e contando com os artistas profissionais confinados, assim como ele, no *status* de prisioneiros. Para nossa felicidade, Feder registrou, em mais de um livro e dois diários, a jornada feita e a travessia de forma sofrida, amargurada e ao mesmo tempo criativa. Alguns escritos foram por ele escondidos embaixo de suas roupas vestindo sacos de batata, onde escrevia com galhos queimados na ponta. A falta de outros registros, a precariedade e as proibições dificultam a identificação da documentação das produções teatrais de Feder nos campos, registros narrados, em grande parte, no seu diário reescrito após a guerra. Os temas das apresentações eram lembranças de trechos da cultura ídiche, do passado e dos vilarejos, assim como criações de cenas sobre o novo universo vivido pelos judeus nos guetos, campos de concentração e de extermínio, naquele momento presente. O futuro pairava em forma de desespero para uns e de esperança para outros. O resgate de informações sobre as condições em que Sami Feder encenava e apresentava se tornaria fundamental para entender o grau e a qualidade de resistência ideológica e estética desenvolvida por ele durante e após a guerra.

Após a liberação dos campos de concentração, com a derrota dos alemães pelas forças aliadas, o campo DP de Bergen-Belsen ficou sob a administração britânica, assim como outros campos liberados pelo exército estadunidense. Os campos DP passaram por difíceis fases de reconstrução, recuperação e reabilitação dos ex-prisioneiros, principalmente os judeus, enquanto os demais eram repatriados aos países de origem. Os judeus não tinham mais para onde ir devido à destruição de suas comunidades de origem, ao confisco de lares e bens e à desestruturação dos vínculos familiares ocasionado por mortes, separações e perdas. Sob o desenraizamento geral, Feder participou ativamente do comitê político do campo que vivia a ilusão de uma libertação. Vale lembrar que no início continuaram a falecer, devido ao tifo e à subnutrição e doenças, aproximadamente duzentos judeus por dia.

■ ■

Ao participar do Comitê de Cultura, Sami Feder encarregou-se de criar um centro de memória recolhendo testemunhos, cartas, diários, fotos, poemas, canções, registros, árvores genealógicas, objetos pessoais e urnas de cinzas de entes queridos dos ex-prisioneiros sobreviventes. Produziu, ampliou e aprofundou as encenações curtas, sem nenhum recurso, apresentadas nos campos por onde passara sob a vigilância e violência nazistas. As cenas lembradas e finalmente escritas puderam ser datilografadas numa velha máquina de escrever adquirida especialmente para apoiar as atividades culturais do campo. Após a "institucionalização" do grupo de atores, dançarinos e músicos, a maioria profissional, vindos de campos diferentes, criou-se o Estúdio de Teatro Ídiche, que posteriormente, por sugestão da jornalista polonesa Marian Djid, em novembro de 1945, passou a se chamar Companhia Katzet Theater Bergen-Belsen (Teatro do Campo de Concentração de Bergen-Belsen).

Ao justificar a fundação da companhia com o nome se apropriando da verdadeira origem das encenações ocorridas anteriormente nos guetos e campos de concentração, afirma Feder:

O teatro ídiche em Belsen tem apenas dez semanas. Mas ele já apresentou no palco um amplo programa. Ele recebeu o nome de Estúdio Dramático Ídiche, mas o certo seria se chamar A Expressão Ídiche Katzet Theater [KZ é a abreviação de Campos de Concentração], porque ele se ocupa principalmente da apresentação dos trabalhos nesses campos. Porque o grupo considera seu dever mostrar no palco a verdade cruel dos anos do nazismo. Tudo o que eles apresentam, todas as canções, tudo isso foi criado nos guetos e nos campos de concentração.[15]

Apesar de liberado, o campo vivia tempos de miséria, epidemias e mortes, passou por fases terríveis, uma realidade complexa devido à falta de alimentos, remédios, ao tifo e à sobrevida comprometida dos ex-prisioneiros. Como escreveu Feder no seu diário: "Tínhamos sido liberados, mas não éramos livres. A maior parte de nós estava mortalmente doente devido aos anos passados no campo; não havia força para alegrar-se. Fomos libertados e, no entanto, não estávamos livres."[16]

15. S. Fetthauer, *Musik und Theatre in DP-Camp Bergen-Belsen*, p. 216.
16. S. Feder, *Fartseykhenishn Tsum Togbukh*, p. 21.

Foram anos de reabilitação psíquica, física, social e cultural de uma população de milhares de judeus sem opção de repatriamento, como no caso dos outros prisioneiros europeus. A realidade no campo de refugiados ainda era terrível. Nas palavras de Feder:

> Éramos cinquenta e oito mil prisioneiros na época da libertação, dos quais vinte e oito mil morreram logo após, apesar da grande ajuda de pessoas especiais como: o brigadeiro general Glen Ius, médico chefe do exército inglês, o coronel dr. Jonson, da Cruz Vermelha britânica, médicos voluntários suíços e um grande número de estudantes de medicina ingleses sob orientação do dr. Michael Jon, que lutaram para salvar os doentes. Graças a eles esse número não foi maior.[17]

Aos poucos surgia no horizonte, ainda que proibidos pelos mesmos britânicos que administravam o território da Palestina, a possibilidade de emigrar do DP campo de Bergen-Belsen para aquela região, para muitos a pátria no futuro.

Essas questões, assim como tantas outras que surgiram no decorrer da pesquisa, nos permitem estabelecer pontos de encontro e de confronto com aspectos levantados por outros pesquisadores. Ao mesmo tempo, como já foi mencionado, traz como inédita a análise de uma estética que, por meio da criatividade, sensibilidade e coragem, desenvolveu uma poética de resistência e acolhimento. Essa poética parece ter contribuído com a sobrevivência física e emocional de atores e espectadores em dezenas de lugares e momentos do Holocausto e no pós-guerra: "Tudo o que fazemos, o fazemos ilegalmente; legalmente não temos sequer permissão para existir."[18]

A necessidade de preservar a memória dos prisioneiros abraçava-se aos fragmentos e lembranças de poemas, contos, peças e canções na ausência de textos escritos, livros ou discos. Por outro lado, a criação emocionada de cenas inspiradas nas duras experiências vividas nos

---

17. Ibidem.
18. Ibidem, p. 21.

guetos e campos podia significar um ato de denúncia e cumplicidade como forma de enfrentamento ao regime do Terceiro Reich, drástico responsável pela catástrofe. A resistência, como afirma Feder, estava inclusive simbolizada no fato de os atores memorizarem os diálogos desde o início dos ensaios, já que não existia lápis ou papel, apenas eventualmente o registro através de galhos com a ponta queimada em sacos vazios de areia ou batata escondidos sob as roupas, como Feder costumava fazer. Essa postura de se expressar, em si, representava um gesto de insubordinação, como escreve Chaim Kaplan, educador do gueto de Varsóvia, morto em Treblinka, no seu diário: "tudo está proibido para nós, mas nós fazemos tudo".

Compartilho neste momento o retrato e uma *carta-ficção* que escrevi, ficcionalmente dirigida a Sami Feder. Penso que por meio dela consigo expressar parte do que aprendi, senti, tentei compreender... Talvez esteja aí parte do meu encontro precioso com Feder.

FIG. 23: *Retrato de Sami Feder após a guerra, presente dado por ele ao rabino Helfgott (Zvi Azaria), 1946. Fotógrafo não identificado.*

Carta-Ficção a Sami Feder

Quase como se eu te conhecesse é que te leio e o que outros escrevem sobre você... Há anos me esforço por te conhecer o mais profundamente possível. Vou compreendendo cada vez mais tantas coisas. Mesmo assim, continuo no impasse da minha capacidade racional e psíquica para entender não somente o que você realizou enquanto artista e aglutinador de atores e espectadores, e ainda por cima com uma postura ideológica, mas também com uma estética singular. E me pergunto continuamente: mas como assim??? Como foi possível o empenho, a coragem, a consciência vital do que estava acontecendo a você e a milhares de milhares? Como conseguiu sobreviver à fome, aos castigos, a tanta dor? Como não se entregou e deixou de querer viver? Pelo contrário, você mesmo puxava seus companheiros prisioneiros, tanta gente que você acompanhou. Esbofeteou um judeu que não queria trabalhar para alertá-lo justamente contra a morte. Acolheu gente que queria ser ator sem nunca saber do gesto ou mesmo do canto ídiche. Era para se salvarem... Gente que insistiu em aprender ídiche para fazer parte da companhia. Algo como subir num palco em vez de embarcar no navio seguinte, que nunca sairia.

Você deve ter se amargurado profundamente, mas que força tinha para continuar? Sim, sei que estudou no estúdio de Piscator, em Berlim, sei que o teatro político te fez sentido a ponto de criar, ainda em 1935, *Hitleriada*, peça antinazista e que você apresentou na Polônia quando voltou a ser perseguido na Alemanha. Os primeiros indícios do nazismo se faziam claros na Alemanha, sua casa tinha sido vasculhada, você, ameaçado de prisão... Foi quando fugiu para a Polônia, onde sua mãe vivia, e iniciou um trabalho árduo de teatro conscientizador sobre o desastre chamado nazismo, que você e outros intelectuais e artistas percebiam que, sem avisar, vinha chegando. E querendo alertar os judeus da Polônia, dedicou-se ao teatro político. Continuo tentando compreender tudo que minha alma visualiza dos seus relatos sobre os doze campos onde você sofreu tanto vendo tanto sofrer... Sami, são anos digerindo fragmentos de tua vida...

Fui descobrindo que depois da guerra, em Bergen-Belsen, junto com Sonia Boczkowska (depois Sonia Lizaron), sua primeira esposa, você foi de leito em leito no hospital adaptado na base militar nazista tomada pelos britânicos para abrigar os milhares de prisioneiros recém-libertados do campo de concentração de Bergen-Belsen. Vocês iam de um em um recolhendo as memórias de canções, poesias, contos... Qualquer marca de ídiche na alma que pudesse ser resgatada, para preservá-la escrita em forma de partitura, letras, frases... Sonia, que conheci ano passado em Melbourne, cantora e atriz ídiche, copiava em notas musicais o que os doentes, muitos prontos a morrer, lembravam e guardavam dentro de si, o pouco, mas sagrado, que puderam unicamente guardar.

Tentei seguir os seus passos, Sami, em 2013; de Hamburgo a Celle viajei de trem sobre os mesmos trilhos que te transportaram a Bergen-Belsen, onde você ficou alguns meses, antes da liberação. Fui até o DP Camp administrado pelos britânicos, antes base militar de luxo nazista. Depois te procurei em Israel, para onde você imigrou em 1962. Conversei com pessoas que te conheceram...

Li e reli seus escritos, suas repetições, tentando entender entrelinhas, intuir as lacunas.

Insisti com Ari, Elly e Zlata para saber tudo que pudesse ser dito. Mas, ao final do caminho, percebo que há muito ainda a ser dito e isso tudo, tudo... Não consigo tocar.

Fui até o lugar onde descansas.
Enorme gratidão,
Leslie Marko

Um "Mergulho" nas Potencialidades do Teatro-Educação

Entendo que através das vozes incluídas nesse resgate de memória poderemos contribuir para homenagear pessoas extraordinárias que, com dor, coragem e esperança, nos precederam. Trata-se não apenas de inspirar novas pesquisas que busquem o resgate e continuidade de resistências necessárias, como também de alertar nossos jovens para os perigos e as consequências dos discursos de ódio. Daí a importância de investirmos nas potencialidades do teatro-educação, experiência que desenvolvi através da peça *Mergulho*, um espetáculo para adolescentes, educadores e educadoras sobre racismo e intolerância. Um conjunto de oficinas, apresentações e debates servem como respostas para a pergunta de Pablo Neruda: "É verdade que as esperanças podem ser regadas com orvalho?"

FIG. 24: *Identidade visual criada por Renata Ribak para o espetáculo* Mergulho, *dirigida por Leslie Marko; São Paulo, 2018.*

O teatro-educação utiliza-se metodologicamente de recursos da linguagem teatral que, ao longo da história da civilização, vem mostrando aportes ao desenvolvimento da abstração, imaginação, criatividade e crítica, diante de como pensamos e sentimos o mundo. E ainda mais: de como podemos contribuir na reflexão e possíveis transformações.

O programa pedagógico e artístico *Mergulho* contra a discriminação, racismo e intolerância acontece, no seu último formato, desde 2015, realizado conjuntamente com a Instituição Judaica de Direitos Humanos B'nai B'rith. Consiste na realização de oficinas com professores e professoras da Rede Municipal de São Paulo em CEUs e na apresentação de espetáculo teatral com debate posterior e escrita de narrativas por parte dos estudantes adolescentes. Parto do princípio de que "a experiência é o que nos passa, o que nos acontece, o que nos toca. Não o que se passa, não o que acontece, ou o que toca"[19] e assim acontece esse programa. O espetáculo de 75 minutos de duração busca sensibilizar e fomentar a tolerância e coexistência de identidades culturais, religiosas e étnicas diferentes. O projeto sublinha a importância da alteridade, respeito e diversidade na construção permanente do humanismo.

Nesse projeto, estão presentes princípios e conceitos veiculados por meio da arte teatral. Partimos da premissa que o teatro, como arte coletiva e lúdica, contribui com o convívio entre as pessoas, a superação de preconceitos, assim como estimula o trabalho em equipe, a construção do conhecimento em grupo e a articulação estética da expressão e do pensamento, entre outros aspectos da vida humana. Nesse sentido, a contribuição de Herbert Read[20] se faz presente enquanto resgate da dimensão da imaginação na era tecnológica e da importância do ensino da arte para adultos, fundindo trabalho e entretenimento[21].

---

19. J. Larrosa-Bondia, Notas Sobre a Experiência e o Saber de Experiência, *Revista Brasileira de Educação*, n. 19.
20. H. Read, *A Redenção do Robô*.
21. Ver M. Chauí, Janela da Alma, Espelho do Mundo, em A. Novaes (org.), O Olhar, p. 33.

Oficina de Educadores 1

> *Olhar é, ao mesmo tempo, sair de si e trazer o mundo para dentro de si.*
>
> M. CHAUÍ, 1988.

As oficinas com diferentes educadores de DRES (Diretorias Regionais de Educação) das regiões norte, sul, leste e oeste de São Paulo foram realizadas na Sede da B'nai B'rith de São Paulo. Foram coordenadas por mim e dirigidas a diversos grupos de 25 professores dos adolescentes, com duração de quatro horas, que assistiriam semanas depois à peça *Mergulho*. Essas oficinas buscaram oferecer um espaço de encontro, de troca sobre as realidades pedagógicas dos participantes, assim como de teatralidade. Utilizando o corpo, a gestualidade, a palavra, o silêncio, a emoção e o intelecto trabalhamos a expressão individual e grupal em relação a aspectos da discriminação e intolerância nas escolas e na sociedade contemporânea em geral e nas escolas em particular. Assim compartilhamos reflexões sobre aquilo que a experiência da peça tocaria mais adiante.

Nessas oficinas, buscou-se identificar e discutir situações de discriminação e preconceito presentes no cotidiano escolar, assim como sensibilizar os educadores para a introdução do tema e para o contexto histórico do Holocausto, observado como o maior genocídio da história da humanidade, que atentou também contra negros, ciganos, homossexuais, opositores políticos e deficientes.

Trabalhamos temas e materiais didáticos com o objetivo de promover em sala de aula atividades que fomentassem o respeito à diversidade e aos direitos humanos. Exemplificamos, por meio de obras artísticas produzidas durante o Holocausto e na sociedade contemporânea, formas de expressão diante da barbárie, tais como pinturas de vítimas do extermínio aos judeus.

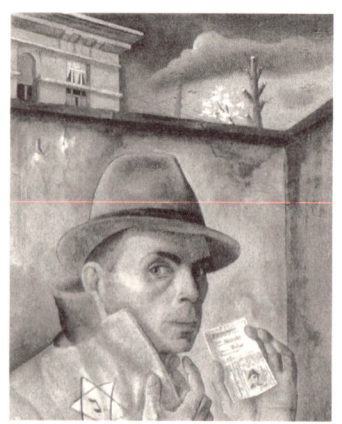

FIG. 25: *(acima, à esquerda) Felix Nussbaum (1904-1944; vítima do Holocausto), Autorretrato com Carteira de Identidade Judaica, 1943. Fonte: Yad Vashem.*

FIG. 26: *(á direita, no alto) Diários de crianças de diversas guerras do século XX* (Vozes Roubadas: Diários de Guerra Escritos Por Crianças), *desenhos de crianças do campo de concentração de Terezin.*

FIG. 27: *(Á direita, embaixo) Produções artísticas brasileiras, como a pintura de Tarsila do Amaral* (Operários – 1933).

Imagens do mímico francês Marcel Marceau, que trabalhou com crianças durante a guerra e que afirmou: "O homem moderno rodeia-se de possibilidades infinitas de comunicação e, paradoxalmente, é o que sempre lhe falta."[22]

Buscamos favorecer a criação de projetos artísticos, literários e históricos de preparação para os alunos assistirem à peça teatral, em equipes disciplinares e interdisciplinares de professores. Esses projetos sensibilizariam os jovens com a temática dos preconceitos e intolerância para melhor mergulharem no espetáculo. Nesse sentido, busquei supervisionar esses projetos sobre os quais os

---

22. Mímico francês (1923-2007) de origem judaica. Perdeu seu pai em Auschwitz e participou das Forças Francesas Livres durante a guerra. É reconhecido mundialmente pela sua "arte do silêncio". O gênio da mímica, que gostava muito de conversar, afirmava que, apesar de tudo, "a palavra não é necessária para expressar o que se tem no coração".

FIG. 28: *(acima, à esquerda) O mímico francês Marcel Marceau, o mágico silencioso.*

FIG. 29: *(à direita) Grafites de Eduardo Kobra: "Anne Frank" (Projeto Olhares da Paz; Amsterdã, outubro, 2016) e "Etnias", expostas em Amsterdã e no Rio de Janeiro (Projeto Todos Somos Um; Rio de Janeiro: agosto, 2016).*

educadores poderiam dialogar comigo durante a semana prévia à apresentação.

Por meio de dinâmicas, os professores, que não se conheciam, se socializaram através do jogo, do afeto e do humor, estabelecendo, em primeiro lugar, vínculos de confiança, a partir do qual foram desenvolvidos processos de expressão com imaginação e criatividade sobre as temáticas do projeto.

Essas oficinas buscaram sensibilizar os participantes em relação à compreensão do significado histórico do Holocausto: deixar de situá-lo como produto da loucura de um indivíduo isolado, mas contextualizá-lo num processo histórico onde a concepção e prática do nazifascismo por meio do domínio de uma suposta raça superior repetia a necessidade do extermínio generalizado sem tocar a "pureza" germânica. E também promover a consciência, como afirma Bauman, de que aspectos do Holocausto revelam características cruciais da sociedade da qual somos membros: "O Holocausto nasceu e foi executado na nossa sociedade moderna e racional, em nosso alto estágio de civilização e no auge do desenvolvimento cultural humano."[23]

Propomos que os participantes compartilhassem e expressassem aspectos de seus repertórios pessoais e coletivos em relação ao Holocausto: foram construídas imagens a partir de concepções próprias e desenvolvemos imagens com movimento, experimentando transformações desejadas e possíveis. Esse trabalho foi realizado por meio do teatro-imagem, metodologia proposta por Augusto Boal.

Através do contato com a poética teatral e o resgate de textos que expõem o horror e as dores de vítimas, fragmentos de diários de jovens e crianças entorpecidos pelo horror e obras artísticas que herdamos dos escombros da catástrofe, os educadores experimentaram, de forma sensível e intelectual, acessos diversos à informação, ao alerta, à crítica e principalmente ao exercício da interação provocadora, esteticamente falando.

No trabalho que os educadores realizariam nas escolas, era importante promover o caráter de protagonismo do próprio jovem na sociedade. Nos espaços de ensino e aprendizagem, podemos promover um exercício de reflexão e atuação sobre o papel do cidadão jovem na sociedade, especificamente a brasileira, no nosso caso, que venha a fortalecer a sua própria identidade e seu lugar no mundo.

O acompanhamento da minha parte, da realização dos projetos em cada escola entre o final da oficina e o dia da apresentação se manteve por meio de *e-mails*, quando necessário. Cada professor teve autonomia para desenvolver seu planejamento, registrar e documentar os resultados a serem compartilhados numa nova oficina uma semana após a apresentação do espetáculo nos CEUS.

---

23. Z. Bauman, op. cit., p. 12.

"Mergulho", Apresentação do Espetáculo

A Companhia Gesto de Teatro desenvolve espetáculos, ações cênicas e educativas dirigidas a diversos públicos, escolhendo, nesse caso, o de jovens e educadores. Norteia as nossas produções o fato de sentirmos que faz-se necessária a conscientização, de cada vez mais segmentos da população, quanto à importância da tolerância, coexistência de grupos diferentes e contra manifestações cotidianas marcadas pelo preconceito. São Paulo e outras cidades do Brasil são habitadas por diversas minorias, produto de migrações ocorridas em momentos históricos diferentes. Ainda assim, apresentam-se no dia a dia episódios penosos de discriminação. Representar e refletir sobre esse contexto são os objetivos principais de *Mergulho*.

FIG. 30: *Guilherme Alves, em cena de* Mergulho.

A partir de aspectos representativos do universo jovem, o espetáculo *Mergulho*, da Companhia Gesto de Teatro, expõe diversas formas de discriminação e seus reflexos no cotidiano. Na trama, três personagens que representam grupos étnicos e culturais tornam-se metáforas de outras minorias que convivem numa cidade como São Paulo. Descendentes de judeus sobreviventes do Holocausto, de população de raízes negras e indígenas no Brasil e de migrantes nordestinos.

No palco, a dinâmica dos atores se desenvolve de forma lúdica. A cenografia, os figurinos e os acessórios respondem a uma composição que acompanha a concepção do faz de conta do jovem. Símbolos pesquisados das culturas retratadas no espetáculo surgem, em diversos momentos, como elementos constitutivos das diferentes identidades. Assim, o uso prático de cada elemento e a sua transformação em novos objetos permitem que a concepção imaginativa da estética da peça transforme um cubo em mesa de bar ou em mesa de uma casa onde se celebram as festividades, conflitos e diálogos possíveis no decorrer da peça.

O espetáculo é produto de uma pesquisa sobre o jovem e sobre grupos culturais e étnicos diferentes, somada à realidade de preconceitos em geral. São mostradas, valorizadas e sublinhadas situações específicas de alguns grupos étnicos nas suas essências de aporte social e cultural, preservação, continuidade e celebração. São expostas formas de discriminação no histórico social e de identidade das personagens e seus reflexos no cotidiano. Buscamos explicitar como essas personagens às vezes também praticam involuntariamente atos, eles mesmos, de discriminação, como lidam e apontam caminhos para uma solução que, na peça, seja verossímil e viável, identificados na busca de paz e de um mundo melhor. O contexto da peça é o universo do jovem: seus sonhos, medos, angústias, amores, solidões, esperanças.

Durante a pandemia da Covid-19, o programa *Mergulho* foi suspenso e, no lugar, criamos o Fórum Pedagógico B'nai B'rith/*Mergulho*, reunindo professores e professoras da rede municipal de ensino ao redor de questões ligadas a direitos humanos no momento que vivemos e como incrementar projetos pedagógicos inovadores, relevantes e pertinentes.

FIG. 31: *Marcelo Daleva, Gabriela Oliveira e Max Ferreira em cena de Mergulho. Fotografia: Acervo da autora.*

FIG. 32: *Participação do público durante debate após apresentação da peça Mergulho. Fotografia: Acervo da autora.*

*Cartas Escritas Por Adolescentes
Após Assistirem "Mergulho"*

Carta 1

A todos aqueles que se sentem inferiores,

Hoje assisti a uma peça maravilhosa, em muitos pontos me identifiquei. Ela abordava vários tipos de preconceito, em alguns pontos os colocaram de forma cômica, que deveria ser o jeito de ver as pessoas preconceituosas. Nessa peça, os atores representavam minorias que são obrigadas a lidar com pessoas de "mente pequena", pessoas que não aceitam e criticam a nós, que somos diferentes, diferentes em pontos incríveis. Nossa sociedade tem que aprender a ter respeito, precisa entender que os inferiores são os preconceituosos, ainda não aprenderam que os padrões são os que quisermos. O preconceito é inadmissível, não somos obrigados a conviver com ele, por isso devemos exterminá-lo. O preconceito mata! O preconceito traz uma dor emocional que deve acabar! Como acabar com o preconceito? Não há uma maneira imediata. Devemos aprender a nos desconstruir, precisam entender que o preconceito é real e afeta a todos nós, todos os dias! Se há um modo de parar com isso, é acabando com ele! O futuro somos nós e somente nós somos capazes de mudarmos nossos pontos de vista, basta abrir os olhos para enxergar o que a sociedade tenta esconder. Chega de discriminação, não podemos tolerar. Racismo mata todos os dias! Machismo mata mulheres todos os dias! Preconceito e abuso matam! Se desconstrua, respeite, só a educação, pode dar um fim nisso! P.S.: Obrigada pela peça maravilhosa, obrigada pela oportunidade de assisti-los. Grata, Amanda Yamauti Enomoto. CEU EMEF Casa Blanca, São Paulo (SP).

Carta 2

Querido Planeta Terra,

Escrevo-lhe esta carta para falar sobre o que eu sinto neste mundo. Outro dia na escola teve uma peça de teatro, e acho que o tema poderia ser "Ser diferente", e essa peça me chamou muito a atenção pelo seguinte: ao mesmo tempo que somos iguais, somos diferentes. Existem pessoas que não são felizes sendo diferentes, mas a verdade é que as pessoas em volta delas é que as fazem se sentir excluídas e muitas vezes discriminadas. As pessoas não vêm como elas são maravilhosas sendo diferentes. Eu admito que devo ter um pouco de preconceito, mas no mundo onde nós vivemos, quem não tem? É normal hoje em dia, e isso é lamentável. Eu faço o máximo para acabar com o meu preconceito, eu acho que é a sociedade que nos faz ter preconceito, e acho irônico isso, nós mesmos fazemos preconceito, até os que não se consideram preconceituosos. E o preconceito será difícil de vencer, porque os próprios adultos influenciam as crianças a ter preconceito. Existe uma parte na peça onde os três adolescentes entram no espelho e saem em um mundo sem preconceito, sem julgamento e com felicidade. Acho que, com o mundo em que vivemos, só assim mesmo para se livrar de preconceito! Abraços, Henrique Sbina de Carvalho. CEU Pêra Marmelo, São Paulo (SP).

Carta 3

Olá, sociedade do presente, do passado e do futuro, gostaria de dizer a vocês que hoje eu assisti à peça *Mergulho*, uma peça emocionante, engraçada e que retrata a vida de muita gente na questão do preconceito racial, social, de origem, entre outros tipos de preconceito. Eu me identifiquei muito com a personagem Lila, de origens africanas. Não, eu não tenho origem africana, mas sofria e sofro a respeito da minha cor, do meu cabelo, da minha altura e, da mesma forma, às vezes também penso que sou um erro, que o fato de eu existir foi um engano. Essa peça abriu meus olhos, meu coração, minha alma de um jeito tão lindo, me fez pensar que a única coisa feia que existe em mim não é o fato de eu ser negra, de eu ter cabelo crespo, mas sim o fato de eu não aceitar as minhas raízes. A solução que eu proponho, além de assistir à peça, é conhecer um pouco mais da sua origem, da sua história, pesquisar o que as pessoas boas iguais a você fizeram, para ter orgulho de quem você é e contar para os outros o que os seus antepassados fizeram.

Para a sociedade presente, deixo e proponho a vontade de mudar o futuro, de fazer acontecer aquilo que você acredita.

Para a sociedade passada, deixo o conforto de que serão honrados pela sociedade presente.

Para a sociedade futura, peço a vocês que sejam compreensíveis com aqueles que sofrem e que já sofreram. Camila Lima Silva. EMEF Victor Civita, São Paulo (SP).

Alguns Comentários Recolhidos

"Nunca vi programa tão completo, vocês estão de parabéns", disse a coordenadora de educação do CEU Pêra Marmelo (Jaraguá-Pirituba), onde mais de oitocentos adolescentes aplaudiram de pé o espetáculo *Mergulho*. Marina Franco acompanhou a emoção dos professores e de alunos de oitava e nona séries da rede municipal de ensino, durante a peça na qual os temas da intolerância e do preconceito são abordados de forma dinâmica. Os atores representam um jovem judeu, uma afrodescendente e um coreano, que compartilham suas vivências e fazem um "mergulho" na história de suas famílias.

"Inenarrável, parece que a peça foi escrita por um de nós!", disse uma garota. "Não é pelo prêmio" (um notebook, para o primeiro lugar), falou sua amiga, "é a oportunidade de a gente expressar nossos sentimentos". "Agora, sinto que posso ser eu mesmo, não preciso mais me esconder." "Fico muito chateado quando as pessoas riem de mim", disse um aluno com problemas na fala, sendo muito aplaudido.

14.
A GENEALOGIA DO TRAUMA DA SCHOÁ E SEUS DESDOBRAMENTOS NO CONTEXTO EDUCACIONAL BRASILEIRO

Carolina Sieja Bertin

Definindo-se como a tentativa sistemática de alcançar a "pureza racial" por meio do extermínio de milhões de pessoas inocentes, a Schoá revolucionou o campo dos estudos sociais, na medida em que seus efeitos se alastraram durante anos. O interesse dos trabalhos recai não apenas sobre o fato de que o fenômeno político nazifascista foi capaz de levar inúmeras pessoas a um mesmo ideal ignóbil – o extermínio de determinados grupos vistos como inferiores –, mas também sobre como o genocídio ainda causa sequelas naqueles que vivenciaram direta ou indiretamente o fenômeno da Schoá. Tal ambiguidade temporal do fenômeno (o fato de a experiência estar "aqui" e "lá" ao mesmo tempo), bem como seu efeito paralisador, levou os pesquisadores a enquadrarem a Schoá dentro do escopo dos estudos do trauma. Vejamos, então, algumas considerações a respeito do conceito de trauma na contemporaneidade e como se alastrou de forma coletiva em diferentes sociedades.

Ao retomar os estudos freudianos ocorridos entre 1893 e 1906, Volkan explica que o trauma psicológico acontece quando um estímulo repentino e perturbador surge de uma situação interna intensa ou de uma excitação agressiva, sobrecarregando a capacidade do eu de mediar as várias forças que lhe atingem, criando um estado de desamparo[1]. Segundo as observações de Otto Fenichel, é "um conceito relativo; [depende de] fatores da economia mental, [...] bem como de experiências anteriores e das condições reais antes e durante o trauma"[2]. De maneira geral, pode, de fato, ser definido como uma catástrofe interior, uma experiência de excesso que domina mental e/ou fisicamente o sujeito, sem se tornar acessível ao consciente. Tanto Freud quanto Lacan também ressaltam que a cena traumática é um evento psíquico miscigenado, pois se constitui em dois tempos: o primeiro original, em que a situação com alta carga de excitação ocorre e é recalcada; e a atual, que a evoca. Tal evento choca o universo do sujeito de maneira intensa, mas não o destrói, fazendo com que tal experiência jamais seja absorvida pela rede simbólica de significados. Como afirma Geoffrey Hartman:

O conhecimento do trauma [...] é composto por dois elementos contraditórios. Um é o evento traumático, registrado e não experimentado. Parece ter ultrapassado a percepção e a consciência, e cai diretamente na psique. O outro é um tipo de memória do evento, na forma de uma troca perpétua dele pela psique ignorada ou severamente dividida.[3]

---

1. Ver V.D. Volkan, Traumatized Societies and Psychological Care, *Mind and Human Interaction*, n. 11.
2. O. Fenichel, *The Psychoanalytic Theory of Neurosis*, p. 117. (Tradução nossa.)
3. G.H. Hartman, On Traumatic Knowledge and Literary Studies, *New Literary History*, n. 3, p. 537.

Hartman sinaliza que o trauma gerado por um evento específico jamais será compreendido em sua totalidade, ocasionando o que Cathy Caruth descreve como uma crise de representação, história e verdade da narrativa de quem tenta evocar a cena recalcada[4]. Isso ocorre porque, diante de uma cena traumática, as defesas do sujeito são derrubadas de maneira avassaladora, na medida em que o tira de qualquer posição de controle. O trauma é, portanto, o excesso que só pode se manifestar na falta de uma estrutura ou de uma forma significativa. Gabriele Schwab vai mais além e o descreve como a própria morte do sujeito em si, já que: "o trauma mata a pulsação do desejo, o eu corporificado. O trauma ataca e às vezes mata a linguagem"[5]. O sujeito traumatizado é obrigado a viver como morto-vivo, como alguém que luta para "separar o eu dos cadáveres que estão tentando esconder"[6].

Seguindo tal linha de pensamento, o neurobiologista Van der Kolk afirma que as pessoas que sofrem o trauma passam por um terror sem palavras, uma vez que a experiência não pode ser organizada em um nível linguístico, tornando-se não apenas inacessível, mas também irrepresentável. Nos termos da psicanálise lacaniana, a natureza avassaladora do trauma corresponde ao encontro com o real, como coloca Goldberg:

O trauma é causado pelo encontro próximo do sujeito com o que Lacan chama de "real" – uma situação ou um evento que excede a ordem simbólica e, portanto, não pode ganhar nenhum significado na estrutura simbólica do sujeito. Algo nesse encontro ignora o aparato mental cognitivo e é experimentado pelo sujeito como excesso. Esse excesso está fadado a retornar como sintoma traumático e assombrar o sujeito de maneira compulsória.[7]

---

4. Ver C. Caruth, *Unclaimed Experience*.
5. G. Schwab, Writing Against Memory and Forgetting, *Literature and Medicine*, n. 1, p. 95.
6. Ibidem, p. 95-96.
7. A. Goldberg, Trauma, Narrative, and Two Forms of Death, *Literature and Medicine*, n. 1, p. 133.

Nos estudos da Schoá, a lembrança do evento começa a se configurar mais formalmente na esfera do traumático no momento em que Theodor Adorno declara em 1949 que: "A crítica cultural encontra-se diante do último estágio da dialética entre cultura e barbárie: escrever um poema após Auschwitz é um ato bárbaro, e isso corrói até mesmo o conhecimento de por que hoje se tornou impossível escrever poemas."[8] Para o autor, toda a consciência ocidental é "ao mesmo tempo contaminada e cúmplice de Auschwitz, mas a negação da cultura também é bárbara"[9]. A Schoá, portanto, constitui um momento de ruptura que desafia nossa abordagem da história e as regras do conhecimento.

Uma das principais características do evento é o despojamento de qualquer traço de humanidade no que diz respeito às vítimas, que eram marcadas fisicamente pelos símbolos do algoz. Marcar a vítima, da Estrela de David às tatuagens nos campos de concentração, torna impossível desconectar a identidade do sujeito como indivíduo do conceito de judaísmo – não há distinção entre o signo e o corpo real. A dificuldade para o eu é, portanto, reter alguma subjetividade e ir "além do destino", além da afirmação da ideologia nazista de que: "Um judeu como significante é um judeu, pois o conceito é um judeu como um corpo material real. [...] não há lacunas entre o sujeito e o significante e entre um significante e outro, uma vez que o judeu tem apenas um significante. Central nisso é a ideia de que a identidade total é alcançada."[10]

Goarzing ratifica que, além do sistema nazifascista excluir qualquer possível criação de uma identidade diferente da que lhe foi atribuída, ainda há a proibição da própria possibilidade de não ser: não há como não ser judeu. A ausência da falta, por meio da objetivação absoluta, constitui um importante agravante na destruição do indivíduo como um

---

8. T. Adorno, A Teoria Freudiana e o Modelo Fascista de Propaganda [1951], p. 26.
9. Ibidem, p. 25.
10. A. Goldberg, op. cit., p. 132.

ser humano dotado de subjetividades próprias. Parte do trabalho de transmissão da Schoá se pauta na reconstituição de individualidades perdidas: o arquivo Arqshoah, da Universidade de São Paulo, propõe-se a reunir depoimentos de sobreviventes e/ou familiares no Brasil, contando com uma equipe multidisciplinar para realizar o trabalho em sua totalidade. De modo similar, o projeto Fortunoff Video Arquive for Holocaust Testimonies (Vídeo Arquivo Fortunoff Para Testemunhos do Holocausto), da Universidade de Yale, inclui entrevistas com sobreviventes reconstituindo a sua história da maneira que preferirem, sem serem tão guiados por perguntas.

É por isso que o trabalho com a transmissão da Schoá na escola requer cuidado e sensibilidade, já que significa engajar os alunos intelectualmente de forma a provocar sua curiosidade e, ao mesmo tempo, inspirar uma reflexão crítica e (auto)pessoal. No contexto da sala de aula, o professor deve considerar que o tempo disponível para lidar com questões tão profundas é escasso e requer um planejamento adequado, que na maioria das vezes mantém suas bases somente nas biografias e depoimentos de sobreviventes.

Apenas em 2018 o estudo da Schoá passou a configurar de maneira consistente no ensino fundamental 2. Atualmente, o conteúdo começa a ser ministrado nas escolas a partir do nono ano, variando de uma instituição para a outra. Algumas escolas, porém, ainda preferem que tal temática seja abordada apenas no primeiro ano do ensino médio, quando os alunos já teriam maturidade suficiente para a compreensão dos fatos. Entretanto, um estudo conduzido pelo professor Erik Cohen apontou que 72% dos professores e diretores acreditam que não é dado tempo suficiente para a abordagem do genocídio, já que o assunto é extenso e que os alunos ainda sentem falta de um conteúdo mais profundo.

Com relação à educação infantil, alguns professores israelenses afirmam que a dificuldade aparece na medida em que a Schoá permeia a sociedade, mas de maneira silenciosa. Por exemplo, na escola, as crianças devem ser "preparadas" para ouvir a sirene em Israel no dia da homenagem às vítimas da Schoá (*Yom HaShoá*), mas sem muitos detalhes[11]. Sendo assim, os alunos acabam por ficar confusos e por fazer perguntas que não conseguem ser respondidas por seus educadores. Isso porque, apesar de ser um conceito extremamente discutido hoje em dia, dificilmente a Schoá é abordada em sua totalidade: livros didáticos apresentam apenas o caráter histórico da Segunda Guerra Mundial, sem levar tanto em consideração o que aconteceu antes ou depois da guerra. Além do mais, com o passar do tempo, mais e mais sobreviventes morrem, fazendo-se necessário encontrar uma maneira de comunicação de forma que a experiência possa se tornar viva e, ao mesmo tempo, "inabalável", no sentido de que não caia no esquecimento.

Em Israel, tal projeto já entrou em vigor: em 2015, o então primeiro-ministro Shai Piron divulgou um novo currículo escolar para a educação infantil que englobaria, através da literatura e de histórias pessoais, a reflexão acerca dos sentimentos e da importância de emoções como empatia, solidariedade e compaixão. O objetivo é fazer com que as crianças estabeleçam uma relação com seus antepassados, respeitando sua maturidade emocional, bem como desenvolvendo mediadores externos e internos para futuramente lidar com as diferentes emoções que possam acarretar o estudo das situações traumáticas. Tal pensamento vai ao encontro do que planeja Israel para as crianças que estejam entre o final da educação infantil e o ensino médio. O Ministério da Educação anunciou então um programa educacional abrangente sobre a Schoá. O programa *On the Path of Memory* (No Caminho da Memória) marca a primeira vez que um currículo da

---

11. Ver Y. Skop, What I Learned in Kindergarten Today about the Holocaust, *Haaretz*.

Schoá será implementado no sistema educacional e não apenas como parte dos estudos para o exame destinado à entrada no ensino médio.

O plano foi formulado por uma comissão conjunta composta por especialistas em Schoá, equipes educacionais, psicólogos e consultores do Ministério da Educação e da Escola Internacional de Estudos da Schoá em Yad Vaschem[12]. Como parte do programa, professores da educação infantil aconselharão e consultarão os pais sobre como explicar melhor às crianças sobre o Dia da Memória da Schoá (*Yom HaShoá*). Há também a recomendação de evitar a ansiedade que pode acompanhar as celebrações, como o próprio som da sirene, que se alastra pelo país. Por isso, o Ministério da Educação também instruiu os professores a não mostrar às crianças qualquer conteúdo com "visualizações fisicamente ameaçadoras", como fotografias, simulações ou peças sobre a Schoá. Segundo a diretora pedagógica do Yad Vaschem, Schulamit Imber:

> O objetivo do programa é minimizar o trauma emocional para os alunos, fornecendo uma figura confiável para conversar sobre eles, e para crianças mais novas, falar sobre o espírito humano em vez do próprio Holocausto; [em Israel] visitamos alguns jardins de infância e descobrimos que as crianças realmente sabem muito mais do que pensamos sobre o Holocausto. Eles simplesmente não sabem como contextualizar, e se você não fala com eles, seus medos podem crescer.[13]

De acordo com o Ministério da Educação, a necessidade de um programa abrangente surgiu devido aos muitos pedidos recebidos por diretores e professores que sentiram que era sua obrigação moral ensinar a Schoá a alunos mais jovens, apesar de faltar ferramentas e um plano

---

12. Yad Vaschem é o memorial oficial de Israel para lembrar as vítimas judaicas do Holocausto. Mais informações sobre o programa podem ser encontradas em: L. Gravé-Lazi, New Holocaust Education Programa in Israel to Start in Kindergarten, *The Jerusalem Post*.

13. Ver Imber apud L. Gravé-Lazi, op. cit.

de aula oficial. O programa educacional elaborado para tal fim gira em torno dos temas "o indivíduo", "a família" e "a comunidade", pelo qual cada grupo etário abordará uma ou todas essas ideias. Os alunos do ensino fundamental 1 analisarão o indivíduo e se concentrarão em uma figura central do período, criando a noção de empatia e explicando, através de sua história, como se deram os acontecimentos. O ensino fundamental 2 estudará a família: os alunos irão lidar com as decisões que uma família enfrenta durante um período de crise, além de assuntos universais, como tomar posição, tal como no caso de *righteous among the nations* (os justos entre as nações), ou seja, não judeus que colaboraram para ajudar famílias judias. Nos anos que se seguem, os professores irão, gradualmente, colocar a família em um contexto histórico e discutir temas universais, como resgate e apoio mútuo.

Os alunos do sétimo e oitavo ano abordarão a comunidade e entrarão em contato com diferentes grupos e vida comunitária antes e durante a Schoá. Nessa fase, os jovens precisarão estudar extensivamente o genocídio e, como tal, o Ministério recomenda que todas as discussões apenas façam alusão a fatos históricos relevantes. No ensino médio, os alunos continuarão a estudar a Schoá ao aprofundar o seu conhecimento histórico por meio de vários meios de comunicação e materiais sob diferentes perspectivas. A tabela abaixo, baseada nas pesquisas da Escola Internacional Para Estudos da Schoá, em Israel, resume os principais tópicos abordados durante o período escolar, sugeridos pelo Instituto Haya Feldman.

A urgência de uma abordagem mais complexa caminha com as mais diversas celebrações da memória, ocorridas tanto em Israel quanto em diferentes diásporas, como forma de lembrar-se dos nomes daqueles que pereceram. O *Yom HaShoá* é um ato simbólico, de uma dor simbólica, que contribui para o reconhecimento de cada vítima ao resgatá-la do esquecimento de Auschwitz. O ato de lembrar, no entanto, constitui-se como uma via de mão dupla:

por um lado, é vital para aqueles que sobreviveram que a memória se prolongue pelas cadeias de gerações, inclusive, é muito comum dar às crianças o nome dos parentes desaparecidos como sinal de continuidade em memória dos mortos, que não receberam uma sepultura; por outro lado, há algo em seu ser, em sua psique, em seu corpo, que está deixando de ser transmitido, tendo em vista que o trauma permanece impossível de representação.

No contexto escolar, é imprescindível levar em consideração que há algo sobre a experiência da Schoá que não é verbalizado, permanecendo um vazio na constituição da memória. Para que o trabalho seja feito de maneira completa, há de se respeitar a bagagem emocional do aluno, ainda em construção, especialmente no contexto brasileiro, já que a Schoá não atingiu diretamente a população do Brasil de maneira geral e, portanto, não faz parte do imaginário social de diversos grupos sociais. Sendo assim, mesmo que o assunto seja de extrema urgência e importância, cabe aos professores e especialistas a tarefa de levar em consideração o contexto e as necessidades das crianças brasileiras, respeitando sua curiosidade e, ao mesmo tempo, seus limites (ver Tabela 1 na próxima página).

Contexto Brasileiro:
o Início das Modificações Curriculares

Com relação ao currículo brasileiro, no início de 2018, o Conselho Nacional de Educação aprovou e recomendou o ensino da Schoá como matéria curricular, tendo o governo brasileiro endossado a decisão. O documento oficial sobre a nova Base Nacional Comum Curricular (BNCC) inclui como temas obrigatórios "Judeus e Outras Vítimas do Holocausto", bem como o estudo "do extermínio de judeus (como o Holocausto)". Ambos os temas foram incluídos no nono ano do ensino fundamental, nas páginas 424 e 425 da BNCC.

TABELA 1 – *O Plano Escolar*[14]

TEMAS CENTRAIS	EDUCAÇÃO INFANTIL	FUNDAMENTAL I
A vida dos judeus antes do Holocausto	Criando empatia de relatos pessoais.	Familiaridade básica com a diversidade de comunidades judias na Europa e os "grandes temas" sobre o Holocausto.
Contexto histórico	Conceitos históricos básicos através de relatos pessoais: gueto, estrela amarela, perseguição. Estudo do contexto básico.	
A resistência dos judeus durante o Holocausto	Compreensão acerca das dificuldades vividas: a ajuda mútua das famílias para sobreviver. Como lidaram com esforços mentais internos, imaginação e inteligência, nas situações extremas.	Resgate das questões de identidade.
Os perpetradores, os observadores passivos e os Justos entre as Nações	Foco nos Justos entre as Nações.	Estudo preliminar sobre o comportamento das populações não judias.
Voltar a viver	A reconstrução centrada na figura do sobrevivente.	O processo complexo de retorno à vida em diferentes etapas: migração e o estabelecimento de Israel.

14. Ver K. Schurster, Através de Nossos Olhos, em F.C.T. da Silva; K. Schurster, (orgs.), *Políticas Educacionais, Ensino e Traumas Coletivos*.

FUNDAMENTAL II	ENSINO MÉDIO
Familiaridade com ampla distribuição geográfica do povo judeu. Difusão do conhecimento sobre a vida cultural e espiritual dos judeus.	Movimentos políticos na sociedade judia e sua relação com a população em geral (estudo de memórias pessoais, cartas, diários etc.)
Ampliação da noção da distribuição geográfica: 1. Estudando as diversas comunidades; 2 Difusão do conhecimento sobre as comunidades através de valores históricos e nacionais; 3. A legislação do regime nazi e os campos de concentração.	Fases da política nazi e os processos históricos do regime no contexto da época.
Exposição de dilemas complexos e das dificuldades enfrentadas. Questões sobre a identidade dos judeus e a proteção de seus símbolos.	Dilemas morais e complexos, e como lidar com situações extremas.
Indiferença, hostilidade e cooperação a par do risco que o contexto imprime, e o resgate de judeus.	A discussão sobre os perpetradores e colaboradores e como foi humanamente possível.
A dor da perda durante o processo de reconstrução de uma judeidade.	Voltar a viver e o interesse pelo legado dos sobreviventes.

No decorrer do ano de 2018, foi planejada a capacitação de educadores por meio de especialistas, para que, a partir de 2019, o MEC de fato pudesse implementar a temática, por meio da ajuda da Confederação Israelita do Brasil (Conib). No dia 15 de janeiro de 2019, o Conselho Nacional de Educação (CNE) aprovou a BNCC da educação infantil e do ensino fundamental. Segundo três conselheiras que se opuseram à aprovação, porém, seria necessário mais tempo para debates acerca do tema, pois o documento que serviria de diretriz nacional oficial ainda teria lacunas e limitações. Como consequência, o Ministério da Educação (MEC) modificou a BNCC apenas na reta final da discussão.

A proposta aceita pelo MEC tem como objetivos principais exercitar a empatia, o diálogo, a resolução de conflitos e a cooperação. Fazer-se respeitar e promover o respeito ao outro, acolhendo, valorizando os diversos indivíduos e grupos sociais, seus saberes, identidades, culturas e potencialidades, sem preconceitos de origem, etnia, gênero, orientação sexual, idade, convicção religiosa ou de qualquer outra natureza, reconhecendo-se como parte de uma coletividade com a qual deve se comprometer. Tal competência, informada pelas diretrizes dos direitos humanos, presentes na Constituição de 1988, dialoga diretamente com as questões que organismos internacionais, particularmente a Unesco, vêm enfatizando, por exemplo: entender como e por qual razão a Schoá ocorreu; compreender o genocídio de forma mais ampla; iluminar os valores que promovem os direitos humanos, a ética e o engajamento cívico, que reforçam a solidariedade humana nos níveis local, nacional e global.

A BNCC é fundamentada por princípios éticos: justiça, solidariedade, liberdade e autonomia; respeito à dignidade da pessoa humana; e compromisso com a promoção do bem de todos. Contribui para combater e eliminar quaisquer manifestações de preconceito de origem, raça, sexo, cor, idade e quaisquer outras formas de discriminação. Dessa forma, faz-se necessário que o aluno nos anos finais do ensino fundamental seja desafiado por eventos históricos e fenômenos sociológicos que despertem uma particular sensibilização frente a preconceitos, intolerâncias, injustiças e violações de direitos.

Temas históricos que conduzem o aluno a experienciar a vivência de um período traumático comunicam saberes e sensibilidades para além do contexto atual, promovendo empatia e sentimentos morais de respeito pelo outro, a compreensão de sua realidade, a aceitação das diferenças, a celebração da diversidade, a compaixão. Tudo isso objetivando a formação do sujeito cidadão que, quando for confrontado com situações adversas, injustiça, dor, sofrimento, ameaças à dignidade humana, contra si ou contra outros, seja capaz de distinguir, enfrentar, combater e eliminar todas as formas de preconceito ou discriminação que se insinuem em seus contextos políticos, sociais e culturais. Trata-se de explorar o impacto de eventos históricos que produziram enorme violência e como eles se relacionam com preconceitos que estão na ordem do dia: racismo, antissemitismo, homofobia, intolerância religiosa e o quão efetivo é o aprendizado desses fenômenos para promover a cidadania, a democracia e direitos humanos, a fim de edificar um mundo melhor.

A mobilização da Conib se baseou em grande parte no recente documento elaborado pela Unesco, "Education about the Holocaust and Preventing Genocide: A Policy Guide". O ensino do tema da Schoá é altamente recomendado e enfatizado por seu significado histórico e como uma forma de prevenção de genocídios. Na Resolução 60/7 de 2005, sobre a *Holocaust Remembrance* (Lembrança do Holocausto), recomenda-se aos membros de Estado desenvolver programas educacionais que levem às gerações futuras lições do Holocausto, a fim de prevenir genocídios futuros. De acordo com a introdução do texto:

O objetivo do estudo é em primeiro lugar documentar informações de tal modo que reflita entendimentos locais do Holocausto, sobretudo registrar conceitos e narrativas encontrados na mídia educacional atualmente em uso nas escolas. As descobertas mostram convergências, mas também divergências nas representações analisadas. O Holocausto está sujeito a padrões de representação, os quais incluem seletividade, personalização, apropriação, triagem e omissão. Está também sujeito a idiossincrasias narrativas. Uma das principais tendências é a domesticação, um processo por meio do qual os países colocam ênfase no significado local do evento ou se apropriam no interesse da população local. Baseando-se em tais padrões de representação nacionais e internacionais, a publicação conclui por formular recomendações para o currículo futuro e narrativas de livros didáticos sobre o Holocausto.[15]

A necessidade dos estudos acerca da Schoá no Brasil se fez ainda mais presente após a emergência de discursos excludentes cada vez mais frequentes no cenário da política brasileira atual. Segundo a reportagem de Marcella Ramos, da *Revista Piauí*[16], a partir da semana do dia 28 de setembro de 2018, as pesquisas pelo termo "fascismo" no *site* de buscas Google passaram a aumentar consideravelmente, atingindo seu pico em 7 de outubro do mesmo ano, data do primeiro turno da eleição que elegeu como presidente o então deputado federal Jair Bolsonaro.

O aumento da curiosidade sobre o termo – em conjunto com "comunismo", "democracia", "nazismo" e "socialismo", como mostra a ferramenta Google Trends – dá-se por conta do discurso supressor do candidato e de seus apoiadores, que defendem publicamente o fuzilamento de opositores, exaltando a ditadura militar e a tortura. O conservadorismo de costumes da imagem da política atual, aliado à ideologia militar brasileira que existe desde o tenentismo, coloca o exército como grande guardião do país no combate ao inimigo em comum: a chamada "esquerda". Adorno ressalta que o fascismo surge pela fragilização do sentimento de pertencimento a um Estado-nação que não mais consegue proporcionar um futuro

---

15. *Why Teach about the Holocaust*, p. 3.
16. Ver L. Gravé-Lazi, op. cit.

seguro para seus habitantes. Dessa forma, a ascensão de tal ideologia responde a uma certa instrumentalização de frustrações. A decepção com as instituições incitaria as pessoas a idealizar o "pequeno grande homem", ou seja, "a formação imaginária de uma figura paterna onipotente capaz de transcender o pai real e, com isso, crescer até se tornar um ego coletivo"[17].

Adorno identificou, entre as lideranças fascistas, a presença de um conjunto padrão rigidamente delimitado, denominado por ele como "expedientes", nos quais a similaridade do discurso seria tão frequente a ponto de gerar uma ideia de unicidade: "As próprias falas são tão monótonas que a sua repetição sem fim é facilmente contestável, tão logo passamos a nos familiarizar com seu pequeno repertório de expedientes. Realmente, a reiteração constante e a escassez de ideias são os ingredientes indispensáveis de toda técnica."[18]

O protótipo do líder, então, seria aquele que, munido de tais falas arcaicas, de pouco repertório, combina a imagem de pai primitivo, ameaçador e todo-poderoso. Para compor o pequeno grande homem, porém, o líder precisa conciliar a imagem de pai com a ideia de que é uma pessoa comum, caracterizando-se pela ambivalência do líder que comporta tanto a materialização da onipotência quanto a familiaridade de ser mais um na multidão – o que permite rápida identificação de seus seguidores. A combinação desses dois elementos seria responsável por garantir: "o duplo desejo do seguidor em se submeter à autoridade e ser ele mesmo essa autoridade"[19].

A polarização no conceito de nós *versus* os outros resultaria em um sentimento de unidade fabricado, cujo foco em enfatizar as diferenças dos outros – aqueles com os quais não nos identificamos e, por isso, constituem um risco social – minimiza as próprias diferenças internas. No

17. Ver T. Adorno, op. cit.
18. Ibidem.
19. Ibidem.

contexto escolar, a discussão dos fenômenos nazifascistas que ocasionaram a Schoá e a desumanização de milhões de pessoas permite que o aluno passe a desenvolver um senso crítico mais apurado acerca do que acontece ao seu redor e, consequentemente, não cometa ou colabore com as mesmas atrocidades do passado, além de refletir sobre o quanto a própria sociedade acaba por legitimar a violência ao permitir que o Estado não veja o discurso excludente como um problema a ser resolvido.

No Brasil, além do crescente movimento xenófobo, há o discurso político excludente, que busca deteriorar a imagem das mulheres, dos negros e dos LGBTQIA+. Em fevereiro de 2020, o então secretário da Cultura Ricardo Alvim parafraseou o ministro da Propaganda da Alemanha nazista, Joseph Goebbels, em um vídeo para divulgação de um concurso de arte, ao som de "Lohengrin", de Richard Wagner, uma das obras preferidas de Hitler[20]. Diante de tal contexto, é importante que o aluno brasileiro entre em contato não somente com aspectos do genocídio, mas também com suas reverberações na cultura e nos indivíduos, sabendo reconhecer seus símbolos, para que seja capaz de avaliar e criticar quando um discurso supressor semelhante o cerca.

Ao redor do mundo, além das já conhecidas faces do neonazismo que continuam a excluir judeus[21], ainda há outras formas de genocídios – frequentemente pouco divulgadas pela mídia –, como o Nakba Palestino[22] e o *apartheid* africano. O primeiro se refere a quando as tropas do Egito, do Líbano, da Síria, do Iraque e da Jordânia iniciaram uma ofensiva contra Israel, horas após sua declaração de independência. O Nakba (catástrofe), ocorrido em 1948, está na raiz dos conflitos entre Israel e Palestina, já que

---

20. Ver D. Ribeiro, Secretário da Cultura Faz Discurso Semelhante ao Discurso da Propaganda de Hitler, *Exame*.
21. Ver G. Altares, Cerca de 26% dos Judeus Europeus Dizem Ter Sofrido Preconceito Por Causa de Sua Religião, *El País*.
22. Ver Al-Nakba, A "Catástrofe" Que Mudou Destino de Palestinos em 1948 e Está na Raiz de Conflito com Israelenses, BBC.

forçou milhares de palestinos a deixar suas casas, sem destino certo, mesmo com a posterior resolução da ONU de que seria permitido seu regresso.

Esses exemplos são apenas dois dentre muitos outros genocídios ocorridos ao redor do mundo. O ensino da Schoá seria então uma das maneiras de se discutir os problemas enfrentados pelos grupos marginalizados ao redor do mundo e seus desmembramentos socioculturais posteriores[23].

A Simbolização da Schoá Por Meio da Literatura e da Estética

As diferentes maneiras de simbolização do genocídio trazem complexidade ao estudo do trauma, tendo em vista a dificuldade de representação de um evento que não foi devidamente compreendido pelo inconsciente, ou pela experiência do sujeito. Ao discorrer de forma breve sobre a história do trauma como algo proveniente da medicina, Seligmann-Silva aponta de que maneira a psicologia e a psicanálise adotaram o conceito, modificando a sua definição para algo mais abrangente: se antes o trauma era classificado como uma lesão, agora é compreendido como "um choque que cria uma quebra ou ruptura, uma lesão emocional que deixa danos permanentes na psique"[24]. Sendo assim, a violência é um importante componente nos catalisadores traumáticos, que incluem guerras, acidentes, terrorismo, abusos etc. O ocorrido corta a experiência do sujeito de maneira tão abrupta que deixa diversos danos emocionais – como pesadelos, amnésia, vícios, repetições

---

23. Em relatórios da Unesco (2018), em Ruanda, educadores afirmam que abordar a Schoá permite uma ponte para levar à sala de aula o genocídio *tutsi*, ocorrido no país em 1994, com o distanciamento emocional necessário para que o tema seja discutido de forma reflexiva.

24. M. Seligmann-Silva, Prefácio, em S. Feldman, *O Inconsciente Jurídico*, p. 30.

compulsivas –, despertados, por vezes, anos depois do acontecimento. A inovação dos estudos veio posteriormente, no século XX, já que, por conta da opressão de grupos inteiros, bem como a exposição constante à violência, notou-se uma nova modalidade do trauma: o trauma coletivo. Diante disso, salienta Seligmann-Silva: "O século XX pode ser definido como um século de trauma."[25]

Caruth, autora comentada por Seligmann-Silva, salienta a importância não apenas do sujeito que fala, mas também do Outro que escuta, uma vez que o trauma requer uma escuta, "o que implica uma dimensão humana e uma dimensão ética em que o Outro recebe prioridade sobre o eu"[26]. É exatamente esse Outro o responsável por escrever a história do trauma, ou seja, por desnudá-la, por compreendê-la, para que ela se constitua de algum modo: "A história do trauma, em sua inerente extemporaneidade, só pode acontecer pela escuta do outro. O significado do discurso do trauma para além de si mesmo diz respeito, sem dúvida, não apenas ao isolamento individual, mas a um isolamento histórico mais amplo que, em nossa época, é comunicado ao nível de nossas culturas."[27]

Para então maximizar a escuta do outro, a transmissão da Schoá passa a acontecer por diversos meios e linguagens, sejam elas de ordem da linguagem da literatura, figurativa ou não, como aponta Hartman:

[E]m literatura, e na vida, o evento mais simples pode repercutir misteriosamente, ser investido com uma aura e tender na direção do simbólico. Nesse sentido, o simbólico não é a negação do literal ou referencial, mas sua intensificação perturbadora [...] Em suma, temos uma visão mais clara da relação da literatura com o funcionamento da mente em várias áreas fundamentais, incluindo referência, subjetividade e narração.[28]

---

25. Ibidem.
26. Ibidem, p. 31.
27. Cathy Caruth (ed.), Introduction, em *Trauma: Explorations in Memory*, Baltimore: John Hopkins University Press, 1995, p. 11
28. G.H. Hartman, op. cit., p. 547.

Hartman prossegue dizendo que tal necessidade do simbólico também contribui para um questionamento tipicamente humano e compulsivo "que lida repetidas vezes com questões de realidade, integridade corporal e identidade"[29]. O autor ainda acrescenta que a teoria do trauma não fornece respostas prematuras para tais perguntas, mas permite que haja tempo suficiente para refletir sobre os distúrbios da linguagem e da mente. A teoria do trauma nos permite então "ler a ferida" com a ajuda da literatura. Todos esses pontos de vista fornecem ao eu mais do que uma mera revivificação do trauma, a possibilidade de escolhas ideológicas para a abordagem dos eventos.

Isso equivale a dizer que uma das maneiras de lidar com o trauma implica narrá-lo, independentemente da forma que ele assumir. Embora, como visto, o fracasso em contemplar o passado traumático por completo seja iminente, a narrativa aparece como uma maneira de se recuperar e, mais precisamente, de lembrar e lamentar. A literatura, então, torna-se, de fato, uma maneira de expressar qualquer tipo de memória que o evento traumático permita, inclusive através da linguagem figurada.

Portanto, para formar um grande escopo que abrangeria mais que os depoimentos históricos, veremos a seguir de que forma é possível articular literatura e testemunho dos sobreviventes com vistas a formar um currículo pedagógico que inclui diferentes formas estéticas na criação da memória pública do genocídio, desenvolvendo uma escuta empática e uma postura crítica do aluno, frente à recorrência de discursos excludentes em seu próprio contexto. Aqui, para elucidar a questão, traremos um trecho do testemunho de Fred O., médico polonês residente em Varsóvia, presente em uma das ilustrações do cartunista estadunidense Art Spiegelman, em *Maus*:

 Houve uma situação que acredito jamais tenha se repetido na história. Irá jamais [sic]. Irá jamais [sic] acontecer de novo. O problema

29. Ibidem.

com os piolhos. As pessoas estavam… As pessoas estavam usando duas ou três peças de roupa, uma sobre a outra, porque, se precisassem se deslocar para outro lugar, isso era o que conseguiriam carregar. E isso ficaria particularmente pior depois, quando deixei Varsóvia e fui para Hrubieszow de novo. Por isso, houve essa epidemia bizarra, enorme e incrível de tifo e tifoide. Se você não tivesse imunidade por exposições anteriores ao tifo ou tifoide, precisava adquiri-la, porque os piolhos estavam cobrindo tudo. Mais tarde, em Hrubieszow, vi algo que ainda vejo depois de quarenta ou cinquenta anos. Um pobre homem veio até mim e começou, eu tinha um escritório chamado assim, com cerca de três por cinco metros, um espaço pequeno. Esse homem veio até mim cuspindo sangue ou algo assim, tuberculose, provavelmente, não me lembro. E eu disse "Dispa-se." Eu estava sentado em um canto da sala e ele estava entrando pela porta, atravessando a porta. E ele começou a se despir. Tirou um casaco, um casaco externo, e depois uma jaqueta, e depois um colete, e depois outra jaqueta e depois várias peças de roupa e continuava a colocar no chão. E então eu o vi, eu disse, "O que ele está vestindo?" Tirei meus óculos, sou um pouco míope, e havia um casaco repleto de milhares de… piolhos cobrindo seu corpo. Os piolhos são branco-acinzentados, sabe. Eles estavam brilhando. Foi algo que, depois de quarenta anos, ainda me assombra. Essa visão de um homem coberto com centenas, talvez milhares, provavelmente, de piolhos rastejando sobre ele e uns sobre os outros.[30]

Fred O. não é falante nativo da língua inglesa, apesar disso não se mostrar um problema durante seu depoimento: seus fatos são apresentados de maneira coesa, os sujeitos e objetos bem definidos e o tempo verbal claramente estabelecido. Entretanto, não consegue disfarçar as pausas e as tremulações de sua voz quando a lógica parece faltar nos fatos que apresenta: um colete de piolhos? Tantos piolhos que era possível se confundir com uma parte da vestimenta? Uma visão tão grotesca que ainda o impressionava depois de quarenta anos e cuja narração tornava a própria linguagem desconfortável, como se fosse inadequada.

---

30. Fred O. é uma testemunha, parte do projeto Fortunoff Video Archive, da Universidade Yale.

O trecho ilustra algo muito específico do testemunho traumático: a falta de simbolização da linguagem. O desconforto causado pela cena do homem coberto de piolhos é principalmente devido ao fato de que não há espaço para uma metáfora, ou seja, a linguagem descreve aquilo que realmente é, sem lugar para a imaginação[31]. Acerca de tal temática, James Young (1990) advoga pela necessidade de inserir o genocídio na esfera da simbolização, sob a alegação de que:

Deixar Auschwitz fora da metáfora seria deixá-lo completamente fora da linguagem: [o campo] foi conhecido, entendido e respondido metaforicamente na época por suas vítimas; foi organizado, expresso e interpretado metaforicamente por seus escritores; e agora está sendo lembrado, comentado e dado significado histórico metaforicamente por estudiosos e poetas da próxima geração. Se levada ao seu fim literal, uma injunção contra as metáforas de Auschwitz colocaria os eventos fora da linguagem e do significado, mistificando assim o Holocausto e realizando após o fato precisamente o que os nazistas esperavam realizar através de sua própria – muitas vezes metafórica – mistificação de eventos.[32]

Lakoff e Johnson ratificam que a essência da metáfora está em entender o que está por "baixo", o que está subentendido (*under-standing*) e experimentar uma coisa em termos de outra. Para eles, nossos conceitos estruturam o que percebemos, como nos movemos no mundo e como nos relacionamos com outras pessoas[33]. Nosso sistema conceitual, portanto, desempenha um papel central na definição de nossas realidades cotidianas: a maneira como pensamos, o que experimentamos e o que fazemos todos os dias é representado de maneira metafórica.

31. Ao citarmos o termo "metáfora", estamos retomando os trabalhos de George Lakoff e Mark Johnson, *Metaphors We Live By*, bem como a obra *Metaphor: A Practical Introduction*, de Zoltan Kovecses, que a concebem como um filtro simbólico através do qual passam nossas visões de mundo.
32. J.E. Young, *The Texture of Memory*, "Metaphor, Language and Culture, p. 91.
33. Ver G. Lakoff; M. Johnson, op. cit.

Kovecses retoma os estudos de Lakoff e Johnson, abrangendo-os e definindo a metáfora a partir de prerrogativas fundamentais: a metáfora baseia-se em conceito, não em palavras, e sua função é para que se entenda melhor os conceitos linguísticos[34]. Esses se interligam na medida em que, enquanto Lakoff e Johnson listam e detalham a teia conceitual a partir da qual nosso sistema de pensamento se articula, Kovecses analisa de que forma nos prendemos em tais teias e formulamos nossa comunicação:

> Significar algo é como se fosse uma empresa cooperativa (linguística ou não) que sempre ocorre em um grande conjunto de contextos (variando de imediato a fundo) e que ocorre com vários graus de sucesso. Pode-se dizer que as pessoas que podem participar com sucesso desse tipo de significado pertencem à mesma cultura. Casos espetaculares de participação malsucedida na criação conjunta de significado são chamados de "choque cultural". (Claramente, porém, a participação malsucedida na criação de significado também pode ocorrer entre membros da mesma cultura.)[35]

A problemática da narrativa acima ocorre no momento em que o narrador define seu evento como indecifrável, como algo que ainda o assombra. Retomando os conceitos acima, o evento se mantém no *standing*, sem permitir que o narrador penetre o *under* e consiga flexibilizar seus significados, colocando-o como parte de um determinado sistema conceitual. Para o narrador, ele não tem lugar no simbólico, pois quando Fred O. alerta que não há como fugir do tifo ou da febre tifoide, o discurso é tomado em sua forma literal, já que as condições do gueto eram tão abjetas que todos os habitantes eventualmente contrairiam uma das duas doenças. O narrador ainda tenta tornar seu testemunho "aceitável" para a imaginação humana, por meio da contextualização dos eventos: explica sua profissão, onde trabalhava, suas condições precárias, o frio que fazia, a consequente necessidade de usar várias camadas de roupa. Tudo isso para

---

34. Ibidem.
35. Ver Z. Kovecses, Metaphor, Language and Culture, *Delta*, n. 26. 2010.

que, dois minutos depois, seja sugado para o momento em que se depara com o homem coberto de piolhos e se dê conta de que, mesmo após todos esses anos, o episódio não o possibilita descrevê-lo além da experiência sensório-visual: os piolhos brilhavam, rastejavam uns sobre os outros. A realidade aparece de forma tão crua, tão inesperada em sua vivência, que só pode ser tomada em sua concretude: "a visão de um homem coberto por dezenas, talvez centenas de piolhos, rastejando sobre ele e uns sobre os outros".

FIG. 33: *Piolhos no campo.*

Ao se deparar com a mesma situação na história de seu pai Vladek, também sobrevivente da Schoá, Spiegelman, munido também de seu texto visual, tem como desafio imaginar e representar uma vivência que não lhe pertence para compor *Maus*: seu pai, personagem central do livro, conta que, em uma das piores fases de sua trajetória – o próprio capítulo começa com *And here my troubles began* (E aqui começam os meus infortúnios) –, o piolho causava grande problema entre os prisioneiros, já que deles provinha o tifo. Sendo assim, era necessário mostrar a camisa limpa para ganhar o direito de se alimentar, como mostra a imagem.

Em seus quadrinhos, Spiegelman aproxima-se do relato histórico através da ilustração ampliada e crua do piolho, que aparece quase como ponto central da página para o qual os olhos do leitor são levados automaticamente – ou pelo menos não conseguem evitar a presença do animal. O autor recria a sensação de inevitabilidade por meio da disposição do piolho em seus quadrinhos, já que não há como desviar o olhar da figura que aparece no centro, praticamente em primeiro plano. A frequência com que a palavra *lice* é repetida aumenta a sensação de onipresença do piolho, que culmina com a frase de Vladek: *everything was lice* (Tudo era piolho). É, então, por meio de sua ilustração que Spiegelman vasculha o *under-standing* do discurso de seu pai, trazendo à tona a complexidade paradoxal do campo de concentração: os prisioneiros agora se tornam os próprios insetos, por conta das péssimas condições dos campos de concentração.

O sistema nazista, que pregava os judeus como uma raça, mas certamente não humana, logrou êxito em transformar o mundo em algo que encaixasse em sua visão deturpada de um mundo no qual uma comunidade poderia ser ressignificada como algo que precisa ser aniquilado. Então, *Maus* perpassa o literal histórico e é alimentado por ele, mas não se limita a isso. Prisioneiros são representados de formas diferentes, dependendo da maneira que o autor busca dirigir nosso olhar para diferentes detalhes. Se no primeiro quadrinho a morte é o elemento principal, possível de ser vista na cabeça caída dos ratos que as seguram com as mãos, ou na aparência esquelética do rato à esquerda, o segundo quadrinho é predominado pela anulação do prisioneiro, o qual aparece totalmente em preto, de forma que apenas seu uniforme ganha luz e variação de cor. Isso se alinha ao que narra Vladek quando especifica que a comida seria dada apenas aos que mostrassem o uniforme limpo, bem como ao que Spiegelman sugere: que apenas o uniforme importa na fila da comida.

Vemos então uma das possibilidades de agregar o histórico às representações culturais posteriores: ainda se faz presente a importância de se manter um entendimento de como se deram os eventos e de recuperar a identidade do sobrevivente como humano, por meio do reconto de sua trajetória. Ao encontro disso, a produção literária apresenta uma das possibilidades de alcance e de ressignificação dessa memória, antes tão cifrada e inalcançável para aqueles que não passaram pela experiência dos campos de concentração, mostrando o trauma visível, pelo menos parcialmente. Ao apresentarmos em sala de aula os diferentes vieses de representação, proporcionamos a possibilidade de uma escuta ativa, que se apropria e transforma a memória. No caso de *Maus*, Spiegelman funciona como um catalisador para as lembranças do pai, sem deixar sua perspectiva de lado para compor sua obra, já que, ao invés de seres humanos, temos animais antropomorfizados.

A intersecção entre história e cultura pode também ocorrer de outras maneiras. Na Alemanha, o memorial Platz des Unsichtbaren Mahnmals (Lugar do Memorial Invisível), localizado na cidade de Saarbrucken, relembra os crimes cometidos pelos nazistas, ao mesmo tempo que engloba o papel das futuras gerações: o lugar do memorial não é marcado por nada, a não ser por uma placa com o nome supramencionado.

FIG. 34: *Platz des Unsichtbaren Mahnmals; Oliver Dietze, 2018.*

Em 1990, o professor de artes Jocken Gerz convidou seus alunos a desenterrar pedregulhos e neles escrever o nome dos cemitérios judaicos destruídos durante a Segunda Guerra. Posteriormente, tais pedras seriam enterradas novamente em frente ao castelo de Saarbrucken, antigas dependências da polícia secreta alemã, a Gestapo. Com as pedras invisíveis aos olhos de quem passa, o memorial retira a responsabilidade total de relembrar do artefacto e passa-o ao sujeito visitante, dividindo o fardo de relembrar, ao mesmo tempo que se abre para novas interpretações.

Conclusão

O campo como cenário da prisão – os trabalhos escravos físicos ou intelectuais, a fome, a dor, o frio, o sofrimento moral, as vivências de lutas, os fornos crematórios, os laboratórios de experimentos com seres humanos, os enforcamentos exemplares e fuzilamentos sumários – forma uma massa de recordações que precisam ser arquivadas em uma memória, tanto individual quanto coletiva. Cada *medium* permite um acesso específico a tal memória cultural. A escrita e a imagem armazenam coisas diferentes e de maneiras distintas, ambas com sua importância, e, por conta disso, quando a junção de tais elementos ocorre nas obras de arte ou nos memoriais, diversas possibilidades se abrem diante dos olhos do observador, que se vê em face de novos questionamentos, como: "Qual a relação dessa memória com o meio em que vivo e com a minha formação como sujeito?"

Ao passar para essa nova dialética, o sujeito se insere como elemento ativo na celebração da memória, ao mesmo tempo que deixa que tal memória se insira na sua vida; observar (e escutar) a Schoá com atenção e através de diversos prismas, além de acarretar em novas descobertas, também permite que o sujeito reflita sobre como os fenômenos excludentes atuais se articulam, podendo adotar uma posição crítica com relação a isso.

Cabe, então, aos educadores compreenderem que o ensino da Schoá não deve se limitar aos dados numéricos, às fotos da liberação dos campos ou aos dados factuais dos campos de concentração. Apesar de elementos importantes, esses tópicos acabam por estabelecer pouca relação com o aluno como sujeito – podendo até repeli-lo, caso o choque das fotografias seja grande. É necessário ter em mente que os diversos materiais, como produções literárias (ficcionais ou biográficas), ilustrações, pinturas e museus, permitem diferentes acessos, sem que necessariamente traga para o centro do estudo unicamente a morte. Fragmentos de histórias de superação, bem como as lembranças da vida anterior à guerra, proporcionam aos alunos mais novos um exercício socioemocional de escuta, sem causar ansiedade ou mal-estar. Nesse sentido, a obra de Bedrich Fritta se encaixa grandemente na proposta, já que elabora, por meio de ilustrações, as expectativas e esperanças que o pai deseja ao filho para depois da guerra[36].

Com o passar dos anos e com as habilidades emocionais mais desenvolvidas, os alunos vão se tornando aptos a adicionar camadas mais complexas ao seu aprendizado, até que tenham observado o fenômeno da Schoá por diversos prismas. Vale lembrar que, tendo em vista o desaparecimento cada vez maior das testemunhas oculares do evento, serão as próximas gerações as responsáveis pela guarda da memória, bem como por sua transmissão. Cuidar para que isso seja feito com respeito e sensibilidade é dever tanto da escola quanto da sociedade como um todo.

---

36. Ver B. Fritta, *To Tommy, for His Third Birthday in Terezin*, 22 January 1944.

BIBLIOGRAFIA

A BERNUNÇA: *O Jornal da Boca Grande*, Florianópolis, a. 2, n. 2, 1986.
A BERNUNÇA: *Bernunça Essa Moda Pega*, Florianópolis, a. 2, n. 2, 1987.
ABAL, Felipe Cittolin; RECKZIEGEL, Ana Luiza Setti. A Pena de Morte na Ditadura Civil-Militar Brasileira: Uma Análise Processual. *Tempo e Argumento*, Florianópolis, v. 10, n. 25, 2018.
ACÇÃO: *Órgão da Ação Integralista Brasileira*. São Paulo, 24 jun. 1937. Arquivos da Biblioteca Municipal Mário de Andrade, São Paulo/SP.
ADAMSON, Fiona B.; TSOURAPAS, Gerasimos. At Home and Abroad: Coercion-by-Proxy as a Tool of Transnational Repression. IN: SCHENKKAN, Nate; LINZER, Isabel; FURSTENBERG, Saipira; HEATHERSHAW, John. *Perspectives on "Everyday" Transnational Repression in an Age of Globalization*. Washington: Freedom House, 2020. Disponível em: <https://freedomhouse.org/sites/default/files/2020-07/07092020_Transnational_Repression_Globalization_Collection_of_Essays_FINAL_.pdf>. Acesso em: 7 dez. 2023.
ADORNO, Theodor. A Teoria Freudiana e o Modelo Fascista de Propaganda [1951]. Disponível em: <https://files.cercomp.ufg.br/weby/up/208/o/Theodor_Adorno_-_A_Teoria_freudiana_e_o_modelo_fascista_de_propaganda__1951__.htm?1349568035>. Acesso em: 21 nov. 2023.
ADORNO, Theodor; HORKHEIMER, Max. *Dialética do Iluminismo*. Trad. Arnado B. Faria. São Paulo: Difel, 2002.

AFINAL. Florianópolis, n. 11, 1981.
AFP. Chavez Apoya a Gobierno Chino Trãs Concesion de Nobel de la Paz a Liú Xiaobo. AFP.Com, 10 out. 2010.
AGAMBEN, Giorgio. *O Que Resta de Auschwitz*. Trad. Selvino J. Assmann. São Paulo: Boitempo, 2008.
AL-NAKBA, A "Catástrofe" Que Mudou o Destino de Palestinos em 1948 e Está na Raiz de Conflito com Israelenses, BBC, 15 maio 2018. Disponível em: <https://www.bbc.com/portuguese/internacional-44108177>. Acesso em: 8 dez. 2023.
AL-BAGHURI, Umar. *Pérolas Excepcionais de uma Viagem Europeia*. Cairo: [S.n.], 1891. (Em árabe.)
ALENCAR, José de. *Iracema*. Rio de Janeiro: Nova Fronteira, 2011.
ALTARES, Guillermo. Cerca de 26% dos Judeus Europeus Dizem Ter Sofrido Preconceito Por Causa de Sua Religião. *El País*, 5 jun. 2014. Disponível em: <https://brasil.elpais.com/brasil/2014/06/05/sociedad/1401978023_851631.html>. Acesso em: 8 dez. 2020.
ANTI-DEFAMATION LEAGUE. ADL Report: Growing Proliferation of Racist Video Games Target Youth on The Internet. Disponível em: <https://web.archive.org/web/20140817194717/http://archive.adl.org/presrele/internet_75/4042_72.html#.VEX9gvldwso>. Acesso em: 21 nov. 2023.
ANTI-DEFAMATION LEAGUE. Racist Groups Use Computer Gaming To Promote Hate. Disponível em: <https://web.archive.org/web/20131105220545/http://www.adl.org/assets/pdf/combating-hate/Racist-groups-use-computer-gaming.pdf>. Acesso em: 21 nov. 2023.
ANTZACK, Jon. Neo-Nazi Video Games Circulating in Austria, Germany, Holocaust Center Says. *Ap News*. 1991. Disponível em: <https://apnews.com/article/8d479f1adc81d9524c60921254bc28db>. Acesso em: 14 fev. 2023.
APÁTRIDAS. *Acnur.org*. Disponível em: <https://www.acnur.org/portugues/quem-ajudamos/apatridas>. Acesso em: 30 nov. 2023.
APPEL, John; APPEL, Selma. *Comics da Imigração na América*. Trad. Sergio Roberto Souza. São Paulo: Perspectiva, 1994. (Debates, 245.)
APPADURAI, Arjun. *O Medo ao Pequeno Número*. São Paulo: Iluminuras, 2009.
ARENDT, Hannah. *Origens do Totalitarismo*. Trad. Roberto Raposo. São Paulo: Companhia das Letras, 1997.
ARRIGONI, Mariana de Mello. Debatendo os Conceitos de Caricatura, Charge e Cartum. *III Encontro Nacional de Estudos da Imagem*. Londrina, PR. 2011. Disponível em: <http://www.uel.br/eventos/eneimagem/anais2011/trabalhos/pdf/Mariana%20de%20Mello%20Arrigoni.pdf>. Acesso em: 21 nov. 2023.
ASAD, Talal. What do Human Rights Do? An Anthropological Inquiry, *Theory and Event*, v. 4, n. 4, 2000.
ATOS NEONAZISTAS em Escolas Sobem 760% no Brasil em Três Anos, Diz Estudo. *Folha de S.Paulo*, São Paulo, 28 abr. 2023. Disponível em: <https://www1.folha.uol.com.br/colunas/monicabergamo/2023/04/atos-neonazistas-em-escolas-sobem-760-no-brasil-em-tres-anos-diz-estudo.shtml>. Acesso em: 13 nov. 2023.

ATTARDO, Salvatore (ed.). *Encyclopedia of Humor Studies Los Angeles.* Thousand Oaks, California: Sage-Reference: 2015.

BAILES, Jon. *Ideology and Virtual City: Videogames, Power Fantasies and Neoliberalism.* London: Zero Books, 2018.

BAKHTIN, Mikhail. *A Cultura Popular na Idade Média e no Renascimento: O Contexto de François Rabelais.* São Paulo: Hucitec, 1987.

BANKIER, David. *The Germans and The Final Solution: Public Opinion under Nazism.* Oxford: Blackwell, 1992

BAROJA, Pio. *La Caverna del Humorismo.* 3. ed. Madri: Bibliolife, 2009.

BARTHES, Roland. *Leçon.* Paris: Seuil, 1978.

BELMONTE. (BARRETO, Benedito Carneiro de Bastos). *Ideias de Ninguém.* Rio de Janeiro: Livraria José Olympio Editora, 1935. Disponível em: <http://www.ebooksbrasil.org/adobeebook/belmonte.pdf>. Acesso em: 28 maio 2024.

BATTUTA, Ibn. *Rihla: Obra-prima das Contemplações Sobre as Curiosidades das Civilizações e as Maravilhas das Peregrinações.* Trad. e notas: Paulo Daniel Farah. São Paulo: Bibliaspa, 2009.

BAUDELAIRE, Charles. De l'essence du rire et généralement du comique dans les arts plastiques. *Curiosités esthétiques.* Paris: Michel Lévy Frères, 1868. Disponível em: <https://ia601908.us.archive.org/6/items/baudelairedelessenceduriroo/baudelairedelessenceduriroo.pdf>. Acesso em: 21 nov. 2023.

BAUMAN, Zygmunt. *Amor Líquido: Sobre a Fragilidade dos Laços Humanos.* Rio de Janeiro: Jorge Zahar, 2004.

____. *Modernidade e Holocausto.* Rio de Janeiro: Jorge Zahar, 1998.

BEAUMONT, Adalbert de. Les Arts décoratifs en Orient et en France: Une visite à l'Orient à l'Exposition universelle. *Revue des Deux Mondes*, v. 72, 1er nov. 1867.

BEAUREPAIRE-ROHAN, Tenente General Visconde de. *Diccionario de Vocabulos Brazileiros.* Rio de Janeiro: Imprensa Nacional, 1889.

BELLO, Robson S. *O Playground do Passado: O Videogame e a Reificação da Memória, do Lúdico e do Oeste Americano.* Tese de Doutorado em História Social, Universidade de São Paulo, 2022.

BENATAR, David. Taking Humor (Ethics) Seriously, But Not Too Seriously. *Journal of Practical Ethics*, Oxford, Oxford Uehiro Centre for Practical Ethics, v. 2, n.1, 2014.

BENJAMIN, Walter [1985]. *Magia e Técnica, Arte e Política: Ensaios Sobre Literatura e História da Cultura.* Trad. Sérgio Paulo Rouanet. 8. ed. São Paulo: Brasiliense, 2012.

____. *Reflexões Sobre a Criança, o Brinquedo e a Educação.* São Paulo: Editora 34, 2009.

BERGER, Peter L. *Redeeming Laughter.* Boston: Boston University Press, 1999.

BERGSON, Henri. *O Riso.* São Paulo: Martins Fontes, 2001.

BHABHA, Homi. *The Location of Culture.* London/New York: Routledge, 1994.

BILLIG, Michael. Violent Racist Jokes. In: LOCKYER Sharon; PICKERING, Michael (orgs.). *Beyond a Joke: The Limits of Humour.* New York: Palgrave Macmillan, 2009.

_____. Humor and Hatread: The Racist Jokes of the Ku Klux Klan. *Discourse and Society*, v. 12, n. 3, 2002. Disponível em: <https://doi.org/10.1177/0957926501012003001>. Acesso em: 21 nov. 2023.

BLAKE, Augusto Victorino A.S. *Diccionario Bibliographico Brasileiro*. Rio de Janeiro: Typographia Nacional, 1883.

BOAL, Augusto. *Teatro do Oprimido e Outras Poéticas Políticas*. Rio de Janeiro: Civilização Brasileira, 2008.

BOFF, Leonardo *O Casamento Entre o Céu e a Terra: Contos dos Povos Indígenas do Brasil*. Rio de Janeiro: Salamandra, 2001.

BONSON, Sérgio Luiz de Castro. *Bonson Sem Censura: 10 Anos Inticando Com os Reis do Nhenhenhén*. Textos e legendas de Eloy Gallotti. Florianópolis: Letras Contemporâneas, 1996.

BOSI, Ecléa. *O Tempo Vivo da Memória*. São Paulo: Ateliê, 2003.

BRANDÃO, Tom Alexandre. *Rir e Fazer Rir: Uma Abordagem Jurídica dos Limites do Humor*. São Paulo: Foco, 2018.

BRASIL. Ministério da Educação. *Base Nacional Curricular Comum*. Educação é a Base. Terceira versão revista. Brasília: MEC, 2016. Disponível em: <http://basenacionalcomum.mec.gov.br/images/BNCC_EI_EF_110518_versaofinal_site.pdf>. Acesso em: 21 nov. 2020.

BREMMER, Jan; ROODENBURG, Herman (orgs.). *Uma História Cultural do Humor*. Trad. Cynthia Azevedo e Paulo Soares. Rio de Janeiro: Record, 2000.

BRIGUGLIO, Nunzio. *A Bernunça*, Florianópolis, a. 2, n. 2, 1987.

BROERING, Virginia. *Cenas de Humor Explícito: Sacanagem nas Tirinhas Waldirene a AM (1986-1990)*. Dissertação (Mestrado em História) – Universidade Federal de Santa Catarina, Florianópolis, 2020. Disponível em: <http://www.bu.ufsc.br/teses/PHST0715-D.pdf>. Acesso em: 19 fev. 2021.

BROPHY-WARREN, Jamin. The Board Game No One Wants to Play More Than Once. *The Wall Street Journal*, 24 Jun. 2009. Disponível em: <https://www.wsj.com/articles/BL-SEB-2186?fbclid=IwAR2KCQCPKCM7Vddd7P7Cm_-9p1OwQ8H7ylcR8ypEFPTY7Yup6itm1QGrIxY>. Acesso em: 21 nov. 2023.

BRUCHFELD, Stéphane; LEVINE, Paul A. *Tell ye Children… A Book About the Holocaust in Europe 1933-1945*. Stockholm: Regeringskansliet, 1997. (The Swedish Government Offices Living History Project/ Projeto de História Viva do Gabinete do Governo Sueco.)

BUCK-MORSS, Susan. *The Dialectics of Seeing: Walter Benjamin & the Arcades Project*. Cambridge: MIT Press, 1989.

BULLETIN *Officiel de l'Exposition Universelle de 1889*. Paris: [Champ de Mars], [1886-1887]. Disponível em: <https://cnum.cnam.fr/pgi/redir.php?ident=FOLXAE16>. Acesso em: 22 ago. 2023.

BYTWERK, Randall L. (ed.). *Landmark Speeches of National Socialism*. Austin: Texas A&M University Press, 2008.

CAILLOIS, Roger. *Man, Play and Games*. Illinois: University of Illinois Press, 2001.

CAMPOS, Emerson César de; PETRY, Michele Bete. Um Artista em Trânsito: O Local e o Global nas Histórias em Quadrinhos de Sérgio

Bonson (1974-2005). *Anos 90*, v. 28, 2021. Disponível em: <https://doi.org/10.22456/1983-201X.111827>. Acesso em: 08 ago. 2022.

____. Histórias Desenhadas: Os Usos das Expressões Gráficas de Humor Como Fontes Para a História. *Fronteiras*, Florianópolis, v. 1, 2010.

CAMUS, Renaud. *Abécédaire de l'in-nocence*. Paris: David Reinharc, 2010.

CANOVAN, Margaret. *Populism*. Boston: Houghton Mifflin Harcourt, 1981.

CAPELOTTI, João Paulo. Processos Judiciais contra Humoristas na História Brasileira Recente. *Fênix: Revista de História e Estudos Culturais*, Uberlândia, UFU, v. 15, n. 1. 2018.

CARETA [revista]. Rio de Janeiro, n. 1558, abr. 1938 [capa]; n. 1591, dez. 1938 [capa]; n. 1470, ago. 1936; n. 1460, jun. 1936; n. 439, jan. 1936; n. 1449, mar. 1936; n. 1467, ago. 1936; n. 1555, abr. 1938 [capa]; n. 1558, abr. 1938 [capa]; n. 1561, mai. 1938 [capa]; n. 1477, out. 1936 [capa]; n. 1580, out. 1938. Acervo Biblioteca Municipal Mário de Andrade, São Paulo/SP.

CARNEIRO, Edson [1988]. *O Quilombo dos Palmares*. 4. ed. São Paulo: Editora Nacional 1988.

CARNEIRO, Maria Luiza Tucci. *Dez Mitos Sobre os Judeus*. 2. ed. São Paulo: Ateliê, 2020 (L'Harmattan, 2021; Sussex Academic Press, 2020; Cátedra Editorial, 2016).

____. *Dez Mitos Sobre os Judeus*. 2. ed. São Paulo: Ateliê, 2019.

____. (org.). *O Antissemitismo nas Américas: História e Memória*. Prefácio de Pilar Rahola. São Paulo: Edusp, 2007.

____. *Preconceito Racial em Portugal e Brasil Colônia: O Mito da Pureza de Sangue Contra os Cristãos-Novos, Séculos XVI ao XIX*. 3. ed. São Paulo: Perspectiva, 2004.

____. *O Antissemitismo na Era Vargas: Fantasmas de uma Geração*. 3. ed. São Paulo: Perspectiva, 2001.

CARNEIRO, Sueli. *Racismo, Sexismo e Desigualdade no Brasil*. São Paulo: Selo Negro, 2011.

CARUTH, Cathy. *Unclaimed Experience: Trauma, Narrative and History*. London: The Johns Hopkins University Press, 1996.

____. *Trauma: Explorations in Memory*. London: The Johns Hopkins University Press, 1995.

CASTORIADIS, Cornelius. *A Instituição Imaginária da Sociedade*. Rio de Janeiro: Paz e Terra. 1995.

ÇELIK, Zeynep. *Displaying the Orient: Architecture of Islam at Nineteenth-Century World's Fairs*. Berkeley/Los Angeles/Oxford: University of California Press, 1992.

ÇELIK, Zeynep; KINNEY, Leila. Ethnography and Exhibitionism at the Expositions Universelles. *Assemblage: A Critical Journal of Architecture and Design Culture*, n. 13, Dec. 1990. Disponível em: <https://doi.org/10.2307/3171106>. Acesso em: 21 nov. 2023.

CERQUEIRA, Daniel; et al. *Atlas da Violência 2021*. São Paulo: Fórum Brasileiro de Segurança Pública, 2021. Acesso em: 21 nov. 2023.

CHAPTER 4: Views of Roma, Muslims, Jews. *Pew Research Center*. May 12 2014. Disponível em: <https://www.pewresearch.org/

global/2014/05/12/chapter-4-views-of-roma-muslims-jews/>. Acesso em: 7 dez. 2023.

CHARPY, Manuel. *Le Théâtre des objets: Espaces privés, culture matérielle et identité bourgeoise, Paris, 1830-1914*. Thèse d'histoire. Paris I, 2010.

CHAUI, Marilena. Janela da Alma, Espelho do Mundo. In: NOVAES, Adauto (org.). *O Olhar*. São Paulo: Companhia das Letras, 1988.

CHUN, Wendy. *Discriminating Data: Correlation, Neighborhoods, and the New Politics of Recognition*. Cambridge: MIT Press, 2022.

CLARKE, Allastair. *The Pattern Recognition Theory of Humour*. Montreal: Pyrrhic House, 2008.

COELHO, Leonardo. Empresa Desenvolve Jogo em Que o "Mito" Ganha Pontos ao Matar Minorias. *Pragmatismo Político*, 9 out. 2018. Disponível em: <https://www.pragmatismopolitico.com.br/2018/10/empresa-jogo-mito-ganha-matar-minorias.html>. Acesso em: 17 nov. 2023.

COLOMBO, Eduardo. *El Imaginario Social*. Trad. Bernard Weigel. Montevideo/Buenos Aires: Altamira/Nordan-Comunidad, 1993.

DA EMPOLI, Giuliano. *Os Engenheiros do Caos*. Trad. Arnaldo Bloch. São Paulo: Vestígio, 2019.

D'ANASTASIO, Cecilia. How Roblox Became a Playground For Virtual Fascists. *Wired*, Jun 10, 2021. Disponível em: <https://www.wired.com/story/roblox-online-games-irl-fascism-roman-empire/>. Acesso em: 22 ago. 2023.

DAVIES, Christie. *Ethnic Humor Around the World: A Comparative Analysis*. Bloomington: Indiana University Press, 1990.

DAVIS, Natalie Zemon. *Cultura do Povo: Sociedade e Cultura no Início da França Moderna*. Rio de Janeiro: Paz e Terra, 1990.

DE Afspraak. *Canvas*, 9 oct. 2019.

DELORT DE GLEON, Alphonse. *L'Architecture arabe des khalifes d'Egypte à l'Exposition Universelle de Paris en 1889: La Rue du Caire*. Paris: E. Plon/Nourrit, 1889.

DERRIDA, Jacques. *Otobiographies: L'enseignement de Nietzsche et la politique du nom propre*. Paris: Galilée, 1985.

EAGLETON, Terry. *Humour*. New Haven: Yale University Press, 2019.

ECO, Umberto. *Migração e Intolerância*. Trad. de Eliana Aguiar e Alessandra Bonruquer. Rio de Janeiro: Record, 2019.

THE ECONOMIST. CHINA: The Debate over Universal Values. September 30, 2010.

EDMOND, Charles. *L'Egypte à l'exposition universelle de 1867...* Paris: Dentu, 1867.

EDWARDS, Adrian. Refugiado ou Migrante? O Acnur Incentiva a Usar o Termo Correto. *Acnur.org*, 1 out. 2015. Disponível em: <https://www.acnur.org/portugues/2015/10/01/refugiado-ou-migrante-o-acnur-incentiva-a-usar-o-termo-correto/>. Acesso em: 30 nov. 2023.

EDWARDS, Amelia. *A Thousand Miles Up the Nile*. London: Routlegde, 1877.

EGENFELDT, Simon; SMITH, Jonas Heide; TOSCA, Susana Pajares. *Understanding Videogames: The Essential Introduction*. New York: Routledge, 2015.

EINE Tat, die betroffen macht. *Identitäre Bewegung Deutschland*, 10 out. 2019. Disponível em: <https://www.identitaere-bewegung.de/blog/eine-tat-die-betroffen-macht/>. Acesso em: 30 nov. 2023.

EL IDEÓLOGO Francés Que Inspira al Supremacismo Blanco. *El País*, 9 ago. 2019.

ELIAS, Norbert. *Os Alemães*. Rio de Janeiro: Jorge Zahar, 1996.

ELLNER, Steve. Revolutionary and Non-Revolutionary Paths of Radical Populism: Directions of the Chavista Movement in Venezuela. *Science and Society*, v. 69, n. 2, 2005.

ENGS, Ruth Clifford. *The Eugenics Movement: An Encyclopedia*. Westport, CT: Greenwood, 2005.

ESCUDERO, José Antonio. Netanyahu y la Inquisición. *El País*, 19 enero 2000.

ETHNIC Cleansing. *Resistance Records*. Disponível em: <https://web.archive.org/web/20051115022908/http://resistance.com/catalog/product_info.php?cPath=28&products_id=203&osCsid=36cbed8ae26c5069b6ad2724dbdb266d>. Acesso em: 14 fev. 2023.

EUGENICS Archive. *Madison Grant Publishes The Passing of the Great Race*. Disponível em: <https://www.eugenicsarchive.ca/connections?id=53eea903803401daea000001>. Acesso em: 29 nov. 2023.

EVANS, Richard. *The Third Reich in Power*. London: Penguin, 2005.

FALLACE, Thomas. D. Playing Holocaust: The Origins of the Gestapo Simulation Game. *Teachers College Record*, v. 109, n. 12, 2007.

FANON, Frantz. *Pele Negra, Máscaras Brancas*. Salvador: Edufba, 2008.

____. *Os Condenados da Terra*. Rio de Janeiro: Civilização Brasileira, 1968.

FARAH, Paulo Daniel Elias. A Gente Aprende Para Ter Felicidade na Vida: Interculturalidade, Políticas Linguísticas, Estudos Subalternos, Pós-Coloniais, Decoloniais e Subversões Epistêmicas. In: FARAH, Paulo Daniel Elias; MATUCK, Artur; BORGES, Rosane. *Alterciência: Proposições Críticas e Processos Criativos Para o Conhecimento*. Manaus/São Paulo: Eduma/Alexa, 2022.

____. Para Onde Iremos após a Última Fronteira? Reflexões Sobre Migração, Apatridia e Refúgio no Brasil e no Mundo em Novos Horizontes Epistemológicos, Narrativos e Plurilíngues. In: FARAH, Paulo Daniel Elias; MATUCK, Artur; IOKOI, Zilda Márcia Grícoli. *Linguagens da Sobrevivência: Migrações, Interlínguas, Narrativas e Representações*. Manaus/São Paulo: Eduma/Alexa, 2022.

____. *Diálogos e Resistências: A África no Brasil e o Brasil na África*. São Paulo: Bibliaspa/NAP Brasil África/USP, 2021.

____. Combates à Xenofobia, ao Racismo e à Intolerância. *Revista USP*, n. 114, 2017. Disponível em: <https://doi.org/10.11606/issn.2316-9036.v0i114p11-30>. Acesso em: 22 nov. 2023.

____. *Deleite do Estrangeiro em Tudo o Que É Espantoso e Maravilhoso: Estudo de um Relato de Viagem Bagdali*. Rio de Janeiro/Argel/Caracas: Bibliaspa/Fundação Biblioteca Nacional/Bibliothèque Nationale d'Algérie/Biblioteca Nacional de Caracas, 2007.

____. *O Islã*. São Paulo: Publifolha, 2001.

FARAH, Paulo Daniel Elias; MATUCK, Artur; IOKOI, Zilda Márcia Grícoli. *Linguagens da Sobrevivência: Migrações, Interlínguas, Narrativas e Representações*. Manaus/São Paulo: Eduma/Alexa, 2022. Disponível em: <https://ppghdl.fflch.usp.br/linguagens-da-sobrevivencia>. Acesso em: 5 dez. 2023.

FAUVELLE, François-Xavier. *O Rinoceronte de Ouro*. São Paulo: Edusp, 2018.

FEDER, Sami. *Fartseykhenishn Tsum Togbukh*. Herzliya: Arquivo MH/YV-IL, 1978.

____. *Gebaylte foystn*. Tel Aviv: Hamenora Publishing House, 1974.

FENICHEL, Otto. *The Psychoanalytic Theory of Neurosis*. New York: Norton, 1945.

FERNANDEZ DE LA VEGA, Celestino. *O Segredo do Humor*. Edición corixxida e ampliada. Vigo: Artes Graficas Galicia, 1983.

FETTHAUER, Sophie. *Musik und Theatre in DP-Camp Bergen-Belsen: Zum Kulturleben der jüdischen Displaced Persons 1945-1950*. Neumünster: von Bockel, 2012.

FIKRI, Muhamad Amin. *Irshād al-allibā ilá maḥāsin Ūrūbbā*. Al Qahirah (Cairo): Al-Muqtaṭaf, 1892.

FONTETTE, François de. *História do Antissemitismo*. Rio de Janeiro: Jorge Zahar, 1989.

FORTUNOFF *Video Archive for Holocaust Testimonies*. Yale University. Disponível em: <http://fortunoff.library.yale.edu/>. Acesso em: 1 mar. 2020.

FRASCA, Gonzalo. *Play the Message: Play, Game and Videogame Rethoric*. Tese (Doutorado em Filosofia), University of Copenhagen, 2007.

FRIEDLÄNDER, Saul. *The Years of Extermination*. New York: Harper Collins, 2006.

FRIEDLANDER, Henry. *The Origins of Nazi Genocide: From Euthanasia to the Final Solution*. Chapel Hill N.C./London: University of North Carolina Press, 1995.

FRITTA, Bedřich [1944]. *To Tommy, for His Third Birthday in Terezin, 22 January 1944*. Trad. Ruth Bondy e Eva Tolkovski. Jerusalem: Yad Vashem, 1999.

FRITZSCHE, Peter. *Life and Death in the Third Reich*. Cambridge: Harvard University Press, 2009.

GARCIA, Sylvia Gemignani. Folclore e Sociologia em Florestan Fernandes. *Tempo Social*, São Paulo, v. 13, n. 2, 2001.

GIBSON, Ellie. Racists Launch PC Game. *Eurogamer*, 18 Jul. 2005. Disponível em: <https://www.eurogamer.net/news180705racists>. Acesso em: 17 nov. 2023.

GINZBURG, Carlo. *Mitos, Emblemas e Sinais: Morfologia e História*. São Paulo: Companhia das Letras, 1989.

GOAZIN, Anne. Articulating Trauma. *Études irlandaises*, v. 36, n. 1, 2011. Disponível em: <https://doi.org/10.4000/etudesirlandaises.2116>. Acesso em: 22 jan. 2020.

GOEBBELS, Joseph. *Der Angriff: Das kleine abc des Nationalsozialismus*. Berlin: Kampf, 1929.

GOFFMAN, Erving. *Os Quadros da Experiência Social: Uma Perspectiva de Análise*. Trad. Gentil Titton. Petrópolis: Vozes, 2012,

GOLDBERG, Amos. Trauma, Narrative, and Two Forms of Death. *Literature and Medicine*, v. 25, n. 1, Spring 2006.

GOMBRICH, E.H. *Myth and Reality in German Wartime Broadcasts*. London: Athlone, 1970.

GONCOURT, Edmond de; GONCOURT, Jules de. *Journal: Mémoires de la vie littéraire*. Éd. par Robert Ricatte. Paris: Robert Laffont, 1989, t. 3 (1887-1896). (Bouquins.)

GRANT, Madison. *The Passing of the Great Race: The Racial Basis of European History*. New York: Charles Scribner's Sons, 1916. Disponível em: <https://www.jrbooksonline.com/PDF_Books/PassingOfGreatRace.pdf>. Acesso em: 30 nov. 2023.

GRAVÉ-LAZI, Lidar. New Holocaust Education Programa in Israel to Start in Kindergarten. *The Jerusalem Post*. Disponível em: <http://www.jpost.com/National-News/New-Holocaust-education-program-in-Israel-to-start-in-kindergarten-350335>. Acesso em: 8 dez. 2023.

GUTMAN, Roy; RIEFF, David (eds.). *Crimes of War*. New York: WW Norton, 1999.

HAASS, Richard. The Pandemic Will Accelerate History Rather Than Reshape It. *Foreign Affairs*, April 7, 2020. Disponível em: <https://www.foreignaffairs.com/articles/united-states/2020-04-07/pandemic-will-accelerate-history-rather-reshape-it>. Acesso em: 24 nov. 2023.

HABIBI, Don A. Human Rights and Politicized Human Rights. *Journal of Human Rights*, v. 6, n. 1, 2007.

HAFFNER, Sebastian. *Defying Hitler*. New York: Picador, 2002.

HAMMER, Jessica; TURKINGTON, Moyra. Rosenstrasse: Embodied Learning through Role Play. *Association for Jewish Studies*, Fall 2019 Disponível em: <https://www.associationforjewishstudies.org/publications-research/ajs-perspectives/the-body-issue/pedagogy-rosenstrasse-embodied-learning-through-role-play>. Acesso em: 17 nov. 2023.

HAMPÂTÉ BÂ, Amadou. A Teoria Viva. In: KI-ZERBO, Joseph (org.). *História Geral da África 1: Metodologia e Pré-História da África*. 2. ed. Brasília: Unesco, 2010.

HANCOCK, Ian. *We Are the Romani People*. Hatfield: University Hertfordshire Press, 2002.

HARTMAN, Geoffrey H. On Traumatic Knowledge and Literary Studies. *New Literary History*, v. 26, n. 3, 1995.

HEBERER, Patricia. *Children During Holocaust*. Lanham: Altamira Press/United States Holocaust Memorial Museum, 2011.

HENFIL. O Baixinho Sou Eu: Entrevista Concedida a Osvaldo Amorim. *Veja*, São Paulo, n. 138, 28 abr. 1971.

HERBERT, Marie-Francine. *Nenhum Peixe Aonde Ir*. São Paulo: SM, 2006.

HERF, Jeffrey. *O Inimigo Judeu: Propaganda Nazista Durante a Segunda Guerra Mundial e o Holocausto*. São Paulo: Edipro, 2014.

HERSHMAN, James; DICTIONARY of Virginia Biography. "Leon M. Bazile (1890–1967)". *Encyclopedia Virginia*, 7 dez. 2020. Disponível em: <https://encyclopediavirginia.org/entries/bazile-leon-m-1890-1967>. Acesso em: 29 nov. 2023.

HITLER, Adolf. *Minha Luta*. São Paulo: Centauro, 2001.

HODGARD, Mateu. *La Sátira*. Madrid: Guadarrama, 1939.

HOOKS, Bell. *Ensinando a Transgredir: A Educação Como Prática da Liberdade*. 2. ed. São Paulo: Martins Fontes, 2017.

HOUELLEBECQ, Michel. *Soumission*, Paris: Flammarion, 2015.

HUIZINGA, Johan. *Homos Ludens: O Jogo Como Elemento da Cultura*. São Paulo: Perspectiva, 1980.

HUMAN RIGHTS WATCH. *Curing the Selectivity Syndrome: The 2011 Review of the Human Rights Council*. New York: Human Rights Watch, 2010.

THE HUFFINGTON POST. Chavez, Venezuela's Catholic Leaders Clash. 7 Apr. 2009.

INFORMAÇÕES Sobre Refugiados. *Bibliaspa*. Disponível em: <https://bibliaspa.com.br/informacoes-sobre-refugiados/>. Acesso em: 30 nov. 2023.

INTERVIEW With Former White Nationalist Derek Black. *New York Times*, 22 ago. 2017. Disponível em: <https://www.nytimes.com/2017/08/22/podcasts/the-daily-transcript-derek-black.html>. Acesso em: 30 nov. 2023.

JAIME, Leo. Sônia. *Phodas "C"*. [Compositor e intérprete]: Leo Jaime. 1983. LP.

JUNGER, Gustavo; CAVALCANTI, Leonardo; OLIVEIRA, Tadeu de; SILVA, Bianca G. (orgs.). *Refúgio em Números*. 7. ed. (Série Migrações.) Observatório das Migrações Internacionais; Ministério da Justiça e Segurança Pública/Conselho Nacional de Imigração e Coordenação Geral de Imigração Laboral. Brasília, DF: OBMigra, 2022. Disponível em: <https://www.gov.br/mj/pt-br/assuntos/seus-direitos/refugio/refugio-em-numeros-e-publicacoes/anexos/RefugioemNumeros.pdf>. Acesso em: 24 nov. 2023.

KENRICK, Donald; PUXON, Grattan. *The Destiny of Europe's Gypsies*. New York: Basic Books, 1972.

KENNEDY, David. The International Human Rights Movement: Part of the Problem? *Harvard Human Rights Journal*, v. 15, 2002.

KERSHAW, Ian. *Hitler: 1889-1936 Hubris*. New York: Norton, 2000.

_____. *Hitler: Um Perfil do Poder*. Rio de Janeiro: Jorge Zahar, 1993.

KHATER, Antoine. *Le Régime juridique des fouilles et des antiquités en Égypte*. Le Caire: Imprimerie de l'ifao, 1960.

KHOSRAVI, Ryan. Neo-Nazis Are Making Their Own Video Games: And They're Just as Horrifying as You'd Think. *Mic*, 2017 Disponível em: <https://www.mic.com/articles/174705/neo-nazis-are-making-their-own-video-games-and-they-re-just-as-horrifying-as-you-d-think>. Acesso em: 14 fev. 2023.

KING, Charles. *Gods of the Upper Air*. New York: Doubleday, 2019.

KITCHEN, Martin. *Um Mundo em Chamas: Uma Breve História da Segunda Guerra Mundial na Europa e na Ásia, 1939-1945*. Rio de Janeiro: Jorge Zahar, 1993.

KI-ZERBO, Joseph (org.). *História Geral da África*. Brasília: Unesco, 2010. V. 1.

KLEMPERER, Victor. *LTI: A Linguagem do Terceiro Reich*. Rio de Janeiro: Contraponto, 2009.

____. *The Lesser Evil: The Diaries of Victor Klemperer, 1945-1959*. Great Britain: Phoenix, 2004.

____. *Os Diários de Victor Klemperer: Testemunho Clandestino de um Judeu na Alemanha Nazista 1933-1945*. São Paulo: Companhia das Letras, 1999.

KNESEBECK, Julia von dem. *The Roma Struggle for Compensation in Post-War Germany*. Hatfield: University of Hertfordshire Press, 2011.

KOCH, Zenir Maria. Entrevista Concedida a Emerson César de Campos. Florianópolis, 20 jul. 2021.

KOZLOFF, Nikolas. Venezuela's War of Religion. *Venezuela Analysis*, 24 oct. 2005. Disponível em: <http://www.venezuelanalysis.com/analysis/1430>. Acesso em: 9 ago. 2024.

KOVECSES, Zoltan. Metaphor, Language and Culture, *Delta*, n. 26. 2010. Disponível em: <https://doi.org/10.1590/S0102-44502010000300017>. Acesso em: 12 dez. 2023.

KRENAK, Ailton. *Ideias Para Adiar o Fim do Mundo*. São Paulo: Companhia das Letras, 2019.

KUPERMAN, Alan J. Humanitarian Intervention. In: GOODHART, Michael (ed.). *Human Rights: Politics and Practice*. Oxford: Oxford University Press, 2009.

LAKHANI, Suraj. *Video Gaming and (Violent) Extremism: An Exploration of the Current Landscape, Trends, and Threats*. Luxembourg: Publications Office of the European Union, 2021.

LAKOFF, George; JOHNSON, Mark. *Metaphors We Live By*. Chicago: University of Chicago Press, 1981.

LANGER, Lawrence. *Preempting the Holocaust*. Yale: Yale University Press, 1998.

____. *Admitting the Holocaust: Collected Essays*. Oxford: Oxford University Press, 1995.

____. *Art from the Ashes: a Holocaust Anthology*. Oxford: Oxford University Press, 1995.

LARROSA-BONDIA, Jorge. Notas Sobre a Experiência e o Saber de Experiência. *Revista Brasileira de Educação*. n. 19, 2002. Disponível em: <http://dx.doi.org/10.1590/S1413-24782002000100003>. Acesso em: 24 nov. 2023.

LAUREN, Paul Gordon. *The Evolution of International Human Rights*. Philadelphia: University of Pennsylvania Press, 1998.

LEHMANN, David. *After the Decolonial: Ethnicity, Gender and Social Justice in Latin America*. Cambridge: Polity Press, 2022.

LENHARO, Alcir. *Nazismo: O Triunfo da Vontade*. São Paulo: Ática, 1995.

LEVI, Primo. *É Isto um Homem?* Tradução de Luigi Del Re. Rio de Janeiro: Rocco, 1985.

LIPSTADT, Deborah. *Antisemitism: Here and Now*. New York: Schoken, 2019.

LIPOVETSKY, Gilles. *A Era do Vazio: Ensaios Sobre o Individualismo Contemporâneo*. Trad. Therezinha Monteiro. São Paulo: Manole, 2015.

_____. *Metamorfoses da Cultura Liberal: Ética, Mídia e Empresa*, Porto Alegre, Sulina, 2004.

LOMNITZ, Claudio; SÁNCHEZ, Rafael. The Uses of Anti-Semitism in Chávez's Venezuela. *Boston Review*, jul.-ago. 2009.

LOTIERZO, Tatiana, *Contornos do (In)visível: Racismo e Estética na Pintura Brasileira (1850-1940)*. São Paulo: Edusp/Fapesp, 2017.

MANSFIELD, Peter. *The British in Egypt*. London: Holt, Reinhart and Winston, 1972.

MARGALIT, Gilad. *Germany and its Gypsies: a Post-Auschwitz Ordeal*. Madison: Wisconsin Press, 2002.

MARIETTE, Auguste. *Exposition universelle de 1867: Description du parc égyptien*. Paris: Dentu, 1867.

MARKO, Leslie. *Teatro de Sami Feder: Poética de Resistência nos Tempos do Holocausto*. São Paulo, Humanitas, 2019.

_____. Docência: Em Busca de uma Pedagogia de Encontro. In: RAHMEIER, Clarissa Sanfelice; SANTI, Pedro di (orgs.). *Existir na Cidade: Os Contornos de si no (Des) Encontro com o Outro*. São Paulo: Zagodoni, 2018.

_____. *Dramaturgia Cênica na Empresa: Do Trabalhador Anônimo ao Ser Visível*. Dissertação (Mestrado em Artes Cênicas). ECA-USP, São Paulo, 2009.

MATRAS, Yaron, The Roma Struggle for Compensation in Post-War Germany. Julia von dem Knesebeck (Review), *Romani Studies*, Liverpool, v. 22, n. 1, 5 May 2012.

MAYR-OEHIRNG, Erika et al. *Orientalische Reise: Malerei und Exotik im späten 19. Jahrhundert*. Vienne: Wien Museum, 2003.

MBEMBE, Achille. Le Droit universelle à la respiration. *Aoc*, 6 abr. 2020. Disponível em: <https://aoc.media/opinion/2020/04/05/le-droit-universel-a-la-respiration>. Acesso em: 5 dez. 2023.

_____. *Necropolítica*. São Paulo: N-1, 2018.

_____. *Crítica da Razão Negra*. Lisboa: Antígona, 2014.

MCCLINTOCK, Anne. *Couro Imperial: Raça, Gênero e Sexualidade no Embate Colonial*. Trad. Plínio Dentzien. Campinas: Editora da Unicamp, 2010.

MCGRAW, A. Peter; WARREN, Caleb, Benign Violations Making Immoral Behavior Funny, *Psychological Science*, v. 21, v. 8, 2010. Disponível em: <https://doi.org/10.1177/0956797610376073>. Acesso em: 5 dez. 2023.

MELMAN, Billie. The Middle East/Arabia: the Cradle of Islam. In: HULME, Peter; YOUNGS, Tim (eds.). *The Cambridge Companion to Travel Writing*. Cambridge: Cambridge University Press, 2002.

MEYER, Marlyse. *Folhetim: Uma História*. São Paulo, Companhia das Letras, 2005.

MILTON, Sybil. Persecuting the Survivors: The Continuity of "Anti-Gypsyism" in Post-War Germany and Austria, In: TEBBUTT, Susan, (ed.). *Sinti and Roma: Gypsies in German- Speaking Society and Literature*. Oxford/N.Y.: Berghahn, 1998.

MINOIS, Georges. *História do Riso e do Escárnio*. Trad. Maria Elena O. Ortiz Assumpção. São Paulo: Editora da Unesp, 2003.

MINTZ, Lawrence E. *Humor in America*. Washington: Library of Congress, 1988.

MONAGAS MAITA, Javier. Uds. fallaron Sionistas, Judíos, Fascistas, Asesinos. *Aporrea.org*, 15 jan. 2009.

MOREIRA, Vânia. O Ofício do Historiador e os Índios: Sobre uma Querela no Império. *Revista Brasileira de História*, São Paulo, v. 30, n. 59, 2010. Disponível em: <https://doi.org/10.1590/S0102-018820 10000100004>. Acesso em: 17 nov. 2023.

MORRIS-FRIEDMAN, Andrew; SCHÄDLER, Ulrich. Juden Raus! (Jews Out!): History's Most Infamous Board Game. *Board Games Studies*, n. 6, 2003.

MOTTA, Rodrigo Patto Sá. (org.). *Culturas Políticas na História: Novos Estudos*. Belo Horizonte: Fino Traço, 2014.

MUTUA, Makau wa. Savages, Victims and Saviors: The Metaphor of Human Rights. *Harvard International Law Journal*, v. 42, n. 1, 2001.

____. *Human Rights: New Perspectives, New Realities*. Boulder: Lynne Rienner, 2000.

NABUCO, Joaquim. *O Abolicionismo*. Rio de Janeiro: Nova Fronteira/ São Paulo: Publifolha, 2000.

NAZÁRIO, Luiz. Reflexões sobre a Estética Nazista. *Cultura Vozes*, Rio de Janeiro, v. 90, n. 3, maio-jun. 1996.

NERUDA, Pablo. *Livro das Perguntas*. São Paulo: L&PM, 2004. (Coleção L&PM Pocket.)

NETANYAHU, Benzion. *The Origins of the Inquisition in Fifteenth Century Spain*. New York: Random House, 1995.

NUEVA Operacion contra Cuba: EEUU lanza videojuego cuyo objetivo es asesinar a Fidel. *Cubadebate*, 9 nov. 2010. Disponível em: <http://www.cubadebate.cu/noticias/2010/11/09/nueva-operacion-contra--cuba-eeuu-lanza-videojuego-cuyo-objetivo-es-asesinar-a-fidel>. Acesso em: 17 nov. 2023.

OFÍCIO CONFIDENCIAL: *Urgente de Hildebrando Accioly, Secretário Geral Interino do MRE Para Arthur Leite de Barros Junior, Secretário da Segurança Pública do Estado de São Paulo*. Rio de Janeiro, 11 de junho de 1937. Lata 602, Março 9458. Acervo: AHI/RJ; Arqshoah/Leer-USP.

OLIVA, Anderson Ribeiro. *Reflexos da África: Ideias e Representações Sobre os Africanos no Imaginário Ocidental, Estudos de Caso no Brasil e em Portugal*. Goiânia: Editora da PUC-GO, 2010.

OLSSON, Göran. *Concerning Violence*. Final Cut for Real, 2014.

ORWELL, George. Looking Back on the Spanish War. Escrito em agosto de 1942, Seções I, II, III e VII impressas em *New Road*, jun. 1943. The Orwell Foundation. Disponível em: <https://bit.ly/3a7Y6G8>. Acesso em: 9 ago. 2024.

ORY, Pascal. Les Expositions universelles, de 1851 à 2010: Les Huit fonctions de la modernité. In: MEI, Duanmu; TERTRAIS, Hugues (éds.). *Temps Croisés 1*. Paris: Maison des Sciences de l'homme, 2010.

O'SHAUGHNESSY, Nicolas. *Selling Hitler: Propaganda and the Nazi Brand*. New York: Oxford University Press, 2016.

OZ, Amós. *Como Curar um Fanático*. Trad. Paulo Geiger. S. Paulo: Companhia das Letras, 2016.

OZ, Amós; OZ-SALZBERGER, Fania. *Os Judeus e as Palavras*. Trad. George Schlesinger. São Paulo: Companhia das Letras, 2015.

PADILLA, Xavier. Cristina, Twitter, Lobby Sionista, Fidel, la Historia… *Aporrea.org*, 8 set. 2010. Disponível em: <http://www.aporrea.org/tiburon/a107569.html>. Acesso em: 9 ago. 2024.

PARVULESCU, Anca. *Laugther: Notes on a Passion*. Cambridge: MIT Press, 2010.

PELTRE, Christine. *Orientalism*. Paris: Terrail/Édigroup, 2004.

PEREIRA, Nereu do Vale. *O Boi de Mamão: Folguedo Folclórico da Ilha de Santa Catarina: Introdução ao Seu Estudo*. Florianópolis: Associação Eco Museu do Ribeirão da Ilha, 2010.

PÉREZ SALES, Pau. Estudios Sociológicos Internacionales en Población General Sobre Percepción de la Violencia y Reparación a Víctimas: Revisión de Datos y Análisis Comparado, em PÁEZ, D. et al. (eds.). *Superando la Violencia Colectiva y Construyendo Cultura de Paz*. Madrid: Fundamentos, 2011.

PESSOA, Fernando. *Obras em Prosa*. Lisboa: Publicações Europa-América, 1987.

PETRY, Michele Bete. *Entre Desenhos, Aquarelas e Expressões Gráficas de Humor: A Cidade e o Cotidiano de Florianópolis (SC) na Obra de Sérgio Bonson*. Dissertação (Mestrado em História) – Universidade Federal de Santa Catarina, Florianópolis, 2011. Disponível em: <http://www.tede.ufsc.br/teses/PHSTO413-D.pdf>. Acesso em: 30 jun. 2021.

____. Histórias em Quadrinhos: O Cotidiano e a Cidade de Florianópolis (SC) na Contemporaneidade. In: CAMPOS, Emerson César de; FALCÃO, Luiz Felipe Falcão; LOHN, Reinaldo Lindolfo (orgs.). *Florianópolis no Tempo Presente*. Florianópolis: Udesc/Dioesc, 2011. V. 1.

PIRES, Maria da Conceição Francisca. *Cultura e Política Entre Fradins, Zeferinos, Graúnas e Orelanas*. São Paulo: Annablume, 2010.

PHILLIPON. *Aniers du Caire*. 2 albums et 120 phot. par Philippon, phot. À Versailles, présentés à l'exposition universelle de 1889 à Paris. Des collections du prince R. Bonaparte. 1889.

POLIAKOV, Léon. *A Causalidade Diabólica 1: Ensaios Sobre a Origem das Perseguições*. Trad. Alice Kyoko Miyashiro. São Paulo: Perspectiva/Associação de Cultura Judaica, 1991.

POLLIS, Admantia; SCHWAB, Paul. Human Rights: A Western Construct with Limited Applicability. In: POLLIS, Admantia; SCHWAB, Paul (eds.). *Human Rights: A Political and Cultural Critique*. New York: Praeger, 1980.

POPE to Hugo Chavez: "Preserve Catholic Identity", 10 May 2006.

POSTMAN, Neil. *Amusing Ourselves to Death: Public Discourse in the Age of Show Business*. London: Methuen, 1987.

PRESENTATION. *Génération identitaire*. Disponível em: <https://generationidentitaire.org/presentation/>. Acesso em: 14 nov. 2022.

RAWLS, John. The Law of Peoples. In: SHUTE, Stephen; HURLEY, Susan (eds.). *On Human Rights: The Oxford Amnesty Lectures, 1993*. Oxford: Oxford University Press, 1993.

____. Justice as Fairness: Political, not Metaphysical. *Philosophy and Public Affairs*, v. 14, 1985.

READ, Herbert. *A Redenção do Robô: Meu Encontro com a Educação Através da Arte*. São Paulo: Summus, 1986.

RECK-MALLECWZEWEN, Friedrich. *Diary of a Man in Despair*. London: Duck Editions, 2000.

REFUGIADOS e Deslocados Internos. *Médicos Sem Fronteiras*. Disponível em: <https://www.msf.org.br/o-que-fazemos/atuacao/refugiados-e-deslocados-internos>. Acesso em: 14 nov. 2022.

RIBEIRO, Denise. Secretário da Cultura Faz Discurso Semelhante ao Discurso da Propaganda de Hitler. *Exame*, 17 jan. 2020. Disponível em: <https://exame.abril.com.br/brasil/secretario-da-cultura-faz-discurso-semelhante-ao-de-ministro-de-hitler>. Acesso em: 8 dez. 2023.

RIBEIRO, Júlio. *A Carne*. São Paulo: Ateliê, 2015.

ROBERGE, Livia Bernardes; BROERING, Virginia. Da Cozinha ao Congresso: As Diferentes Perspectivas do Humor na Obra de Sérgio Bonson (1974-2004). *Anais do Encontro Nacional de Estudos da Imagem, 4*. Londrina, PR: UEL, 2013.

ROBINSON, Nick; WHITTAKER, Joe. Playing for Hate? Extremism, Terrorism, and Videogames. *Studies in Conflict & Terrorism*. Disponível em: <DOI: 10.1080/1057610X.2020.1866740>. Acesso em: 17 nov. 2023.

RODINSON, Maxime. *La Fascination de l'Islam*. Paris: La Découverte, 2003.

RODRIGUES, Arielle Rosa. *Os Alternativos da Ditadura: O Caso do Jornal Afinal (Florianópolis, 1980-1981)*. Dissertação (Mestrado em História Cultural), Universidade Federal de Santa Catarina, Florianópolis, 2018. Disponível em: <https://bu.ufsc.br/teses/PHST0674-D.pdf>. Acesso em: 28 jul. 2022.

RODRIGUES, Rosiane. Católicos e Judeus São Perseguidos em Caracas. *Extra*, 20 jan. 2011. Disponível em: <http://extra.globo.com/noticias/religiao-e-fe/rosiane-rodrigues/catolicos-judeus-sao-perseguidosem-caracas-905013.html>. Acesso em: 9 ago. 2024.

ROHRBOUGH, Linda. Racist Computer Games Distributed by Nazis: KZ Manager and Similar Games Exploit Antisemitism: Neo-Nazis Circulating Computer Games with Concentration Camp Theme. *Newsbyte News Network*. 3 May 1991. Disponível em: <https://web.archive.org/web/20070311043800/http://calbears.findarticles.com/p/articles/mi_m0NEW/is_1991_May_3/ai_10692247>. Acesso em: 14 fev. 2023.

ROLIM, Nelson. Entrevista Concedida a Emerson César de Campos. Florianópolis, 6 ago. 2021.

RONIGER, Luis. Globalización, Transnacionalización y las Comunidades Judías: El Impacto del Chavismo en Venezuela. In: AVNI, Haim et.

al. (eds.). *Pertenencia y Alteridad: Judíos en/de América Latina – 40 Años de Cambios*. Madrid/Frankfurt/Ciudad de Mexico: Iberoamericana/Vervuert/Bonilla Artigas, 2011.

_____. Latin American Jews and Processes of Transnational Legitimization and De-legitimization. *Journal of Modern Jewish Studies*, v. 9, n. 2, 2010.

RONIGER, Luis; SENKMAN, Leonardo. The Logic of Conspiracy Thought: A Research Agenda for an Era of Institutional Distrust and Fake News. *Protosociology: An International Journal of Interdisciplinary Research*, v. 36, 2019. 540-567

RONIGER, Luis; SZNAJDER, Mario. *O Legado das Violações dos Direitos Humanos no Cone Sul*. São Paulo: Perspectiva, 2004.

_____. Human Rights Violations and Human Rights in the Southern Cone. In: CUSHMAN, Thomas (ed.). *Handbook of Human Rights*. New York: Routledge, 2012.

RORTY, Richard. Human Rights, Rationality and Sentimentality. In: SHUTE, Stephen; HURLEY, Susan (eds.). *On Human Rights: The Oxford Amnesty Lectures, 1993*. Oxford: Oxford University Press, 1993.

_____. *Objectivity, Relativism, and Truth*. Cambridge: Cambridge University Press, 1991.

ROTH, Kenneth. Head of Human Rights Watch Responds to Scholars' Criticism of Venezuela Report. *Council of Hemispheric Affairs* (Coha), 29 Dec. 2008. Disponível em: <https://coha.org/head-of-human-rights-watch-responds-to-scholars-criticism-of-venezuela-report/>. Acesso em: 13 ago. 2024.

SAID, Edward W. *Cultura e Imperialismo*. São Paulo: Companhia das Letras, 2011.

_____. *Reflexões Sobre o Exílio e Outros Ensaios*. São Paulo: Companhia das Letras, 2003.

_____. *Orientalismo: O Oriente Como Invenção do Ocidente*. São Paulo: Companhia das Letras, 1990.

SALIBA, Elias Thomé. "E você chama isto de vida?" O Riso do Krokodil e as Dimensões Controversas do Humor Soviético. *Crocodilos, Satíricos e Humoristas Involuntários: Ensaios de História Cultural do Humor*. São Paulo: Intermeios/PPGHS-USP, 2018.

_____. História Cultural do Humor: Balanço Provisório e Perspectivas de Pesquisas. *Revista de História*, São Paulo, n. 176, 2017. Disponível em: <https://www.revistas.usp.br/revhistoria/article/view/127332>. Acesso em: 27 nov. 2023.

_____. Humor e Tolerância, Intolerância ao Humor. In: COSTA, Cristina (org.). *Comunicação e Liberdade de Expressão: Atualidades*. São Paulo: Obcom-eca-usp, 2016. Disponível em: <https://www.eca.usp.br/acervo/producao-academica/002796834.pdf>. Acesso em: 27 nov. 2023.

_____. Ensaios Inéditos de Umberto Eco Antecipam Questão Atual. *O Estado de S.Paulo*, São Paulo, 27 maio 2010. Disponível em: <https://alias.estadao.com.br/noticias/geral,ensaios-ineditos-de-umber

to-eco-tratam-da-intolerancia,70003310551>. Acesso em: 27 nov. 2023

____. História, Memórias, Tramas e Dramas da Identidade Paulistana. In: PORTA, Paula (org.). *História da Cidade de São Paulo*. São Paulo: Paz e Terra, 2004. 3 v.

SALIBA, Elias Thomé; ALMEIDA, Leandro; VIEIRA, Thais L. (Orgs). *Além do Riso: Reflexões Sobre o Humor em Toda Parte*. São Paulo: LiberArs /Capes, 2021.

SANDERS, Barry. *Sudden Glory: Laugther as Subversive History*. Boston: Beacon, 1976.

SANTOS, Boaventura de Sousa. *O Fim do Império Cognitivo: A Afirmação das Epistemologias do Sul*. Belo Horizonte: Autêntica, 2019.

SARTE, Jean Paul. *Refléxions sur la question juive*. Paris: Folio, 1985.

SASLOW, Eli. *Rising out of Hatred: The Awakening of a Former White Nationalist*. New York: Anchor Books, 2018.

SCHULZE-WECHSUNGEN, Walther. Political Propaganda. *Unser Wille und Weg*, n. 4 1934. Calvin College German Propaganda Archive. Disponível em: <https://bit.ly/3OHMp6X>. Acesso em: 27 nov. 2023.

SCHURSTER, Karl. Através de Nossos Olhos: Uma Análise Sobre o Ensino de História do Holocausto em Israel. In: SILVA, Francisco C.T. da; SCHURSTER, Karl (orgs.). *Políticas Educacionais, Ensino e Traumas Coletivos*. Porto Alegre: Autografia, 2017.

SCHWAB, Gabriele. Writing Against Memory and Forgetting. *Literature and Medicine*, v. 25, n. 1, Spring 2006.

SCHWARCZ, Lilia Moritz. As Teorias Raciais: Uma Construção Histórica de Finais do Século XIX, O Contexto Brasileiro. In: SCHWARCZ, Lilia Moritz; QUEIROZ, Renato S. (orgs.). *Raça e Diversidade*. São Paulo: Edusp, 1996.

____. *O Espetáculo das Raças: Cientistas, Instituições e Questão Racial no Brasil: 1870-1930*. São Paulo: Companhia das Letras, 1993.

SCHWEBER, Simone. Simulating Survival. *Curriculum Inquiry*, v. 33, n. 2, 2003.

SELIGMANN-SILVA, Márcio (org.). *História, Memória, Literatura: O Testemunho na Era das Catástrofes*. Campinas: Editora da Unicamp, 2003.

SELIGMANN-SILVA, Márcio; NESTROVSKI, Artur. (orgs). *Catástrofe e Representação*. São Paulo: Escuta, 2000.

SELIGMANN-SILVA, Márcio. Prefácio. In: FELMAN, Shoshana. *O Inconsciente Jurídico: Julgamentos e Traumas no Século XX*. Trad. Ariani Bueno Sudatti. São Paulo: Edipro, 2014.

SENKMAN, Leonardo; RONIGER, Luis. *América Latina Tras Bambalinas: Teorías Conspirativas, Usos y Abusos*. Pittsburgh: Latin American Research Commons of the international LASA association, 2019.

SHAPIRA, Anita. The Holocaust: Private Memories, Public Memories. *Jewish Social Studies 4*, 1998.

SHIRER, William L. *Rise And Fall Of The Third Reich: A History of Nazi Germany*. New York: Simon and Schuster, 1990.

SILVA, Alberto da Costa e. *Imagens da África*. São Paulo: Penguin, 2012.

SILVA, Marcos Antônio da. *Machos & Mixos: Henfil e o Fim da Ditadura Militar (Brasil, Anos 80)*. Revista de História, São Paulo, v. 139, 1998.

____. *Prazer e Poder do Amigo da Onça: 1943-1961*. Tese (Doutorado em História Social). FFLCH-USP, São Paulo, 1987.

____. *Humor e Política na Imprensa: Os Olhos de Zé Povo*. Dissertação (Mestrado História Social). FFLCH-USP, São Paulo, 1981.

SKIDMORE, Thomas E. *Preto no Branco: Raça e Nacionalidade no Pensamento Brasileiro*. São Paulo: Paz e Terra, 1976.

SKINNER, Quentin. *Hobbes e a Teoria Clássica do Riso*. Trad. Alessandro Zir. Porto Alegre: Unisinos, 2002.

SKOP, Yarden. What I Learned in Kindergarten Today about the Holocaust. *Haaretz*. 25 Oct. 2013. Disponível em: <http://www.haaretz.com/news/national/.premium-1.554376>. Acesso em: 8 dez. 2023.

SMITH, Tiffany W. *Schadenfreude: The Joy of Another's Misfortune*. London: Profile Books, 2019,

SOARES, Elza. *Do Cóccix Até o Pescoço*. Maianga, 2002.

SONTAG, Susan. *On Photography*. New York: Picador, 1977.

SOUSA SANTOS, Boaventura de; SENA MARTINS, Bruno (Eds.). *The Pluriverse of Human Rights: The Diversity of Struggles for Dignity*. New York: Routledge, 2021.

SPIELGELMAN, Art. *Maus: A Survivor's Tale*. New York: Penguin Books, 1991.

SPIVAK, Gayatri Chakravorty. *Pode o Subalterno Falar?* Belo Horizonte: Editora da UFMG, 2010.

STACKELBERG, Roderick; WINKLE, Sally A. *The Nazi Germany Sourcebook*. London: Routledge, 2007.

STALLAERT, Christiane. *Ni una Gota de Sangre Impura: La España Inquistorial y la Alemania Nazi Cara a Cara*. Barcelona: Galaxia Gutenberg/Círculo de Lectores, 2006.

STAUBER, Roni; VAGO, Raphael. *The Roma: A Minority in Europe: Historical, Political and Social Perspectives*. Budapest: Central European University Press, 2007.

STIFTUNG, Körber. *Deutsche wollen aus Geschichte lernen: Repräsentative Umfrage der Körber-Stiftung. Vier von zehn Schülern kennen Auschwitz-Birkenau nicht*, Bildungs Klick, 28 set. 2017. Disponível em: <https://bildungsklick.de/schule/detail/deutsche-wollen-aus-geschichte-lernen>. Acesso em: 27 nov. 2023.

THOMAS, Abraham. James Wild, Cairo and the South Kensington Museum. In: *Le Caire dessiné et photographié au XIXe siècle*. Ed. par M. Volait. Paris: Picard, 2013.

TIERSOT, Julien. *Musiques pittoresques: Promenades musicales à l'exposition de 1889*. Paris: Librairie Fischbacher, 1889.

TOWNSEND, Mary Lee. *Forbidden Laughter: Popular Humor and the Limits of Repression in Nineteenth-Century Prussia*. Michigan: Michigan University Press, 1998.

TOYANSK, Marcos. Romani Stateless Diaspora: Multiple Homelands, Mobility Inequality and Precarious Citizenship. In: KYUCHUKOV, Hristo; ZAHOVA, Sofiya; DUMINICA, Ion (eds.). *Romani History and Culture*. Munchen: Lincom, 2021.

TREVOR-ROPER, Hugh. *Las Conversaciones Privadas de Hitler*. Barcelona: 2004.
UNESCO. *Holocaust Education in a Global Context*. United Nations Education, Scientific & Cultural Organization, 2014.
____. *Why Teach About the Holocaust?* United Nations Education, Scientific & Cultural Organization, 2014.
UNITED States Holocaust Memorial Museum. *Guidelines For Teaching About the Holocaust*. Disponível em: <https://www.ushmm.org/teach/fundamentals/guidelines-for-teaching-the-holocaust>. Acesso em: 27 nov. 2023.
USLENGHI, Alejandra. *Latin America at Fin-de-siécle Universal Exhibitions: Modern Cultures of Visuality*. New York: Palgrave Macmillan, 2016.
VAINFAS, Ronaldo. *Antônio Vieira: Jesuíta do Rei*. São Paulo: Companhia das Letras, 2011.
VALENTE, Cesar. Um Dinheiro Que Nunca Veremos? *De Olho na Capital*, 30 jun. 2006. Disponível em: <https://bit.ly/3CZ61F2>. Acesso em: 18 ago. 2021.
VAN BAAR, Huub. The Perpetual Mobile Machine of Forced Mobility: Europe's Roma and the Institutionalization of Rootlessness. In: JANSEN, Y; DE BLOOIS, J.; CELIKATES, R. (eds.). *The Irregularization of Migration in Contemporary Europe: Deportation, Detention, Drowning*. London/New York: Rowman & Littlefield, 2015.
____. The Emergence of a Reasonable Anti-Gypsyism in Europe. In: AGARIN, Timofey (ed.). *When Stereotype Meets Prejudice: Antiziganism in European Societies*. Stuttgart: Ibidem, 2014.
VAN-DER-KOL, Bessel. *The Body Keeps the Score: Brain, Mind and Body in the Healing of Trauma*. New York: Penguin Books, 2005.
VEATCH, Thomas C. A Theory of Humor. *Humor: International Journal of Humor Research*, v. 11, n. 2, 1998. Disponível em: <https://doi.org/10.1515/humr.1998.11.2.161>. Acesso em: 7 dez. 2023.
VELHO, Jorge. *Palmares: Romance Nacional Histórico*. Rio de Janeiro: Laemmert, 1885.
VILELA, Pedro Rafael. Em Vulnerabilidade, Ciganos Temem Efeitos da Pandemia em Comunidades: Famílias Sofrem Despejo e Veem Contaminação Por Covid-19 Aumentar. *Agência Brasil*, 12 jul. 2020. Disponível em: <https://agenciabrasil.ebc.com.br/geral/noticia/2020-07/em-vulnerabilidade-ciganos-temem-efeitos-da-pandemia-em-comunidades>. Acesso em: 7 dez. 2023.
VOLAIT, Mercedes. *Fous du Caire: Excentriques, architectes et amateurs d'art en Égypte (1867-1914)*. Forcalquier: L'Archange Minotaure, 2009.
____. *Architectes et architectures de l'Égypte moderne (1830-1950): Genèse et essor d'une expertise locale*. Paris: Maisonneuve et Larose, 2005.
VOLKAN, Vamik D. Traumatized Societies and Psychological Care: Expanding the Concept of Preventive Medicine. *Mind and Human Interaction*, n. 11, 2000.
YAD Vashem. Disponível em: <https://www.yadvashem.org/index.html>. Acesso em: 22 ago. 2023.

YEFET-AVSHALOM, Bosmat; RONIGER, Luis. A Discourse on Trial: The Promotion of Human-Rights and the Prosecution of Saʻad Eddin Ibrahim in Egypt. *Journal of Human Rights*, v. 5, n. 2, 2006.

YOUNG, James E. *The Texture of Memory: Holocaust Memorials and Meaning*. New Haven: Yale University Press, 1994.

WISE, Deborah. Video-Pornography Games Cause Protest. *InfoWorld*, v. 1, n. 7, 1982.

WIVIOTT, Mef; BISAILLON, Josee. *Benno and the Night of Broken Glass*. Minnesota: Kar-Bem Publishing, 2010.

WOLFE, Brendan. Racial Integrity Laws (1924-1930). *Encyclopedia Virginia*, 7 dez. 2020. Disponível em: <https://www.encyclopediavirginia.org/Racial_Integrity_Laws_of_the_1920s>. Acesso em: 29 nov. 2023.

ZAKI, Ahmad. *Al-Dunya fi Bāris* (O Mundo Está em Paris). A-Qāhirah (Cairo): Al-Hilal, 1900.

ZARETSKY, Zlata. The Story of Sami Feder: Producer for the "Kazet Theater". *Holocaust Theater On line Collection (HTC)*. <www.jewish-Theater.com>. Acesso em: 12 mar. 2010.

ZECHENTER, Elizabeth M. In the Name of Culture: Cultural Relativism and the Abuse of the Individual. *Journal of Anthropological Research*, v. 53, n. 3, 1997.

ZIMMERMANN, Michael. Jews, Gypsies and Soviet Prisoners of War: Comparing Nazi Persecutions. In: STAUBER, Roni; VAGO, Raphael. (eds.). *The Roma: A Minority in Europe: Historical, Political and Social Perspectives*. Budapest: CEU, 2007.

____. The Wehrmacht and the National Socialist Persecution of the Gypsies. *Romani Studies*, Liverpool, v. 11, n. 2, May 2001.

ZIZEK, Slavoj. Do Tragique ao Moque-Comique. *O Absoluto Frágil*. Trad. Rogério Bettoni. São Paulo: Boitempo, 2015.

COLABORADORES

CAROLINA SIEJA BERTIN

Graduada em Letras, mestra e doutora em Estudos Linguísticos e Literários do Inglês pela Universidade de São Paulo, realizou parte de seus estudos de pós-graduação na Universidade de Harvard. É pedagoga pelo Centro Universitário Senac e especialista em Psicanálise pelo Centro de Estudos Psicanalíticos. Dentre publicou: *Sob A Sombra de um Xale: Um Estudo Sobre a Estética de The Shawl* (Novas edições acadêmicas, 2013), bem como artigos em periódicos especializados. Professora da Beit Yaacov Escola- São Paulo.

CHRISTIANE STALLAERT

Professora catedrática de estudos iberoamericanos, comunicação intercultural e tradução na Universidade de Antuérpia (Bélgica). É doutora em Antropologia Social e Cultural pela Universidade Católica de Leuven. Suas principais áreas de pesquisa são a etnicidade e os nacionalismos, a sociedade multicultural, e a interface entre antropologia e tradução. É autora de *Ni una Gota de Sangre Impura: La España Inquisitorial y la Alemania Nazi Cara a Cara*

(2006); *Perpetuum Mobile: Entre La Balcanización y la Aldea Global* (2004); e *Etnogénesis y etnicidad en España* (1998).

ELIAS THOMÉ SALIBA

Possui Graduação, mestrado e doutorado em História (1982) e Livre Docência em Teoria da História (2000) pela USP. Professor Titular do Depto. de História da USP, desde 1990; especializou-se em História da Cultura, com ênfase no Brasil do período republicano. É pesquisador 1A do CNPq e membro da Associação Internacional de Historiadores do Humor. É professor de Teoria da História na USP, onde atualmente desenvolve pesquisas na área de história cultural do humor. Publicou, entre outros: *Raízes do Riso* (Companhia das Letras); e *Crocodilos, Satíricos e Humoristas Involuntários; ensaios de história cultural do humor* (Intermeios/USP, 2018).

EMERSON CÉSAR DE CAMPOS

Professor Titular do Departamento e Programa de Pós-Graduação em História da Universidade do Estado de Santa Catarina (Udesc) e do Mestrado Profissional em Ensino de História. Atua junto aos temas: história do tempo presente; culturas políticas, cidades; migrações; Estados Unidos; história em quadrinhos; história e humor; história e literatura.

JAQUELINE MARTINHO DOS SANTOS

Bacharel, mestra e doutoranda junto ao Programa de História Social da FFLCH-USP. Dedica-se aos estudos de: história e literatura; escravidão e abolição no Brasil; racismo e as relações raciais na sociedade brasileira.

LESLIE MARKO

Concluiu doutorado pela Faculdade de Filosofia, Letras e Ciências Humanas da USP, em 2016. Mestre em Teoria e Prática do Teatro, é diretora e Teatro Educadora formada pela ECA e Faculdade de Educação da USP. Integra o ARQSHOAH/LEER (Laboratório de Estudos de Etnicidade, Racismo e Discriminação. Atua como docente na ESPM. Dirigiu o espetáculo *Mergulho*, voltado a professores e estudantes de escolas municipais nos CEUs de São Paulo em parceria com a B'nai B'rith e a Secretaria Municipal de Educação.

LUCIANA LAVEJO

Graduada em História (2008) e em Pedagogia pela Unesp (2013), é mestre (2015) e doutora em História pela USP (2018). Possui especialização em Ética, valores e cidadania na escola pela USP (2014). Atualmente é professora da rede pública de ensino. Tem experiência na área de História e educação, atuando principalmente nos seguintes temas: biografia, testemunho, Segunda Guerra Mundial, intolerância e antissemitismo.

LUIZ RONIGER

Doutor em História Social pela USP. Autor dos livros *Nazistas Entre Nós* (Prêmio Jabuti 2017) e *Holocausto e Memória*, ambos pela Editora Contexto. Editorialista de *O Estado de S. Paulo*. Professor de Jornalismo Econômico e Político na Faculdade Cásper Líbero. Pesquisador da Refat (Rede Científica Internacional para o Estudo dos Fascismos, Autoritarismos, Totalitarismos e Transições à Democracia).

MARCOS GUTERMAN

Doutor em História Social pela USP. Autor dos livros *Nazistas Entre Nós* (Prêmio Jabuti 2017) e *Holocausto e Memória*, ambos pela Editora Contexto. Editorialista de *O Estado de S. Paulo*. Professor de Jornalismo Econômico e Político na Faculdade Cásper Líbero. Pesquisador da Refat (Rede Científica Internacional para o Estudo dos Fascismos, Autoritarismos, Totalitarismos e Transições à Democracia).

MARINA DE MELLO E SOUZA

Professora no Departamento de História da Universidade de São Paulo, autora dos livros *Além do Visível: Poder, Catolicismo e Comércio no Congo e em Angola (Séculos XVI e XVII)*; *África e Brasil Africano*; *Reis Negros no Brasil Escravista: História da Festa de Coroação de Rei Congo*; *Paraty: A Cidade e as Festas*.

MARIA LUIZA TUCCI CARNEIRO

Livre Docente junto ao Departamento de História da Universidade de São Paulo, coordena o LEER (Laboratório de Estudos sobre Etnicidade, Racismo e Discriminação, do Departamento de História, onde desenvolve os projetos *Arqshoah: Vozes do Holocausto* e *Travessias: O Legado dos Artistas, Intelectuais e Cientistas Refugiados do Nazismo, Brasil, 1933-2018*. Autora dos livros: *Os Diabos de Ourém* (2023); *Impressos Subversivos: Arte e Cultura Política. Brasil, 1924-1964* (2. ed., 2023); *Olhares de Liberdade:* CIP*, Espaço de Resistência e Memória* (2018); *Histórias de Vida dos Sobreviventes da Shoah*, em coautoria com Rachel Mizrahi (2017, 2018, 2019); *Dez Mitos Sobre os Judeus* (2016, 2019), *Cidadão do Mundo: O Brasil diante do Holocausto e dos Refugiados do Nazifascismo, 1933-1948* (2011); *Preconceito Racial em Portugal e Brasil Colônia* (3. ed., 2005); *O Antissemitismo na Era Vargas* (3. ed., 2001), dentre outros.

PAULO DANIEL FARAH

É professor na FFLCH/USP; Coordenador do Programa de Pós-Graduação em Humanidades, Direitos e Outras Legitimidades (PPGHDL/FFLCH/USP); Coordenador do NAP (Núcleo de Apoio à Pesquisa) Brasil África/USP; Coordenador do Grupo Diálogos Interculturais do IEA (Instituto de Estudos Avançados)/USP; Coordenador do Projeto Produção, difusão e repercussão do conhecimento científico: universidade, sociedade e grupos vulneráveis/USP-ONU; e Líder do Grupo de Pesquisa (homologado pelo CNPq desde 2009) "Temáticas, Narrativas e Representações Árabes, Africanas, Asiáticas e Sul-Americanas e de Comunidades Diaspóricas".

ROBSON SCARASSATI BELLO

Robson Scarassati Bello tem graduação em história é mestre e doutor em História Social pela USP, tendo realizado respectivamente pesquisas sobre *Assassin's Creed* e o videogame como representação histórica; e analisado a relação reificada entre lúdico e memória em filmes e videogames sobre o Oeste Estadunidense.

Este livro foi impresso na cidade de Barueri,
nas oficinas da Printi Gráfica, em outubro de 2024,
para a Editora Perspectiva